高职高专汽车三融合新型教材

发动机管理系统故障诊断与维修

主　编　邓志君　王兆海
参　编　李占玉　黄炳华

机械工业出版社

本书紧密结合我国汽车售后诊断维修实际，以市场在用主流车型为例，以客户要求和汽车维修过程为导向，以实际任务为驱动、实际职业要求为目标，模拟企业流程，按照学生认识规律，从感性到理性，由浅入深组织教材内容，并附有学习工作页，促进学生学、做结合，理论紧密联系实际，着力提高学生实践技能、综合素质和就业能力。

本书分为 7 大模块、10 个任务，主要讲述汽车发动机管理系统、发动机进气控制系统、发动机供油控制系统、发动机点火控制系统、发动机排放控制系统、柴油发动机供油控制系统和车载自诊断系统的故障检测、诊断与维修。

本书配套大量教学资源（含微视频/动画、学习工作页题解、教学资源包等），通过扫描二维码可链接教学资源，方便教师授课和学生课外学习。

本书可以作为职业院校汽车类专业学生的教材，还可以作为汽车维修企业技术人员的培训用书。

图书在版编目（CIP）数据

发动机管理系统故障诊断与维修/邓志君，王兆海主编. —北京：机械工业出版社，2022.8

高职高专汽车三融合新型教材

ISBN 978-7-111-71283-1

Ⅰ.①发… Ⅱ.①邓…②王… Ⅲ.①汽车-发动机-故障诊断-高等职业教育-教材②汽车-发动机-车辆修理-高等职业教育-教材　Ⅳ.①U472.43

中国版本图书馆 CIP 数据核字（2022）第 133737 号

机械工业出版社（北京市百万庄大街 22 号　邮政编码 100037）
策划编辑：蓝伙金　　　　　责任编辑：蓝伙金　张双国
责任校对：郑　婕　张　薇　封面设计：鞠　杨
责任印制：常天培
北京机工印刷厂有限公司印刷
2022 年 10 月第 1 版第 1 次印刷
184mm×260mm・14.5 印张・354 千字
标准书号：ISBN 978-7-111-71283-1
定价：48.00 元

电话服务	网络服务
客服电话：010-88361066	机　工　官　网：www.cmpbook.com
010-88379833	机　工　官　博：weibo.com/cmp1952
010-68326294	金　书　网：www.golden-book.com
封底无防伪标均为盗版	机工教育服务网：www.cmpedu.com

序

为认真贯彻执行教育部文件精神，服务汽车产业升级需要，在市场调研和专家论证的基础上，我们选定了"高职高专汽车三融合新型教材"选题18种，并组建一流的编写队伍，在一线行业专家和院校名师组成的编审委员会的指导下编写了本套教材。

一、编写的指导思想和原则

本套教材以高职汽车检测与维修技术专业为主，兼顾汽车运用与维修、汽车电子技术等专业教学需要，对应汽车各专业诸多平台课（"汽车企业文化""汽车机械识图""汽车机械基础""汽车电工电子技术基础"等）、核心专业课（"汽车维修接待、沟通与管理""汽车维护""车载网络系统故障诊断与维修""汽车发动机管理系统故障诊断与维修""电动汽车与燃气汽车故障诊断与维修"等12门课程），配套有部分典型品牌汽车维修案例等大量教学资源。

1. 编写指导思想

以就业为导向，以岗位需求为核心，努力将职业素养、专业技能与企业文化深度融合（三融合），使学生在学习专业知识和技能的同时，接受职业素养教育，培养爱岗、敬业、精益求精的观念。

2. 编写原则

以"必需、够用"为编写原则，以企业需求为基本依据，以培养职业素养、专业技能与企业文化深度融合为主线，兼顾行业升级需要和降低城市雾霾等环境保护的新要求，突出新能源汽车等新知识、新技术、新工艺和新方法。

二、教材特色

本套教材从企业实际出发，以培养技术应用型人才为目标，在总结编者多年教学经验和借鉴已有教材的基础上，充分吸取先进职教理念和方法，形成如下特点：

1. 吸收国内外先进职教经验，体现科学性和时代性

本套教材深入吸取了中德职业教育汽车机电合作项目（SGAVE）和国家示范性院校、骨干院校专业建设项目等近年来国内外的最新教学改革成果，认真总结借鉴了参加教材编写院校的许多成功经验，使本套教材具有科学性和时代性。

2. 以"项目引领、任务驱动"为主线，实现"知行合一"

本套教材以客户要求和汽车维修过程为导向，以实际任务为驱动，以实际职业要求为目标，模拟企业服务流程，包括任务接受、任务接待、任务准备（含信息资料收集与学习、任务分析、维修计划制订、设备材料准备等）、任务实施（含故障检测、使用维修、安全环保、任务检查等）和任务交付的完整行动过程。有些教材直接由企业（广州汽车集团股份有限公司）主编（如《汽车企业文化》和《汽车维修接待、沟通与管理》）。教材内容结合国内保有量较大的汽车车型，按照学生认识规律，从感性到理性，由浅入深，将汽车的结

构、原理、运用、维护、故障诊断与维修有机融合，各教材均附有学习工作页，促进学、做结合，理论紧密联系实际，着力提高学生的实践技能、综合素质和就业能力。

3. 内容上力求反映行业最新技术发展动态

为了尽可能满足行业升级需要、减少污染等环境保护的新要求，本套教材讲解了车载网络系统、电控管理系统和新能源汽车等汽车前沿最新技术，突出介绍汽车新知识、新技术、新工艺和新方法。

4. 体现中高职的有效衔接，避免重复或空白

本套教材从体系上既考虑普适性，也考虑专项针对性，以适应不同层次、不同起点的教学需要。

5. 形式活泼，教学资源丰富

本套教材适应高职学生特点，除了主教材外，还配以"学习工作页"和大量的教学资源（含微视频/动画、学习工作页题解和教学资源包等），通过扫描二维码可链接教学资源，方便教师授课和学生课外学习。

三、教材编写队伍

本套教材由华南理工大学、韶关学院、广东交通职业技术学院、深圳职业技术学院、广州科技职业技术大学、东莞职业技术学院、广东机电职业技术学院、广州珠江职业技术学院、深圳信息职业技术学院、南京交通职业技术学院等10多所院校和广州汽车集团股份有限公司、深圳风向标教育资源股份有限公司等组织编写。编写成员包括企业高管、企业专家、技术骨干和院/校长、专业名师、学科带头人、骨干教师。

本套教材成立了教材编写委员会，参考中德职业教育汽车机电合作项目（SGAVE）课程大纲要求，结合企业需要，列出选题计划，并统一教材编写的指导思想、原则和体例等。通过自荐或他荐方式，确定了多名教授领衔主编，并要求主编拟定各自负责的教材编写大纲、体例和样章。每本教材的编写大纲、体例和样章都经过三名专家审核，以便集思广益。为了精益求精，许多教材的编写大纲经过了多次反复修改。编写中结合优质院校、一流专业等建设项目，充分体现了"产教结合，校企合作"的开发特色，使教材反映了最新的技术和最新的教学成果。最后由蔡兴旺教授统一定稿。这些为保证教材的质量、水平奠定了坚实的基础。

"高职高专汽车三融合新型教材"编写委员会

出版说明

教材是教学过程的主要载体，加强教材建设是深化教学改革的有效途径，是推进人才培养模式改革的重要条件，也是保障教学基本质量、培养高端技能型人才和技术应用型人才的重要基础。

一、培养目标说明

本套教材从职业分析入手，对职业岗位进行了能力分解（包括倾听客户抱怨、技术咨询、维修检测、专业工具和仪器设备操作、故障诊断和维修保养），确定了高职高专汽车检测与维修技术专业的培养目标，即面向汽车"后市场"，培养具有与本专业相适应的水平和良好的职业道德，掌握一定的专业理论知识，具备较强的实践技能、实际工作能力和经营管理能力，德、智、体、美、劳等全面发展的高等技术应用型人才。

二、职业素养的内容体系

1. 职业基本素养

（1）政治素养　政治素养包括正确的理想信念以及人生观、世界观和价值观。

（2）意识素养　意识素养包括敬业乐业意识、责任意识、团队合作意识和职业规划意识。

（3）道德素养　道德素养包括社会基本道德品质素养和职业品行修养，要养成诚信、文明礼貌、勤俭自强、乐于助人的良好品质。

（4）文化素养　不但要有计算机知识、外语和专业基础等相关文化知识，还要了解有关汽车企业的文化和发展理念。

2. 能力素养

（1）一般能力　一般能力主要指智商和情商。智商包括记忆力、思维能力、逻辑推理能力、空间想象能力和表达能力等；情商包括情绪控制能力、自我控制能力和人际交往能力。

（2）专业技能　专业技能主要通过专业课学习、培训开发转化而成。专业课应以岗位工作任务为依据，以项目为导向，以任务驱动为原则构建教学内容，采取"教、学、做"一体化来开展教学活动，并重视通过校企合作、工学交替、顶岗实习等人才培养模式改革来培养和提高专业技能。专业技能可以分为一般专业能力和核心专业能力。

① 一般专业能力是应用能力、汽车阅读能力和汽车驾驶能力。

② 核心专业能力是汽车拆装、检查、修理能力，汽车故障诊断能力，汽车性能检测能力和汽车维修企业管理能力。

（3）综合能力　综合能力是一般能力和专业技能的运用能力，既涉及特定的专业综合能力，又涉及跨专业的职业核心能力。

1）专业综合能力包括下列能力：

① 能专业地使用有关维修工具、诊断系统、测量仪和信息系统。

② 能按照维修手册、电路图和工作说明进行操作作业，会选取材料和备件并完成订购过程，能熟练地拆卸和安装部件和总成，并对不同部件进行维修，且维修时采取质量保证措施，保持工位的有序（5A）和整洁（5S）。

③ 能独立制订工作计划并实施，使工作过程可视化。

④ 能查找资料与文献，以取得有用的知识。

⑤ 能处理优惠和索赔委托任务。

2) 专业的职业核心能力包括信息处理能力、沟通能力、组织协调能力和创新能力。

① 信息处理能力，即对信息的识别、整合和加工的能力。

② 沟通能力，是指人在交往过程中所表现出来的联络与协调能力。

③ 组织协调能力，是指从工作任务出发，对资源进行分配、调控、激励和协调，以实现工作目标的能力。

④ 创新能力，是指创新事物、方法的能力。近年来，我国大力提倡教育要培养具有创新精神、创新意识和创新能力的人才，因此有必要在有关课程和教学活动中引导、培养创新创业、技改意识和能力，使学生养成勤用脑、多用手、大胆想、敢突破的创新精神和能力。

三、资源说明

本套教材围绕职业教育"教、学、做"三个服务维度开发。每本教材由主教材和学习工作页两部分组成。主教材部分主要由构造、原理和检修内容组成。学习工作页部分包含理论学习和实训。理论学习又包括课前预习和课后习题（如填空、填图、问答、班级交流等），以评价学习是否达标；实训则注重流程和方法的掌握。

本套教材在内容选材、编写和呈现方式等多方面加强精品化建设，采用双色印刷，同时配有教学资源包、微视频/动画、学习工作页题解等教学资源，为教、学、练、考提供便利。

教学资源包：包括教学课件和相关微课等资源，供教师上课、学生课前预习和课后复习使用，可以登录机械工业出版社教育服务网（www.cmpedu.com）注册后免费下载。咨询电话 010-88379375。

微视频/动画：对于课本中的部分重点、难点，以视频形式给予讲解，读者可以用手机或平板电脑扫描书中二维码链接观看。

学习工作页题解：配有每个项目的学习工作页题目解答，供做作业时参考。

机械工业出版社

前 言

汽车工业是我国的支柱产业，2021年中国汽车产销2608.2万辆和2627.5万辆，连续第13年蝉联全球第一；中国汽车的保有量突破3亿辆，继续保持全球第一。庞大的汽车后市场，使汽车运用与维修人才的需求缺口达到100万以上，汽车维修技能人才成为国家紧缺人才。

教育部2021年高等职业教育专业设置备案结果显示，全国高职高专共设置汽车检测与维修技术、新能源汽车检测与维修技术、汽车电子技术、汽车技术服务与营销等汽车服务与维修类相关专业共计1276个。

汽车发动机是汽车最重要的总成之一。从20世纪70年代开始，全球各大汽车制造厂陆续推出了发动机电子控制系统，经过多年的发展，汽车发动机电子控制的内容不断增加、精度不断提高，逐渐发展成了非常复杂的发动机管理系统。为了使汽车检测与维修技术专业及其相关专业的学生和技术人员能够掌握汽车发动机管理系统理论知识，掌握汽车发动机管理系统故障诊断与维修的专业技能，我们编写了本教材。

全书分为7大模块、10个任务，主要讲述汽车发动机管理系统各子系统的功能、结构与工作原理，包括汽车发动机管理系统、发动机进气控制系统、发动机供油控制系统、发动机点火控制系统、发动机排放控制系统、柴油发动机供油控制系统、车载自诊断系统的故障检测、诊断与维修。

本书内容深入浅出、理实结合、注重技能培养，介绍的车型以大众奥迪等主流车型为主，案例来自于企业生产实践，参照大众奥迪的检修规范，制定出具有典型性的检修流程，具体操作内容根据实际工作情境编写。

本书以实际任务为驱动、以职业要求为目标，图文并茂，以点带面；其间插入学习工作页，促进学生学、做结合，理论紧密联系实际，着力提高学生的实践技能、综合素质和就业能力。

本书配套大量教学资源（含微课视频/动画、学习工作页题解、教学资源包等），通过扫描二维码可链接教学资源，方便教师授课和学生课外学习。

本书由邓志君、王兆海担任主编，编写分工如下：邓志君编写任务1~任务4、任务6，并对全书进行审阅统稿，王兆海编写任务5、任务7、任务8和制作教学资源，黄炳华编写任务9，李占玉编写任务10。

本书在编写过程中，得到了一汽-大众奥迪公司及其经销商、深圳职业技术学院等单位和黄文伟、张永波、廖余兴、吴雪真、郭秀李、陈晓哲、陈楷涛、钟尚贤、韩健、陈锐光等个人的大力支持与帮助，参考了大量相关资料，在此一并表示感谢。

由于编者水平有限，书中难免存在错误或疏漏之处，恳请读者批评指正。

本书编写组

二维码索引

名称	图形	页码	名称	图形	页码
发动机基本工作原理		2	使用 VAS6150 检测发动机信号波形		61
发动机性能指标		2	多点燃油喷射系统（MPI）		73
实训课要求		13	汽车发动机燃油喷射系统		93
使用 VAS6150 进行发动机基本检测		14	发动机故障诊断-以供油系统为例		103
电子节气门控制系统		20	发动机点火系统		109
更换节气门体		32	三元催化转化器		126
可变进气系统		35	曲轴箱强制通风装置		126
排气涡轮增压系统		46	高压共轨柴油喷射系统		145
汽车发动机涡轮增压系统		47	检测气缸压力		171

目 录

序
出版说明
前言
二维码索引

模块 1　汽车发动机管理系统 1
　任务 1　发动机无法起动故障的诊断与维修 1
　　1.1　发动机管理系统的信息收集 1
　　1.2　发动机无法起动的故障分析 11
　　1.3　发动机管理系统维修计划与设备、材料准备 13
　　1.4　发动机管理系统故障检查 14
　　1.5　发动机控制单元的拆装和更换 18

模块 2　发动机进气控制系统 19
　任务 2　发动机持续高速运转且无法加速故障的诊断与维修 19
　　2.1　发动机电子节气门控制系统的信息收集 19
　　2.2　发动机持续高速运转且无法加速的故障分析 28
　　2.3　电子节气门控制系统维修计划与设备、材料准备 29
　　2.4　电子节气门控制系统故障检查 29
　　2.5　更换电子节气门 32
　任务 3　发动机冷车起步易熄火故障的诊断与维修 34
　　3.1　发动机可变进气系统的信息收集 34
　　3.2　发动机冷车起步易熄火的故障分析 39
　　3.3　可变进气系统维修计划与设备、材料准备 40
　　3.4　可变进气系统故障检查 41
　　3.5　更换可变进气系统故障部件 44
　任务 4　发动机加速迟滞且有进气噪声故障的诊断与维修 46
　　4.1　发动机增压系统的信息收集 46
　　4.2　发动机加速迟滞且有进气噪声的故障分析 59
　　4.3　废气涡轮增压控制系统维修计划与设备、材料准备 59
　　4.4　废气涡轮增压控制系统故障检查 61
　　4.5　增压循环空气阀电路维修 64

模块 3　发动机供油控制系统 65
　任务 5　发动机怠速运转不平稳且加速不良故障的诊断与维修 65
　　5.1　发动机供油系统的信息收集 65
　　5.2　发动机怠速运转不平稳且加速不良的故障分析 79
　　5.3　进气道喷射系统维修计划与设备、材料准备 80

发动机管理系统故障诊断与维修

  5.4 进气道喷射系统故障检查 …………………………………………………… 81
  5.5 更换进气道喷射系统故障部件 …………………………………………… 85
 任务6 发动机起动困难故障的诊断与维修 ………………………………………… 86
  6.1 发动机缸内直喷系统的信息收集 ………………………………………… 86
  6.2 发动机起动困难的故障分析 ……………………………………………… 101
  6.3 缸内直喷系统维修计划与设备、材料准备 …………………………… 102
  6.4 缸内直喷系统故障检查 …………………………………………………… 103
  6.5 更换缸内直喷系统故障部件 ……………………………………………… 105

模块4 发动机点火控制系统 ………………………………………………………… 107
 任务7 发动机运转不平稳且故障指示灯亮起故障的诊断与维修 ……………… 107
  7.1 发动机点火系统的信息收集 ……………………………………………… 107
  7.2 发动机运转不平稳且故障指示灯亮起的故障分析 …………………… 118
  7.3 点火系统维修计划与设备、材料准备 ………………………………… 119
  7.4 点火系统故障检查 ………………………………………………………… 120
  7.5 更换点火系统故障部件 …………………………………………………… 123

模块5 发动机排放控制系统 …………………………………………………………… 124
 任务8 汽油发动机尾气排放异常故障的诊断与维修 …………………………… 124
  8.1 发动机排放控制系统的信息收集 ………………………………………… 124
  8.2 汽油发动机尾气排放异常的故障分析 ………………………………… 135
  8.3 排放控制系统维修计划与设备、材料准备 …………………………… 137
  8.4 排放控制系统故障检查 …………………………………………………… 137
  8.5 更换排放控制系统故障部件 ……………………………………………… 139

模块6 柴油发动机供油控制系统 ………………………………………………………… 140
 任务9 柴油发动机起动困难故障的诊断与维修 ………………………………… 140
  9.1 共轨柴油发动机喷射系统的信息收集 ………………………………… 140
  9.2 柴油发动机起动困难的故障分析 ………………………………………… 156
  9.3 共轨柴油发动机喷射系统维修计划与设备、材料准备 ……………… 157
  9.4 共轨柴油发动机喷射系统故障检查 …………………………………… 157
  9.5 更换共轨柴油发动机喷射系统故障部件 ……………………………… 159

模块7 车载自诊断（OBD）系统 ……………………………………………………… 161
 任务10 发动机偶尔出现多缸失火故障的诊断与维修 …………………………… 161
  10.1 车载自诊断系统的信息收集 …………………………………………… 161
  10.2 发动机偶尔出现多缸失火的故障分析 ………………………………… 169
  10.3 维修计划与设备、材料准备 …………………………………………… 170
  10.4 故障综合检查 …………………………………………………………… 170
  10.5 更换故障部件 …………………………………………………………… 173

参考文献 ………………………………………………………………………………………… 174
学习工作页

模块 1　汽车发动机管理系统

任务 1　发动机无法起动故障的诊断与维修

学习目标

1) 能够解释发动机管理系统的类型。
2) 能够描述发动机管理系统的基本功能和组成。
3) 能够解释发动机管理系统的传感器及执行器的功能。
4) 能够对发动机控制单元进行拆装、更换以及相关电路检查。
5) 培养对常见故障的分析能力与规范作业的职业素质。

任务接受

客户报修：2013 年款奥迪 A4L 40TFSI 轿车，踩制动踏板，按点火开关起动发动机时，可听到起动机在转，但发动机无法起动。

任务准备

1.1　发动机管理系统的信息收集

1. 发动机管理系统概述

从 20 世纪 70 年代开始，全球各大汽车制造厂陆续推出了电子控制燃油喷射系统。经过多年的发展，发动机电子控制的内容不断增加，精度不断提高，已经从简单的喷油和点火控制，逐渐发展成发动机管理系统（EMS，图 1-1）。通过 EMS 可对发动机进行综合控制，从而提高功率、降低燃油消耗、净化排放、改善驾驶性。其控制内容主要包括喷油控制、点火控制、进气控制、增压控制、发动机热管理控制、排放控制、巡航控制、断缸控制、车载自诊断、失效保护、后备系统和数据通信等。

另外，随着网络技术在汽车上的成功应用，在许多汽车上（如奥迪、奔驰、宝马），发动机管理系统已不再是一个独立的控制系统，它通过 CAN 或 FlexRay 通信技术和其他控制系统（如空调系统、巡航控制系统、ESC 电子稳定控制系统、防盗系统、音响和舒适系统等）实现网络通信和实时数据共享。这不仅提高了车辆的整体控制性能和控制精度，而且大大减少了传感器、信号线和 ECU 管脚的数量，控制单元之间通信更加简单和快捷，控制系统的升级和配置更容易、更灵活。

[发动机基本工作原理]

[发动机性能指标]

图1-1　发动机管理系统

下面以奥迪汽车的发动机管理系统为例进行介绍。奥迪汽车发动机目前采用的控制系统有博世控制系统、西门子控制系统、大陆电子控制系统，发动机管理系统结构从开始的机械喷射到现在的缸内直喷系统发生了很大的变化，控制功能也变得越来越复杂。但直喷与非直喷系统都围绕着满足排放标准、动力性能和经济性能等目标进行控制，形成了各自相应的控制系统或者混合喷射系统。

发动机管理系统从机械喷射发展到缸内直喷，主要经历了4个主要阶段：机械连续喷射、单点喷射、多点喷射、缸内直喷，近几年研发出了将多点喷射和缸内直喷组合的双喷射系统。

（1）机械喷射

1）机械连续喷射系统——K型（图1-2）。K型喷射特点：每缸一个喷油器，在发动机运转过程中，燃油连续不断地在进气门附近喷射，喷油量的多少只取决于进气量。如图1-2所示，进气量越大，左侧的叶板升程越大，喷油量越大。

2）电控机械连续喷射系统——KE型（图1-3）。KE型喷射特点：KE型喷射系统相对K型喷射系统主要变化是增加了一个电磁阀，喷油量不仅取决于进气量杠杆，还取决于电磁阀的开度，增加了氧传感器、进气量杠杆传感器、冷却液温度传感器等部件，控制单元利用各种信号修正电磁阀的开度。

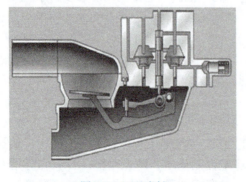

图1-2　K型喷射

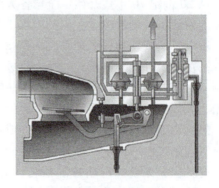

图1-3　KE型喷射

任务1　发动机无法起动故障的诊断与维修

（2）单点喷射　单点喷射指几个气缸共用一个喷油器。在进气管节流阀上方装 1 个中央喷射装置，用 1~2 个喷油器集中喷射，燃油喷入进气气流中，形成的可燃混合气由进气歧管分配到各个气缸中，如图 1-4 所示。

单点喷射的特点：在节气门体的上方安装有一个喷油器，实现间歇喷射，发动机 ECU 根据进气量的多少调节喷油时间。

（3）进气道多点喷射　进气道多点喷射系统（MPI）是在每缸进气口处装有一个喷油器，由发动机控制单元进行分缸单独喷射或分组喷

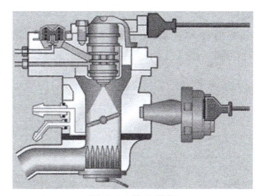

图 1-4　单点喷射

射，燃油直接喷射到各缸的进气门前方，再与空气一起进入气缸形成混合气。奥迪汽车进气道多点喷射有 D 型、L 型、LH 型等几种类型，其中 L 型的技术已不再使用。

1）D 型进气道喷射。D 型进气道喷射是通过检测进气压力进行进气计量（MAP 计量）的喷射系统，如图 1-5 所示，在进气歧管前的公共管道（进气总管）上安装有进气歧管压力传感器，检测进气绝对压力。因为进气道中的压力与温度有关系，所以这种进气压力传感器一般会集成一个进气温度传感器。

2）L 型进气道喷射。L 型和 LH 型进气道喷射在结构上都是在节气门前面的进气管路上安装空气流量传感器（图 1-6），用于检测进气量。其中，L 型进气道喷射是通过检测进气体积进行进气计量的喷射系统，其特点是在流量计内有一个风板，进气量越大，风板的开度越大，喷油量越大。

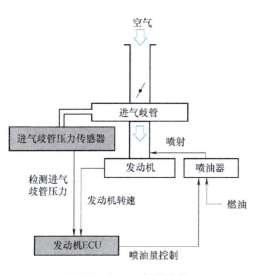

图 1-5　D 型进气道喷射

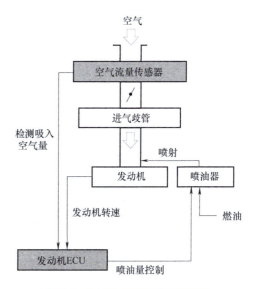

图 1-6　L 型与 LH 型进气道喷射

3）LH 型进气道喷射。LH 型进气道喷射是采用热线式或热膜式流量计（如图 1-7 所示）进行进气计量（MAF 计量）的喷射系统，其特点是直接计算进气的空气质量，进气精

度更高。

发动机 ECU 集成了各种控制功能（如喷油、点火功能），采用特性曲线或 MAP 图形式进行控制。图 1-8 所示为控制点火的 MAP 图。

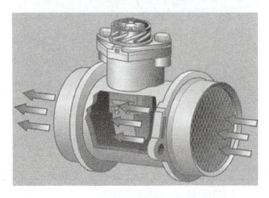

图 1-7 热线式或热膜式流量计

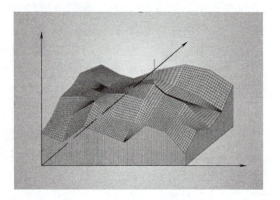

图 1-8 控制点火的 MAP 图

（4）缸内直喷 缸内直喷就是直接将燃油喷入气缸内与进气混合的技术。缸内直喷能够降低进气温度、降低爆燃趋势、提高压缩比、提高功率，与同排量的一般发动机相比，功率与转矩最高均可提高 10%。

1）FSI 缸内喷射控制系统（图 1-9）。FSI 即燃料分层喷射。

FSI 缸内喷射控制系统的特点：每个气缸有 1 个高压喷油器，燃油直接喷在燃烧室内部；采用 1 个凸轮轴驱动的机械高压泵以及 1 个共用的油轨（燃油总管）。

2）TFSI 缸内喷射控制系统（图 1-10）。TFSI 就是带涡轮增压或机械增压的 FSI 发动机。

图 1-9 FSI 缸内喷射控制系统

图 1-10 TFSI 缸内喷射控制系统

TFSI 缸内喷射控制系统与 FSI 缸内喷射控制系统的区别：系统安装有 1 个或 2 个增压器，提高了发动机的功率，取消了可变进气系统。

3）混合喷射控制系统（图 1-11）。混合喷射控制系统在进气道上安装有 1 个低压喷油器，低压喷油器的燃油由燃油箱里的电动燃油泵输送过来，经过高压泵的冲洗接口获得，同时高压泵可借助低压燃油来冲洗并冷却；高压喷油器与前述的缸内直喷系统相同，

任务1 发动机无法起动故障的诊断与维修

直接将燃油喷射入燃烧室。

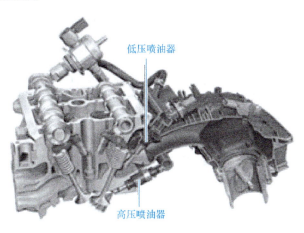

图 1-11 混合喷射控制系统

混合喷射控制系统特点：将系统压力进一步提高，降低噪声，减小排气中污染物的含量（尤其是 CO_2），使之符合排放要求；在部分负荷时，采用另加的进气歧管喷射系统（MPI），有利于降低燃油消耗。

混合喷射控制策略：以奥迪某款发动机为例，在每次起动发动机时采用直喷方式。在发动机冷机时（冷却液温度低于 45℃ 且取决于机油温度情况），也一直使用直喷方式来工作。当长时间使用 MPI 模式工作时，为了防止高压喷油器内的燃油烧焦，采用冲洗功能，即短时激活 FSI 模式。

如图 1-12 所示，在正常温度下，发动机的中低负荷工况都采用 MPI 工作模式，在大负荷低速时，采用两次喷射，一次喷射在进气行程，一次喷射在压缩行程；大负荷高速时，采用一次喷射，喷射在进气行程。

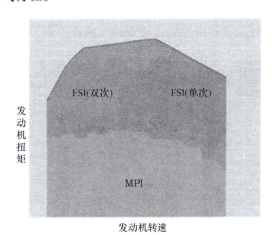

图 1-12 混合喷射控制策略

紧急模式：如果这两个系统中的一个出现故障了，那么另一个系统就会执行应急运行功能，这样可保证车辆仍能继续行驶。

2. 发动机管理系统的功能介绍

发动机管理系统功能：对发动机进行综合控制，确保发动机在所有工况下处于最佳工作状态，从而净化排放、降低燃油消耗、提高功率、改善驾驶性。其控制功能主要包括主控制功能和辅助控制功能。

主控制功能包括喷油控制、点火控制、进气控制、发动机热管理控制和排放控制。

辅助控制功能包括巡航控制、车载自诊断、失效保护功能、后备功能等。

下面以奥迪汽车为例介绍其发动机管理系统功能。

（1）喷油控制　喷油控制包括喷油时间控制（或喷油脉冲宽度控制）、喷油正时控制、缸内直喷系统高压管路压力控制、电动燃油泵低压管路压力控制等（图1-13）。

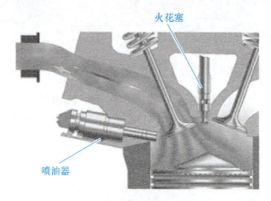

图1-13　喷油、点火控制

（2）点火控制　点火控制包括点火提前角控制（点火正时控制）、点火闭合角控制、爆燃控制（图1-13）。

（3）进气控制　进气控制包括电子节气门控制、VVT可变气门正时控制、AVS可变气门升程控制、气门关闭-按需停缸控制、涡轮增压控制（或机械增压控制）、可变进气歧管控制、进气分层控制（进气歧管翻板控制或可变进气涡流控制）等（图1-14）。

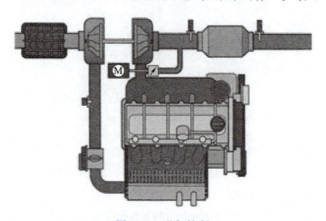

图1-14　进气控制

（4）发动机热管理控制　发动机热管理控制包括特性曲线节温器控制、风扇控制、压缩机控制、可变机油压力控制、活塞冷却喷嘴控制等（图1-15）。

任务1　发动机无法起动故障的诊断与维修

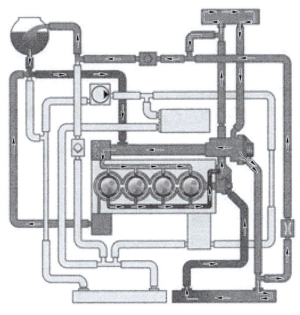

图 1-15　发动机热管理控制

（5）排放控制　排放控制包括曲轴箱强制通风控制、燃油蒸发控制、三元催化转化控制、二次空气喷射控制、排气再循环控制等（图1-16）。

图 1-16　排放控制

（6）巡航控制　巡航控制包括定速巡航控制和自适应巡航控制。其中，自适应巡航控制是车辆借助车距传感器（雷达）扫描前方道路情况，结合电子节气门、ABS等技术，在一定的车速范围内，使驾驶人无需控制加速踏板，而保证汽车以设定的速度或安全跟车距离稳定行驶的控制功能。

（7）车载自诊断　车载自诊断（OBD）包括对废气质量有重要影响的车辆系统和相关部件的电气功能监控、催化净化器功能监控、失火监控、数据总线监控、自动变速器功能监控等。

（8）失效保护功能　失效保护指当某些传感器或执行器出现故障时，发动机电控单元（ECU）利用替代值控制发动机运行，或停止供油使车辆停止运转（保护发动机），并发出故障警告信号。

（9）后备功能　后备功能指当发动机 ECU 出现故障时，自动切换到简易控制的后备系统，喷油和点火正时控制在设定值（固定值），使车辆能够继续行驶，又称回家模式。

3. 发动机管理系统的部件组成及功能

（1）组成　发动机管理系统由传感器、电控单元（ECU）和执行器三部分构成，如图 1-17 所示。

传感器是感知信息的部件，负责向 ECU 提供发动机的工作情况和汽车运行状况。

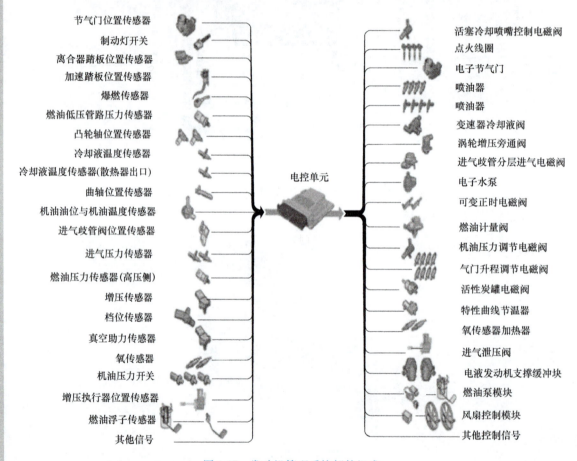

图 1-17　发动机管理系统部件组成

执行器负责执行 ECU 发出的各项指令，如喷油器、电子节气门、点火线圈等。

电控单元的功能：

1）接收传感器或其他装置输入的信息；给传感器提供参考电压；将输入的信息转变为微机所能接受的信号。

2）存储、计算、分析处理信息；计算输出值所用的程序；存储该车型的特点参数；存储运算中的数据、存储故障信息。

3）运算分析。根据信息参数求出执行命令数值；将输出的信息与标准值进行对比，查出故障。

任务1　发动机无法起动故障的诊断与维修

4）输出执行命令。把弱信号变成强的执行命令信号；输出故障信息。

5）自我修正功能（自适应功能）。

6）与其他控制单元的数据交换功能。

（2）主要传感器及功能

1）节气门位置传感器：检测节气门的开度及变化情况并将信号输入ECU，ECU根据信号控制电子节气门的动作，对燃油喷射、增压等其他系统进行控制。

2）制动灯开关：感知制动踏板的状态，用于电子节气门控制及巡航控制等。

3）离合器踏板位置传感器：感知离合器踏板位置信息，得出发动机负荷状态，用于起停系统控制或怠速控制。

4）加速踏板位置传感器：用于感知加速踏板的位置，实现电子节气门的控制。

5）爆燃传感器：监测发动机是否发生爆燃，用于对点火系统进行闭环控制。

6）燃油低压管路压力传感器：检测低压管路燃油压力，用于控制低压燃油管路压力。

7）凸轮轴位置传感器：感知凸轮轴的位置，用于气缸识别，控制点火正时、喷油正时与配气正时等。

8）冷却液温度传感器：监测发动机缸体的温度等，作为燃油喷射和点火控制的修正信号。

9）冷却液温度传感器（散热器出口）：监测散热器的温度。

10）曲轴位置传感器：监测曲轴的位置与发动机的转速。

11）机油油位与机油温度传感器：测量机油的液面位置与机油的温度。

12）进气歧管阀位置传感器：监测进气歧管气流分层扰流阀（进气歧管翻板）的位置。

13）进气压力传感器：监测进气歧管中的进气压力，内部集成了进气温度传感器，结合进气温度信号及发动机转速信号计算发动机的进气量。

14）燃油压力传感器（高压侧）：监测共轨中的燃油压力。

15）增压传感器：监测增压器出口的压力，用于监控及调节增压压力。

16）档位传感器：监测变速器的档位。

17）真空助力传感器：监测真空助力内部的真空度。

18）氧传感器：检测废气中氧离子的含量，分析出混合气的浓度，用于喷油量（空燃比）的闭环控制等。

19）机油压力开关：监测主油道中的机油压力。

20）增压执行器位置传感器：监测机械增压执行器的位置。

21）燃油浮子传感器：监测燃油箱中的油量。

22）空气流量传感器：检测发动机的进气量并将信号输入ECU，作为燃油喷射和点火控制的主控制信号。

（3）主要执行器及功能

1）活塞冷却喷嘴控制电磁阀：控制活塞冷却喷嘴的喷射时刻。

2）点火线圈：由ECU向点火线圈发出控制信号，点火线圈产生高压电，使相应气缸的火花塞跳火，点燃混合气。

3）电子节气门：控制发动机进气量。

4）喷油器：在进气歧管喷射的喷油器，控制低压燃油喷射量；在缸内直接喷射的喷油器，控制高压燃油喷射量。

5）变速器冷却液阀：控制变速器油的散热。

6）涡轮增压旁通阀：控制涡轮增压器的目标增压度。

7）进气歧管分层进气电磁阀：控制进气涡流，实现分层燃烧。

8）电子水泵：控制涡轮增压器的冷却，特别是在发动机关闭状态下。

9）可变正时电磁阀：控制凸轮轴配气正时。

10）燃油计量阀：控制高压燃油管路的压力。

11）机油压力调节电磁阀：控制润滑系统两级主油道机油的压力。

12）气门升程调节电磁阀：控制气门切换不同的升程。

13）活性炭罐电磁阀：控制活性炭罐的汽油清洗流量。

14）特性曲线节温器：控制发动机冷却液循环及流量，进而控制冷却液温度。

15）氧传感器加热器：加热氧传感器。

16）进气泄压阀：控制节气门前方的进气压力，减少加速迟滞现象。

17）电液发动机支撑缓冲块：控制支撑缓冲块的刚度及阻尼。

18）燃油泵模块：控制燃油泵的供给电压，进而控制输送的低压燃油的压力。

19）风扇控制模块：控制冷却风扇的转速。

（4）电控单元 电控单元（ECU）又称"行车电脑""车载电脑"等，如图1-18所示。

图1-18 发动机电控单元

现在的发动机ECU主要由输入接口、微处理器和输出接口组成，如图1-19所示。

1）输入接口电路。输入接口电路的主要作用是完成外部传感器与微处理器之间的信息传递，对传感器输入信号进行预处理，使输入信号变成微处理器可以接收的信号。因为输入信号有两类：模拟信号和数字信号，所以分别有相应的输入电路进行处理。

对于模拟信号的处理，需要根据信号的强弱先对模拟信号进行电压转换，使信号在模-

数（A-D）转换所设定的量程范围内，然后进行 A-D 转换。

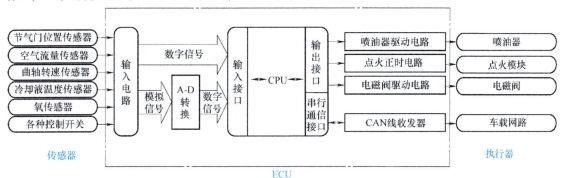

图 1-19　发动机 ECU

数字信号的输入有来自曲轴位置传感器、凸轮轴位置传感器、空气流量传感器等的信号，它们都是脉冲信号。数字信号经过处理之后，通过 I/O 接口可直接送入微处理器，一般电路中要设置放大电路和脉冲信号整形电路。

2）微处理器。微处理器是发动机电控系统的中枢。它能根据需要，把各种传感器送来的信号用内存程序和数据进行运算处理，并把处理结果（如：喷油器控制信号、点火控制信号）送往输出回路。它主要由中央处理器（CPU）、存储器（RAM/ROM）、输入/输出 IP 接口组成。由于 CAN 总线技术的引入，微处理器在提高数据传输速度、减少硬件使用数量和系统可靠性方面得到大大改善。

3）输出接口电路。输出接口电路将 ECU 与执行元件联系起来。它将 ECU 做出的决策指令转变为控制信号来驱动执行元件进行工作，它可实现控制信号的生成与放大等功能。常见的输出执行元件通常是继电器、电磁线圈、电动机等。

1.2　发动机无法起动的故障分析

1. 故障现象

一辆 2013 年款奥迪 A4L 轿车，发动机型号为 CDZA；打开点火开关，仪表及其他指示灯正常亮，指示灯完成自检后正常熄灭，但是 EPC 灯和发动机排放故障指示灯一直不亮（图 1-20）；踩制动踏板，按点火开关，起动机工作，但发动机无着车迹象。

2. 故障原因分析

发动机不能起动是发动机常见的故障之一。造成发动机不能起动的原因很多，涉及发动机起动系统、防盗系统、电子控制系统（燃油喷射系统、点火系统、进气控制系统和排放控制系统等）及机械系统等。

发动机无法起动的原因（图 1-21）：

1）起动系统故障。蓄电池电量不足，点火开关/起动开关、起动继电器、起动机、空档/驻车档开关信号、制动信号故障及各相关电路故障等，都会影响发动机的正常起动。

2）点火系统故障。点火系统故障可能会使发动机点火能量低或点火正时不准，导致发动机无法起动。常见的点火系统故障有火花塞损坏、点火模块故障、控制电路以及供电电路故障等。

发动机管理系统故障诊断与维修

图 1-20　EPC 灯和发动机排放故障指示灯不亮

3）供油系统故障：如燃油箱缺油，使用了错误或劣质燃油，电动燃油泵不工作或泵油压力过低，供油管路、燃油滤清器堵塞或渗漏，高压油泵故障，燃油压力调节器故障，喷油器故障以及相关电路故障等。

4）进、排气系统故障：如空气滤清器堵塞、进气管路漏气、进气信号异常、进气管脏堵，排气管路堵塞（如三元催化转化器内部老化、碎裂故障造成的堵塞）等。

5）电控单元（ECU）故障：如电控单元自身故障或供电电路故障，电控单元不能有效接收信号和输出执行信号，相关通信电路故障，ECU 编码不正确，ECU 更换后没有和电子防盗系统匹配，使用非法钥匙起动发动机造成防盗系统锁止等故障。

6）机械故障：如气缸压力不足，从而使发动机不能起动或起动困难（造成气缸压力不足的可能原因有发动机气门关闭不严，配气正时不准确，气缸垫密封性差，活塞环与气缸壁因磨损影响气缸密封性等）；外力造成的机械部件损坏，如发动机进水造成的连杆弯曲等。

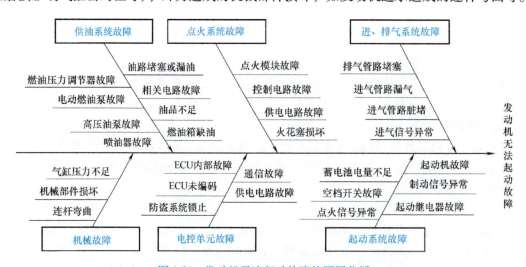

图 1-21　发动机无法起动故障的原因分析

通过对故障现象的分析，本案例应从电控单元以及相关供电等电路开始进行检测、诊断。

任务1 发动机无法起动故障的诊断与维修

1.3 发动机管理系统维修计划与设备、材料准备

1. 维修计划

1）外部直观检查。
2）借助诊断仪 VAS 6150B 进行故障诊断。
3）确定故障原因和零部件。
4）针对故障部件进行拆装、更换或维修。

2. 维修设备与材料准备

车辆进行维修检查前应做好如下准备：

1）放置好车身挡块。
2）连接好尾气接管。
3）打开车门并降下车窗。
4）正确安装七件套：左、右翼子板垫，前杠防护垫，座椅垫，脚垫，转向盘套，变速杆套。
5）准备好维修设备、工具（表1-1）及必要材料。
6）检查车辆机油油位、冷却液液位、电源电压，应均为正常状态，连接好充电器，如图1-22所示。

实训课要求

表1-1 维修设备与工具

名称	数量	名称	数量
奥迪专用诊断仪器 VAS6150B	1台	转换接头 VAG1598/39	1套
示波器 VAS6356	1台	测试盒 VAG1598/42	1套
万用表	1个	充电器 VAS5903	1个
奥迪 ELsa 系统	1套	常规工具	1套

图1-22 维修检查前的准备

发动机管理系统故障诊断与维修

任务实施

1.4 发动机管理系统故障检查

1. 外观检查

从车辆上拆下发动机控制单元 J623（详见 1.5），对发动机控制单元外观、针脚及各电路插接器进行检查，未发现损坏现象（图 1-23）。

图 1-23　发动机控制单元

2. 故障码诊断

1）奥迪专用诊断仪器介绍。奥迪专用诊断仪 VAS6150B（图 1-24）通过蓝牙插头与汽

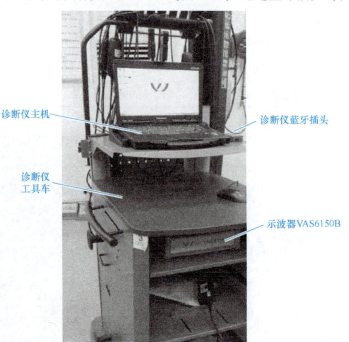

诊断仪主机

诊断仪蓝牙插头

诊断仪
工具车

示波器 VAS6150B

使用 VAS6150 进行
发动机基本检测

图 1-24　奥迪专用诊断仪 VAS6150B

任务1 发动机无法起动故障的诊断与维修

车通信，主要功能有：车辆自诊断、测量工具、引导性故障查询、引导性功能等。专用诊断仪 VAS6150B 与示波器 VAS6356 配合，可测量汽车里的各种信号波形；可进行电压、电流、电阻测量以及二极管测试、连续性测试等；另外，结合电流钳和压力、温度等测量线，可测量大电流、压力、温度等参数。

2）奥迪 ELsa 系统介绍。奥迪 Elsa 系统即电子服务信息查询系统，如图1-25所示。目前奥迪经销商主要在维修环节中使用 Elsa 系统，维修技师可以使用 Elsa 系统查询维修手册、车身维修记录、电路图、保养表、保养手册、车辆数据、备件信息、工作说明、维修技术手册、工序目录、技术问题解决方案等。

图1-25 奥迪 Elsa 系统

3）查询故障码。打开诊断仪 VAS6150B，将蓝牙接口连接车内诊断接口，打开车辆点火开关，选择好车型信息，进行车辆诊断。读取车辆故障码，车辆发现有"发动机控制单元未安装或不应答"的故障信息（图1-26），初步判断是与发动机控制单元相关的故障。

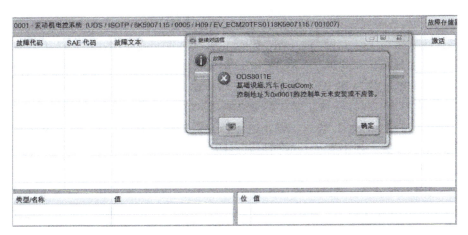

图1-26 故障信息

3. 发动机控制单元电路检查

1）检查发动机控制单元 J623 的插头，未发现异常损坏。查找发动机控制单元 J623 供电的相关电路，如图 1-27、图 1-28 所示。T94/92、T94/87 是发动机控制单元的供电端子，其中 T94/92 的电压来源于熔丝架 1（ST1）的 SB4 熔丝，是发动机控制单元工作的常电源，即使点火开关关闭，也正常供给蓄电池电压。T94/87 的电压来源于熔丝支架 1（ST1）的 SB3 熔丝，是 J623 的 15 供电，该电源只有在打开点火开关后才会提供蓄电池电压。另外，J623 的搭铁线一共有 3 根线，分别是 T94 的 1 号、2 号和 4 号针脚，它们在发动机控制单元内部是相通的，3 根搭铁线最终绞接在一起通过发动机舱内左侧搭铁点与车身连接。

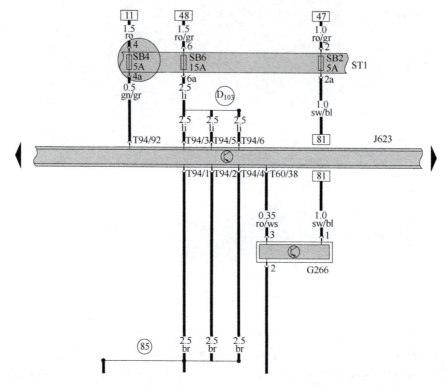

图 1-27　控制单元 30 供电及搭铁电路

2）连接转换接头 VAG1598/39（图 1-29a），并接入测试盒 VAG1598/42（图 1-29b）。

3）打开点火开关，在测试盒 VAG1598/42 分别测量 T94/92、T94/87 的对搭铁电压。发现 T94/92 对搭铁电压约为 14.3V，数值正常。T94/92 对 3 根搭铁线 T94/1、T94/2 和 T94/4 端子的电压均约为 14.3V，搭铁正常。测量 T94/87 对搭铁的电压为 0V，进一步检查上游 SB3 熔丝（图 1-30 箭头所示）输入、输出电压，发现其输入为 14.3V、输出为 0V。

4）关闭点火开关，拔出熔丝 SB3 测量其电阻，测得电阻为无穷大；进一步检测 T94/87 对搭铁电阻，为无穷大，故判断 SB3 熔丝损坏。

更换相同型号的熔丝，验证故障现象是否已排除。打开点火开关，仪表 EPC 灯和发动机故障指示灯亮，起动车辆，发动机正常运行，操作诊断仪，发动机控制单元无故障信息，故障排除。

任务 1　发动机无法起动故障的诊断与维修

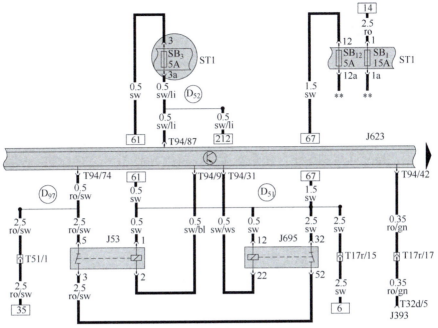

图 1-28　控制单元 15 供电电路

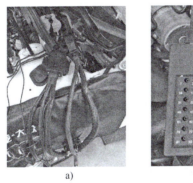
a)
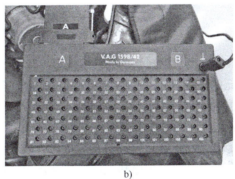
b)

图 1-29　发动机控制单元转换接头及测试盒

图 1-30　SB3 熔丝实车位置

17

1.5 发动机控制单元的拆装和更换

1. 控制单元的拆装

（1）拆卸　关闭点火开关并拔出点火钥匙，如图 1-31a 所示，将螺母 1 前的排水槽盖板橡胶密封条撕掉一点，在 A 位置处的定位架上松开线束 2，旋出螺母 1，将加注口 3 与加注管从清洗液罐和车身开口中拉出。如图 1-31b 所示，旋出箭头处的螺栓并取下电控箱盖板。如图 1-31c 所示，松开 A 处的卡子，并将发动机控制器 J623 沿 B 方向拉出。从发动机控制器上拉开拉销，拔下发动机线束插头。

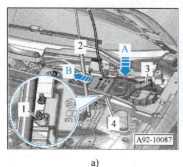 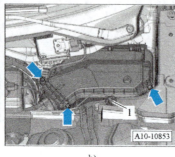 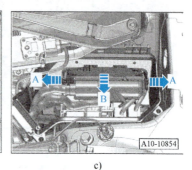

图 1-31　拆卸发动机控制单元

（2）安装　安装按与拆卸相反的顺序进行。其中，电控箱盖板螺栓拧紧力矩：3.5N·m。

2. 控制单元的更换

如果需要更换发动机控制单元，需要在诊断仪 VAS6150B 的引导功能中选择诊断对象——更新发动机控制器。

由于拔下发动机控制单元后，相关的自适应值已被清除，但故障存储器中的内容仍被保留，因此在更换之前需要先用诊断仪读取原控制单元的型号。

当取下旧的发动机控制单元并装上新的控制单元之后，需在线匹配新的控制单元，进行重新编码，如匹配节气门、防盗系统自适应、生成发动机就绪代码等。

完成以上操作后，读取故障码。如果还有故障码，选择清除故障码功能即可。

注意：配备自动变速器的汽车，在更换了发动机控制单元后，需要进行强制低速功能自适应的匹配。

作　业

完成学习工作页任务 1　发动机无法起动故障的诊断与维修。

模块 2　发动机进气控制系统

任务 2　发动机持续高速运转且无法加速故障的诊断与维修

学习目标

1) 能够解释发动机进气控制系统的类型。
2) 能够解释电子节气门的功能。
3) 能够描述电子节气门控制系统的组成及工作原理。
4) 能够解释电子节气门系统的控制策略。
5) 能够对电子节气门系统进行检测、诊断及更换。
6) 培养严谨的故障诊断、分析能力与规范作业的职业素质。

任务接受

客户报修：2013 年款奥迪 A4L 40TFSI 轿车，起动后车辆怠速较高，加速困难，最高转速偏低；行车时，只能低速行驶；车辆仪表盘上 EPC 故障指示灯常亮。

任务准备

2.1　发动机电子节气门控制系统的信息收集

1. 发动机进气控制系统简介

发动机进气系统包括从进气口到进气门前的所有零部件，如图 2-1 所示，由进气导流管、空气滤清器、进气总管、节气门体、稳压腔、进气歧管等组成。在进气管路里设有进气绝对压力传感器或空气流量传感器，某些车型还带可变进气系统及增压系统。进气系统的作用是使新鲜空气清洁、顺畅、安静地进入气缸，并且能计量进气量、控制进气量及进气状态。

发动机进气控制系统主要作用是对进气量和进气状态进行控制。进入到气缸内的空气量越多，发动机的功率越高，所以提高气缸的充气效率是一个在不改变排量的前提下提高功率的主要途径。空气进入气缸的流速及方向等状态会影响混合气的燃烧效率。发动机进气控制系统主要技术有：电子节气门控制技术、可变进气控制技术（进气谐振控制、进气涡流控

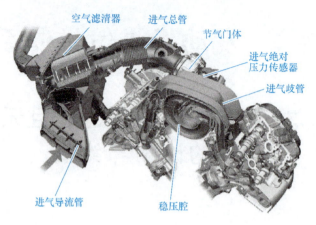

图 2-1 进气系统

制)、增压控制技术等。

2. 电子节气门的功能

发动机通过节气门直接控制进气量。传统的机械式节气门开度由驾驶人踩动加速踏板来控制，发动机控制单元无法控制节气门的开度。如果想调节发动机转矩，只能借助调节点火正时和喷油时间等参数来实现。

在电子节气门系统（图2-2）中，节气门拉索已被废除，发动机ECU根据加速踏板的踩压量的大小，使用节气门电动机来控制节气门的开启角度以达到最佳角度值。加速踏板的踩压量由加速踏板位置传感器检测，节气门的开启角度由节气门位置传感器检测。采用电子节气门调节，发动机ECU就可以根据驾驶人意愿、尾气排放状况、油耗、安全、舒适等要求来确定节气门应处的位置，并结合增压压力、喷油时间、关闭某缸以及点火提前角控制来实现对发动机转矩的最优化处理。

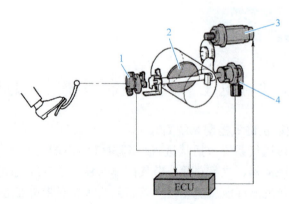

电子节气门控制系统

图 2-2 电子节气门系统原理图

1—加速踏板位置传感器　2—节气门　3—节气门电动机　4—节气门位置传感器

电子节气门的主要功能有

1) 怠速控制：能够根据各种负荷变化，保持怠速的稳定性。

2) 部分负荷与全负荷的进气量控制：能够根据驾驶人的需求完成相对应的进气量

任务 2　发动机持续高速运转且无法加速故障的诊断与维修

控制。

3）失效模式：当电子节气门失效后，能够保证一定的行驶能力。

4）安全机制：当电子节气门的信号出现问题后，能保证不出现意外的节气门动作。

3. 电子节气门控制系统的组成

电子节气门控制系统包括发动机控制单元、加速踏板、节气门体电动机、节气门位置传感器、制动灯开关、离合器踏板开关、EPC 故障指示灯、诊断接口、其他传感器（传递档位、车速、空调等信息）等，如图 2-3 所示。

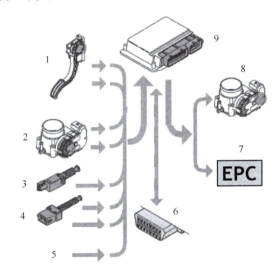

图 2-3　电子节气门控制系统的组成

1—加速踏板　2—节气门位置传感器　3—离合器踏板开关　4—制动灯开关　5—其他传感器
6—诊断接口　7—EPC 故障指示灯　8—节气门体电动机　9—发动机控制单元

（1）节气门体　节气门体包含有直流电动机、减速机构、节气门轴齿轮、节气门翻板、节气门位置传感器、电子节气门插头、弹簧等，如图 2-4 所示。在部分节气门体上，有冷却水路，用于防止在冬季节气门轴被冻住，但现在由于电动机的技术的发展，部分车型已取消冷却水路，采用电动机直接破冰的方式。

发动机控制单元驱动直流电动机，电动机通过减速机构带动节气门轴齿轮旋转，节气门翻板绕节气门轴转动，从而实现打开与关闭。节气门位置传感器实时监测节气门翻板的位置，并将位置信息反馈给发动机控制单元，为了安全，节气门位置传感器采用双位置传感器，实现冗余控制。节气门体内部有两个弹簧，一个用于回位，一个用于在节气门不工作时保持节气门一定的开度，实现跛行功能。直流电动机使用占空比控制，可实现不同的旋转力。

节气门体的电路如图 2-5 所示。两个位置传感器共有 4 条线，一条共用的 5V 电源线，一条共用的搭铁线，两条信号线；右侧的两条蓝色的为电动机控制线。供给电压不同可以实现不同的方向运动。

（2）节气门位置传感器

1）传感器类型。发动机节气门位置传感器一般有两种类型，一种为滑动电阻式节气门位置传感器,一种为磁阻效应式节气门位置传感器。磁阻效应式传感器采用非接触式传感器,优点是无磨损、使用寿命长,被越来越多的汽车厂家采用。

2)滑动电阻式节气门位置传感器。滑动电阻式节气门位置传感器利用跟节气门一起转动的触点在电阻体上的滑动来改变电阻值,进而输出与节气门开度线性相关的电压反馈给发动机ECU,从而测得节气门开度,如图2-6所示。

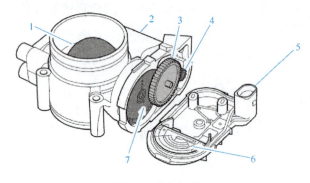

图2-4 节气门体

1—节气门翻板 2—电子节气门体 3—减速机构 4—直流电动机
5—电子节气门插头 6—节气门位置传感器 7—节气门轴齿轮

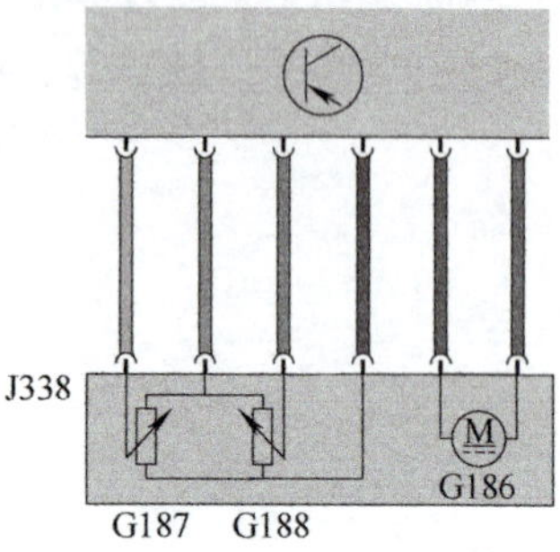

图2-5 节气门体的电路

以大众奥迪滑动电阻式节气门位置传感器为例,两个传感器(G187和G188)信号相位是相反的,如图2-7所示,在任何时刻两个信号电压相加总等于电源电压,发动机控制单元利用此关系进行传感器信号功能的验证。节气门的开度信息保存在发动机控制单元内部,0%认定为节气门处于最小电子开度,100%认定为节气门处于最大电子开度。发动机控制单元通过基本设置来判断节气门的基准位置。

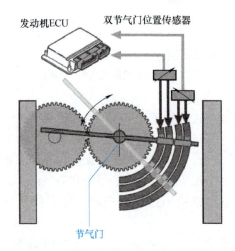

图2-6 滑动电阻式节气门位置传感器原理图

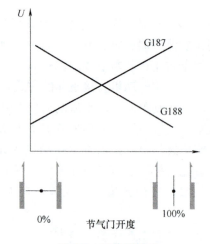

图2-7 双信号输出

两个信号中任何一个信号出现失真或中断,则使用负荷信号来校验另一个传感器,加速踏板的反应与正常一样,但舒适功能(例如定速巡航、发动机牵引力矩调节)被关闭。若两个传感器同时出现故障,节气门处于紧急运行模式,同时EPC警告灯亮起,则发动机高

任务2　发动机持续高速运转且无法加速故障的诊断与维修

怠速（1500r/min）运转。

3）磁阻效应式传感器。磁阻效应式传感器由传感器元件（涂有铁磁性材料）和一块基准磁铁构成，其中基准磁铁与节气门轴相连。如果节气门轴发生转动，则磁铁的磁力线相对于传感器元件就发生改变，于是传感器元件的电阻就发生了变化，根据这个电阻值就可以计算出节气门轴相对于传感器的绝对转角。磁阻效应式传感器由两个传感器元件构成，这两个传感器元件相互差45°，每个传感器由4个电阻构成测量电桥。如果轴相对于某个传感器转动了，那么该传感器的电阻值就按正弦曲线变化，两个传感器就产生两个45°相位差的正弦曲线（图2-8），传感器电子装置根据这两条曲线计算出明确的角度值，并把该值发送给发动机控制单元。

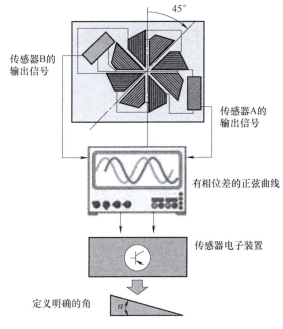

图2-8　双信号获取

（3）加速踏板位置传感器　发动机加速踏板位置传感器跟节气门位置传感器类似，有滑动电阻式和磁阻效应式两种形式。图2-9所示为滑动电阻式加速踏板位置传感器。传感器采用冗余设计，采用两个同步变化的滑动电阻。当加速踏板位置变化时，内部的滑动片发生变化，输出电阻变化，传给控制单元的电压发生相应变化。

如果其中一个传感器损坏，另一个传感器在怠速位置时，车辆处于怠速运行工况；如果是在负荷工况，则会出现加速缓慢的问题，舒适功能被关闭，此时怠速信号通过制动开关进行确认，发动机EPC灯亮起。如果两个传感器的信号都不可靠，节气门进入紧急模式，最高发动机转速限制在1500r/min。

大众系列车型的加速踏板位置传感器共有6条线，每个传感器有信号线、独立的5V电源及搭铁线。传感器G185（图2-10）上装有一个串联电阻，因此这两个传感器有两条不同的特性曲线，两个信号电压具有倍数关系，即一个信号电压始终保持另一个信号电压的2倍（图2-11），发动机控制单元利用此关系可以判断两个信号的有效性。在相应的测量数据块中，传感器的信号是以百分比来显示的，也就是100%代表5V。

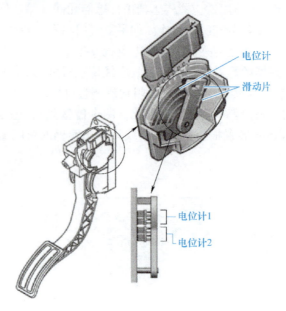

图2-9　滑动电阻式加速踏板位置传感器

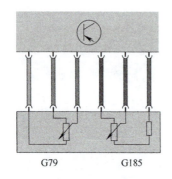

图2-10　加速踏板位置传感器电路

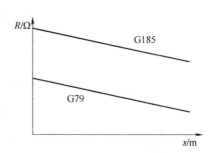

图2-11　加速踏板位置传感器两个信号关系

（4）EPC指示灯　EPC（Electronic Power Control）指示灯（图2-12）为仪表上一个黄色的故障指示灯。当打开点火开关后，EPC指示灯会亮3s，如果没有故障，指示灯会熄灭；如果系统故障，指示灯会亮起；当指示出现故障时，不会影响节气门操作，但会在发动机控制单元内存有故障码。

（5）制动灯开关　制动灯开关一般位于制动踏板后面，用于检测制动信号。发动机控制单元利用制动开关的信号可实现下列功能：当踩下制动踏板时，巡航功能解除；当加速踏板位置传感器中的一个信号失效时，它可用于确认怠速信号。

大众奥迪部分车型的制动灯开关电路如图2-13所示，由来自发动机主继电器的87供电，其制动信号直接传递给有关控制单元，如发动机控制单元J623、ABS控制单元J104、拖车识别装置控制单元J345、中央舒适控制单元J393等。如果制动灯开关信号失效，发动机将无法起动。

任务2　发动机持续高速运转且无法加速故障的诊断与维修

图2-12　EPC指示灯

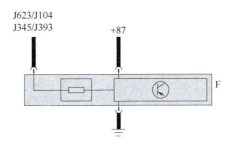

图2-13　大众奥迪部分车型的制动灯开关电路

（6）离合器踏板开关　离合器踏板开关或离合器踏板位置传感器用在带手动变速器的汽车上，用于感知离合器踏板位置信息。发动机控制单元利用离合器踏板位置信号实现以下功能：当踩下离合器踏板时，发动机控制单元接收一个减负荷信号，防止怠速突然升高；解除巡航操作功能；用于起停系统控制等。

图2-14所示为大众奥迪汽车离合器踏板位置传感器电路，采用87和15供电，向发动机控制单元J623传递离合器踏板开关信号与发动机起动离合器踏板开关信号，同时向机电式驻车制动器控制单元J540传递离合器踏板信号。

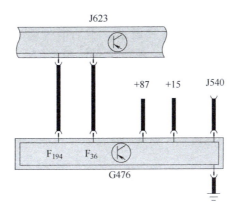

图2-14　大众奥迪汽车离合器踏板位置传感器电路

4. 电子节气门系统的控制策略

（1）节气门翻板的极限位置

1）最小机械开度。电子节气门内部有一个限位机构，用于保证最小开度，防止节气门卡住。

2）最小电子开度。最小电子开度数据记忆在发动机控制单元内部，最小电子开度比最小机械开度略微大一点，可避免电动机过载。

3）最大机械开度。最大机械开度指电子节气门由机械限位机构限制后，能达到的最大开度。

4）最大电子开度。最大电子开度数据记忆在发动机控制单元内部，它比最大机械开度略小一些。

5）紧急运行模式位置：当电子节气门断电后，在回位弹簧的作用下，节气门体处于紧急运行模式的位置（图2-15）。当节气门体驱动失效时，节气门进入到紧急运行模式，发动机限制在一个较高的怠速状态，此时巡航功能失效。

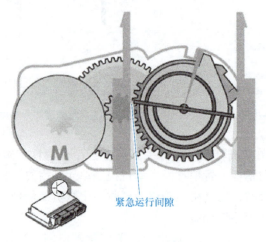

图2-15　紧急运行模式

（2）以转矩为主的控制策略　机械拉线节气门受机械方面的控制，发动机控制单元只能在小范围内进行转矩调节，每个转矩需求都是独立的，无法做到优化控制。电子节气门可以根据驾驶人的需求、排放需求、燃油消耗需求、安全需求进行调控。发动机控制单元根据内部需求与外部需求进行统一转矩控制，比机械拉线节气门更精确、效率更高。

内部需求包括起动需求、三元催化转化器加热需求、怠速控制需求、功率限制需求、速度限制需求、混合气空燃比控制需求等。

外部需求包括变速器换档点需求、驱动防滑与发动机制动控制需求、空调压缩机开关需求、巡航需求等。

（3）转矩控制过程　发动机控制单元根据内部需求与外部需求计算一个需求的转矩；同时根据发动机转速、发动机负荷、点火提前角计算一个实际转矩；如果两个数值之间存在差别，发动机控制单元进行转矩调整，如图2-16所示。

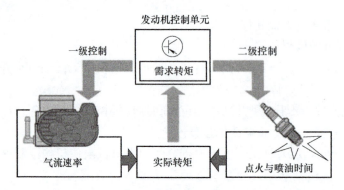

图2-16　转矩控制过程

转矩调整有一级调整和二级调整两种，一级调整控制指改变节气门开度、增压度等方

任务2 发动机持续高速运转且无法加速故障的诊断与维修

法,这种方法也称为长期转矩需求;二级调整控制指改变点火提前角、喷油时间以及气缸抑制等方法,其特点是响应快,这种方法也称为短期转矩需求。

(4) 怠速模式 发动机控制单元根据节气门的信号确认加速踏板是否处于释放状态;如果加速踏板处于释放状态,开始进行怠速控制策略。发动机控制单元开始驱动节气门电动机打开或关闭节气门;打开或关闭的程度取决于目标怠速与当前怠速的差值。节气门位置传感器把电子节气门的实时开度传给发动机控制单元。

(5) 加速模式

1) 加速模式的确认:发动机控制单元根据加速踏板位置传感器的信号确认加速踏板是否处于加速状态;发动机控制单元根据驾驶人的输入与节气门目前位置,计算节气门电动机的驱动电流;同时,发动机控制单元控制点火提前角、喷油时间。带增压的发动机可根据需要实现不同增压压力的控制。

2) 节气门开度的确认:节气门位置传感器反馈节气门的位置信息;发动机控制单元根据接收到的信息确认节气门是否达到目标开度。

3) 转矩调整(图2-17):发动机计算节气门目标开度时,会考虑其他的转矩需求。这些转矩需求包括速度限制需求、巡航控制、驱动防滑控制、发动机制动控制、碰撞停机等。如果发动机控制单元接收到这些转矩需求,即使加速踏板位置没有变化,也会对节气门开度做出调整。

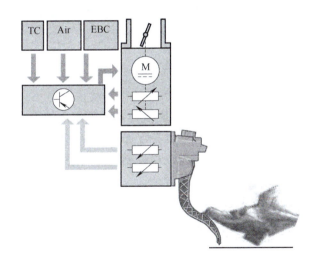

图2-17 转矩调整

(6) 制动优先原则 制动优先原则指当发动机控制单元检测到节气门信号与制动信号同时输入时,忽略节气门信号,采用制动信号,降低发动机功率。在车辆低速行驶时,此功能可能不生效,因为此时可能驾驶人同时采用制动与节气门的特殊操作。当车速高于16km/h时,此功能生效。

(7) 电子节气门的关闭位置学习 当点火开关关闭后,节气门执行一次打开与关闭动作。发动机控制单元记录完全关闭位置的电压;发动机控制单元结合怠速负荷工况计算一个平均值,如果完全关闭的平均值低于现在的完全关闭值,就更新学习值。

2.2 发动机持续高速运转且无法加速的故障分析

1. 故障现象

一辆 2013 年款奥迪 A4L 轿车，发动机型号为 CDZA，该车热车情况下起动后，车辆怠速一直较高，达到 1100r/min；车辆在怠速时加速困难，踩下加速踏板后转速缓慢上升，最高转速仅 2800r/min（正常时可达到 3800r/min）；行车时，车速最高只能达到 50~60km/h。车辆仪表盘中 EPC 故障指示灯常亮，如图 2-18 所示。

图 2-18　EPC 故障灯常亮

2. 故障原因分析

根据故障现象，分析故障原因（图 2-19）：

1）电子节气门损坏：节气门电动机、电路及传动部件出现故障，无法接收到发动机控制单元发出的指令，使节气门未能打开相应的开度而进入应急模式状态，造成怠速偏高，加速异常；节气门位置传感器及电路故障，发动机控制单元无法接收到正确的节气门位置信息而进入应急模式状态，造成怠速偏高，加速异常。

2）进气管路故障：如进气管路漏气，空气流量传感器无法测出真实的进气量，造成 ECU 对喷油量控制不准确，导致发动机怠速异常。

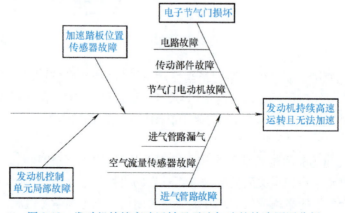

图 2-19　发动机持续高速运转且无法加速的故障原因分析

任务 2　发动机持续高速运转且无法加速故障的诊断与维修

3）加速踏板位置传感器故障：发动机控制单元无法接收到正确的加速踏板位置信息而进入应急模式状态，造成怠速偏高，加速异常。

4）发动机控制单元局部故障，无法正确控制电子节气门系统等。

2.3　电子节气门控制系统维修计划与设备、材料准备

1. 维修计划

1）外部直观检查。
2）借助诊断仪 VAS6150B 进行故障诊断。
3）确定故障原因和零部件。
4）针对故障部件进行拆装、更换或维修。

2. 维修设备与材料准备

所需的维修设备、工具及材料见表 2-1。

表 2-1　维修设备与材料

名称	数量	名称	数量
奥迪专用诊断仪 VAS6150B	1 台	转换接头 VAG1598/39	1 套
测试盒 VAG1598/42	1 套	充电器 VAS5903	1 台
万用表	1 个	常规工具	1 套
节气门体及密封圈	1 套	奥迪 ELsa 系统	1 套
成套转接线 VAG1594D	1 套	—	—

任务实施

2.4　电子节气门控制系统故障检查

1. 外观检查

对发动机外观进行检查，没有发现进气管道漏气现象；各电路及插接器连接正常，未发现元器件外观破损现象。

2. 故障码诊断

打开诊断仪 VAS6150B，将蓝牙接口连接车内 OBD 诊断接口，打开车辆点火开关，选择好车型信息，进行车辆诊断。读取车辆故障码，车辆发现有"节气门电位计信号太小""节气门控制单元由于系统故障功率受限""节气门控制功能失效"的故障信息（图 2-20），初步判断是电子节气门系统相关的故障。

3. 测量值分析诊断

读取节气门位置和加速踏板位置的测量值（图 2-21），发现在踩下加速踏板后，加速踏

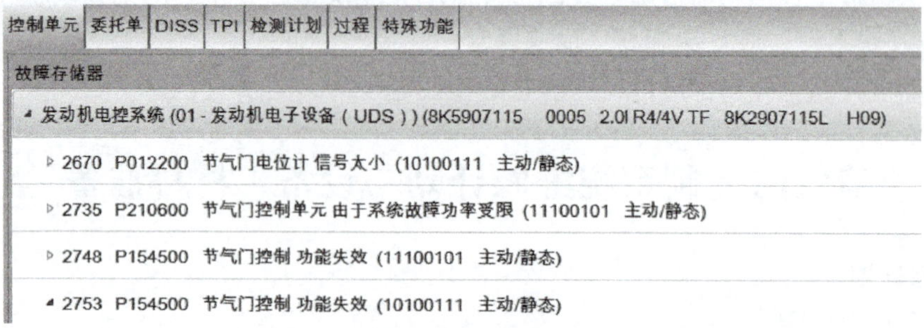

图 2-20 故障码

板测量值显示正常，但节气门位置测量值未发生变化。下一步应当检查节气门的有关参数及其电路情况。

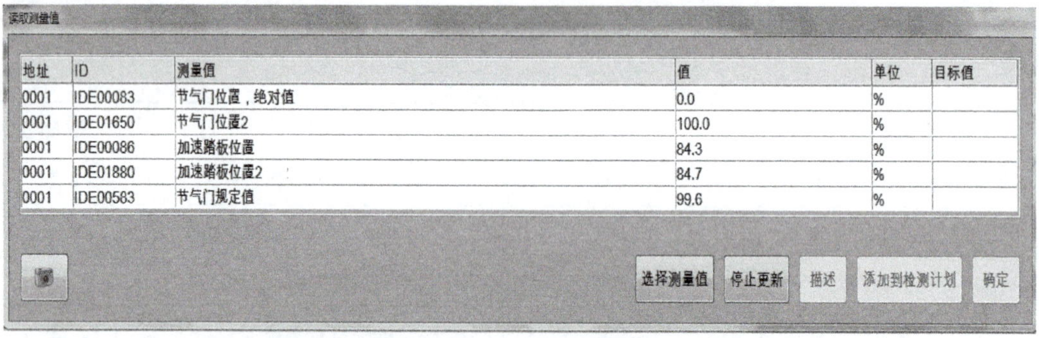

图 2-21 测量值

4. 电子节气门参数及其电路检查

1）检查节气门控制单元 J338 的插头，未发现异常损坏。查找节气门控制单元 J338 的电路图，如图 2-22 所示。

2）从车辆上拆下发动机控制器 J623，检查发动机控制器 J623 的针脚及线束插头，未发现异常。连接上转换接头 VAG1598/39（图 2-23），接入测试盒 VAG1598/42（图 2-24）。

3）打开点火开关，在测试盒 VAG1598/42 测量 T60/12 与 T60/44 之间的电压（即节气门 2、6 号针脚间的供电电压），电压为 4.99V（额定值为 4.5~5.5V），数值正常。

4）关闭点火开关，拆下发动机控制单元 J623，借助成套转接线 VAG1594D 的合适转接线，逐一测量节气门控制单元 J338 插头 1~6 号针脚到 J623 的导线电阻值（额定值为 0~1Ω），测量值均符合额定值，说明各导线导通性良好。

5）使用万用表负极分别接 T60/41、T60/1、T60/24、T60/16 针脚，正极搭铁，测量它们对搭铁的电阻值，测量值均大于 20MΩ（额定值为大于 9MΩ），数值正常，说明各导线无对负极短路情况。

6）打开点火开关，分别测量发动机控制单元 T60/41、T60/1、T60/24、T60/16 针脚对搭铁的电压值，测量值均小于 0.05V（额定值为小于 0.5V），测量值均正常，说明各导线无对正极短路情况。

任务 2 发动机持续高速运转且无法加速故障的诊断与维修

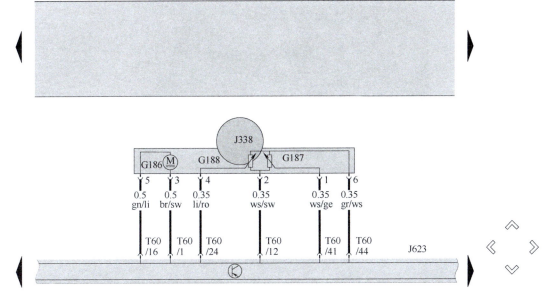

增压压力传感器、进气温度传感器、燃油压力传感器、节气门控制单元
G186—电控节气门操纵机构的节气门驱动装置
G187—电控节气门操纵机构的节气门驱动装置角度传感器1
G188—电控节气门操纵机构的节气门驱动装置角度传感器2
J338—节气门控制单元
J623—发动机控制器
T60—60芯黑色插头连接

图 2-22 节气门控制单元 J338 的电路图

图 2-23 转换接头 VAG1598/39

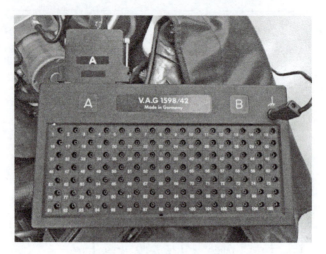

图 2-24　测试盒 VAG1598/42

7）测量 J338 的 6 个针脚之间的电阻值。由于 3、5 号针脚为 G186 直流电动机两端针脚，单独测量电动机两端针脚电阻，测量值为 7Ω，无异常。由于此节气门位置传感器是磁阻式，在正常情况下，各针脚之间的电阻应为兆欧（MΩ）级以上或无穷大。测量发现，各针脚间的电阻在 4~148Ω 范围，明显异常，说明该节气门控制单元 J338 内部出现了故障，需要更换节气门控制单元。

2.5　更换电子节气门

1. 电子节气门的拆装及更换

拆下发动机罩；拆下连接节气门控制单元 J338 的空气软管卡箍，拉出空气软管；拔下节气门控制单元 J338 的电插头；旋出相关螺栓，拆下节气门控制单元。

更换新的节气门控制单元，更换节气门的密封圈，清洁密封圈的密封面，安装时以与拆卸相反的顺序进行。注意：要以标准力矩拧紧相关螺栓。

2. 电子节气门的基本设置

更换节气门体

在更换新的节气门控制单元后，需要对电子节气门进行基本设置（或称为节气门匹配）。借助诊断仪 VAS6150B 对节气门控制单元进行基本设置。在诊断仪"控制单元列表"中，右键选择"发动机控制单元"，在下拉菜单中选择"引导型功能"，选择"节气门控制单元，匹配"，激活节气门控制单元的匹配，此时可听见节气门作动的声音。基本设置结束后，系统会显示"ADP OK"，如图 2-25 所示。

节气门基本设置的前提条件是所有的发动机故障已经排除；冷却液温度为 10~95℃；节气门位于急速位置；所有的用电器必须关闭；不得踩下加速踏板。

注意：现在汽车厂家的电子节气门基本都具备自适应学习功能，如果节气门不做基本设置，在车辆行驶一段时间后，发动机控制单元与节气门会匹配好。

任务 2 发动机持续高速运转且无法加速故障的诊断与维修

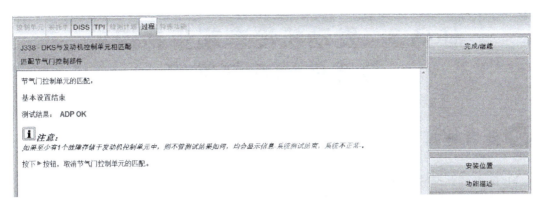

图 2-25 基本设置成功

作 业

完成学习工作页任务 2 发动机持续高速运转且无法加速故障的诊断与维修。

任务 3　发动机冷车起步易熄火故障的诊断与维修

学习目标

1）能够解释发动机可变进气系统的类型。
2）能够描述进气谐振控制系统的组成及工作原理。
3）能够描述进气涡流控制系统的组成及工作原理。
4）能够对可变进气系统进行检测、诊断及更换。
5）培养严谨的故障诊断、分析能力与规范作业的职业素质。

任务接受

客户报修：一辆 2013 年款的奥迪 A6L 轿车，发动机型号为 CLXA 30 FSI/140kW，排量为 2.5L，行驶里程为 116500km，车辆怠速与行车时抖动。

任务准备

3.1　发动机可变进气系统的信息收集

1. 进气谐振控制系统

（1）进气谐振的原理　充气效率指内燃机每个工作循环内，发动机气缸内实际吸入气缸的新鲜空气质量与进气道状态下充满气缸工作容积的理论空气质量的比值。内燃机的充气效率反映了进气过程的完善程度，是衡量发动机进气性能的重要指标。

进气谐振指在进气过程中有效利用进气管内压力波的往复振荡来增大进气量。四冲程发动机曲轴每旋转两圈为一个周期，而这个周期的约 1/4 的时间是用来进气的，即在一个周期内约 1/4 的时间进气门打开，剩下的约 3/4 的时间进气门是关闭的。由于进气过程的间歇性和周期性，致使进气管内产生一定幅度的压力波，此压力波以当地声速在进气系统内传播和往复反射。进气歧管通过稳压腔与进气总管连接，因稳压腔具有一定的容积，对进气歧管内的压力波构成一个开口边界，故利用一定长度和直径的进气歧管与定容积的稳压腔（谐振腔）就可构成一个进气谐振系统（图 3-1），并使其固有频率与进气门的进气周期调谐。那么在特定的转速下，就会在进气门关闭之前，在进气歧管内产生大幅度的压力波，使进气歧管靠近进气门处的压力峰值提高，从而增大进气量。这种充气效应称为谐振效应，充气效率可达到 1.0 或更高。

但是发动机的进气周期是随转速的变化而变化的，而固定的进气谐振系统的固有频率是

任务3　发动机冷车起步易熄火故障的诊断与维修

固定的，因此只能增大特定转速下的进气量和发动机转矩。为了充分利用不同转速下的进气谐振效应，可以采用单独控制或综合控制进气歧管、进气总管长短或粗细及稳压腔容积的可变进气谐振控制系统。

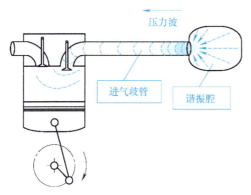

图3-1　进气谐振系统

可变进气系统

（2）可变长度进气歧管

1）功能及控制。可变长度进气歧管技术是现代轿车常采用的可变进气控制技术，其特点是在发动机高转速时用粗短的进气歧管，在中、低转速时用细长的进气歧管，以提高不同转速的进气谐振效应。

以大众奥迪V6发动机为例，如图3-2所示，当发动机低速运转（转速低于4100r/min）时，发动机电控单元指令转换阀控制机构关闭转换阀，这时空气经空气滤清器、节气门、稳压腔沿着弯曲又细长的进气歧管流进气缸。细长的进气歧管提高了进气速度，增强了气流的惯性，使进气量增多（即长进气道/转矩设置模式）。当发动机高速运转（转速高于4100r/min）时，转换阀开启，空气同时经转换阀及原先的通道进入进气歧管。粗短的进气歧管进气阻力小，使进气量增多（即短进气道/功率设置模式）。可变进气歧管长度系统不仅可以提高发动机的动力性，还由于它提高了发动机在中、低速运转时的进气速度而增强了气缸内的气流强度，从而改善了燃烧过程，使发动机中、低速的燃油经济性有所提高。

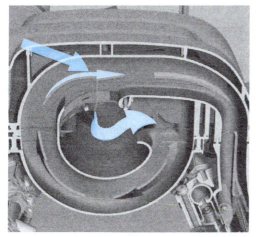

转换阀关闭时

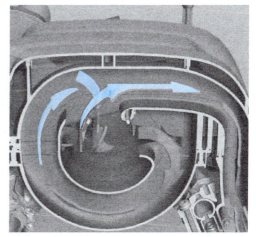

转换阀打开时

图3-2　可变长度进气歧管控制

35

由于在中、低速能够产生足够高的转矩，驾驶人经常采用高档低速的驾驶风格来降低燃油消耗率，这导致发动机转速很少达到 4100r/min 以上，转换阀可能因很少动作而被油污、灰尘等杂质阻滞，导致其无法正常工作。所以转换阀默认的状态为打开状态，直到发动机转速超过 1100r/min 才关闭，以保证经常性动作，减少了被阻滞的可能性。

2）结构及组成。可变长度进气歧管控制系统的转换阀的动作由真空力来驱动。如图 3-3 所示，真空泵在发动机凸轮轴的带动下产生真空，进气歧管内带有真空贮存室贮存真空。当需要关闭转换阀时，发动机控制单元给进气转换电磁阀 N156 发出控制指令，使真空贮存室的真空管路与真空执行器的真空管路连通，真空执行器拉动转换阀轴转动，使各缸的转换阀关闭。当需要打开转换阀时，发动机控制单元控制进气转换电磁阀 N156（停止供电）复位，切断真空执行器与真空贮存室的管路，使真空执行器管路与大气连通，真空执行器在内部的复位弹簧作用下推动转换阀轴回位，各缸的转换阀打开。转换阀位置传感器 G513 将转换阀的位置信号传给发动机控制单元。

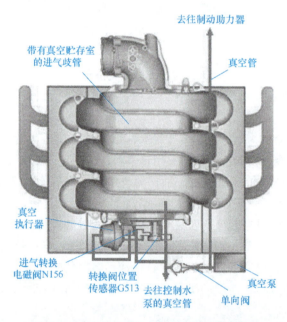

图 3-3 可变长度进气歧管控制系统的结构

真空执行器（图 3-4）在未工作时，压缩弹簧保持控制臂处于伸出状态，这保证了翻转板在发动机静止的状态下是功率腔模式，谐振管是短的状态；当电磁阀打开时，膜片在真空的作用下产生对弹簧的压力，控制臂收缩，谐振腔处于转矩腔状态。

进气转换电磁阀（图 3-5）有 3 条通道，分别与大气、真空执行器、真空罐相通；当电磁阀未通电时，在大气压力的作用下，柱塞关闭真空通道。当电磁阀通电时，在磁场的作用下柱塞被升起，真空通道打开。

转换阀位置传感器位于真空执行器一侧（图 3-6），用于检测进气歧管转换阀的位置，并将位置信息传给发动机控制单元。该传感器多采用霍尔传感器，由一个带有磁铁的转子（与进气歧管转换阀一起转动）和一个集成在传感器中的霍尔集成电路构成。在霍尔集成电路中，供电电流流过一个半导体层，转子在气隙中转动，产生霍尔电压信号，经过电路

任务3 发动机冷车起步易熄火故障的诊断与维修

转换,向发动机输出反映转子角度变化的线性信号(图3-7)。

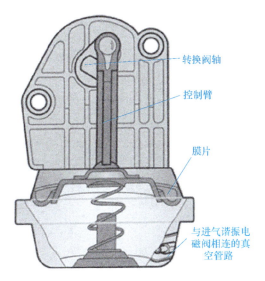

图3-4 真空执行器

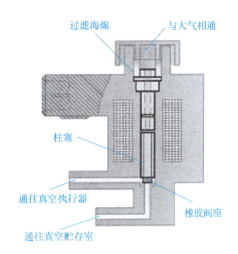

图3-5 进气转换电磁阀

图3-6 转换阀位置传感器

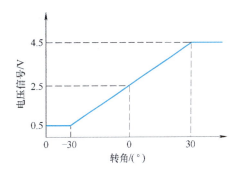

图3-7 转换阀位置传感器信号

2. 进气涡流控制系统

直喷柴油机和一些现代直喷汽油机常通过进气涡流控制(图3-8)方式调节混合气的质量。例如,在奥迪2.0TFSI发动机与3.0TFSI发动机的进气道中安装有进气歧管翻板,用于产生进气涡流;奥迪1.4TSI发动机没有安装进气歧管翻板,它通过进气道的独特设计,保证进气中产生进气涡流。

(1)进气涡流控制的作用 发动机在冷起动和低速运行时,汽油雾化条件差,不容易燃烧。进气涡流控制系统通过关闭进气歧管翻板,使进气通道变窄而增大进气流速,可改善喷油器喷出的可燃混合气的质量。另外,燃烧室中产生的强大的空气涡流可促进可燃混合气的雾化,提高燃烧效率,从而提高了废气排放效率。

(2)进气涡流控制的结构 发动机进气涡流控制系统的翻板调节有不同方式,有的采用真空调节方式(图3-9),有的采用电动机调节方式(图3-10)。

在采用真空执行器的进气涡流控制中系统,发动机控制单元根据特性曲线来控制真空控

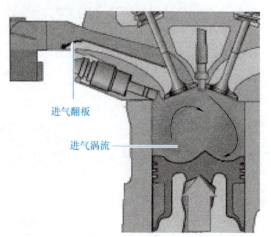

图3-8 进气涡流控制

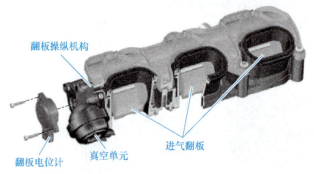

图3-9 真空调节式进气涡流控制的结构

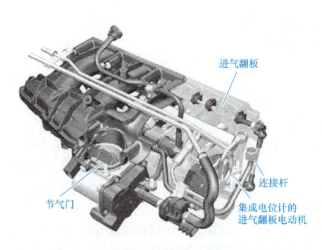

图3-10 电动机调节式进气涡流控制的结构

制电磁阀，真空接通到真空单元，真空单元通过翻板操纵机构操纵进气翻板打开及关闭，安装在进气翻板轴一端的翻板电位计检测翻板位置信号，反馈给发动机控制单元。如果无法操控真空控制电磁阀或者其损坏了，进气歧管翻板就会在真空单元内的弹簧力作用下保持关闭，在高负荷下，因进气阻力大，造成发动机功率降低。

任务 3　发动机冷车起步易熄火故障的诊断与维修

采用电动机调节的进气涡流控制系统中，翻板电位计一般与电动机集成在一起。

以某款发动机为例，翻板电位计采用非接触式转角传感器——霍尔传感器，如图 3-11 所示，随着翻板转角的变化，信号线性变化，发动机控制单元根据这个信号判断翻转板的位置。如果此信号失效，发动机控制单元保持翻转板处于默认位置——关闭位置。

有些发动机，如奥迪 1.4TFSI 发动机，取消了进气翻板，其通过独特的结构设计保证了进气涡流的形成，如图 3-12 所示。

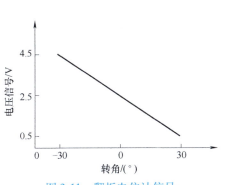

图 3-11　翻板电位计信号

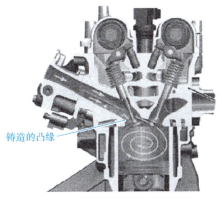

图 3-12　无翻板的进气涡流形成

（3）进气涡流控制的策略　以某款发动机的进气翻板控制策略为例，在低负荷、发动机转速从 1000r/min 到 5000r/min，进气翻板是关闭的（图3-13），这样控制的好处是可改善冷车急速时的稳定性；改善发动机的转速变化时的平稳性；在断油滑行模式下防止发动机抖动。在其他情况下，进气翻板处于打开状态，防止产生进气阻力，降低发动机性能。

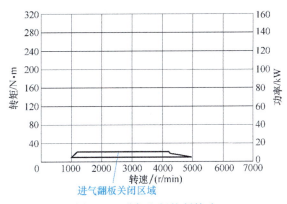

图 3-13　进气翻板控制策略

3.2　发动机冷车起步易熄火的故障分析

1. 故障现象

一辆 2013 年款的奥迪 A6L 轿车，发动机型号为 CLXA 30 FSI/140kW，排量为 2.5L，行驶里程为 116500km，车辆急速与行车时抖动，且发动机 EPC/OBD 灯亮起。经试车，车辆急加速的性能有所下降。经了解，此车辆为事故后经过维修的车辆。

2. 故障原因分析

根据故障现象，分析可能的故障原因（图3-14）：

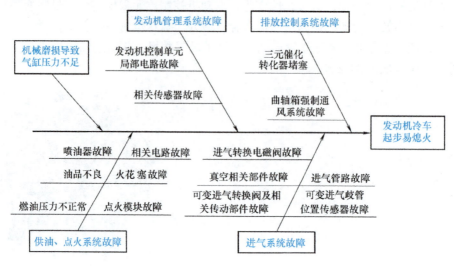

图3-14　发动机冷车起步易熄火故障可能原因分析

（1）进气系统故障

1）进气管路故障：进气管路及部件漏气或堵塞，造成混合气浓度不正常。

2）可变进气转换阀及真空执行器故障：此部件故障导致转换阀无法及时翻转，切换进气管道，导致混合气无法充分混合或进气不足，从而使发动机转矩或功率无法达到预想效果。

3）可变进气歧管位置传感器故障：传感器故障导致无法正确识别传感器位置导致故障发生。

4）进气转换电磁阀、真空产生及贮存管路或部件故障：真空相关部件故障导致无法控制真空执行器，导致转换阀无法正常工作。

（2）排放控制系统故障　三元催化转化器堵塞、曲轴箱强制通风系统故障等。

（3）供油系统故障　汽油品质不好导致混合气在气缸内燃烧不充分，而且容易产生积炭；燃油压力不正常，喷油器滴漏或喷油雾化不正常等。

（4）点火系统故障　火花塞、点火线圈故障导致点火不良，燃烧不完全。

（5）发动机管理系统故障　如J623局部相关电路故障，导致无法正常控制进气切换；冷却液温度传感器故障，特别是低温天气，冷车起动时，由于影响发动机控制单元的低温燃油修正，造成喷油量不足。

（6）机械磨损　机械磨损导致气缸压力不足，从而影响正常燃烧，动力不足。

3.3　可变进气系统维修计划与设备、材料准备

1. 维修计划

1）外部直观检查。

2）借助诊断仪VAS6150B进行故障诊断。

任务 3　发动机冷车起步易熄火故障的诊断与维修

3）确定故障原因和零部件。
4）针对故障部件进行拆装、更换或维修。

2. 维修设备与材料准备

所需的维修设备、工具及材料见表3-1。

表3-1　维修设备与材料准备

名称	数量	名称	数量
奥迪专用诊断仪 VAS6150B	1台	转换接头 VAG1598/39	1套
测试盒 VAG1598/42	1套	充电器 VAS5903	1台
万用表	1个	常规工具	1套
手动真空泵	1套	进气管密封件	1套
卡箍钳	1把	奥迪 ELsa 系统	1套
成套转接线 VAG1594D	1套	—	—

手动真空泵是利用手动方式产生负压的设备（图3-15），常用于检查汽车部件的密封性或真空执行部件的性能，如检查各种真空开关、真空电磁阀、真空管路、真空贮存室、制动真空助力泵等是否泄漏，检查真空执行器、二次空气泵、增压空气再循环阀等工作是否正常等，是汽车检测维修的常用设备。

任务实施

图3-15　手动真空泵

3.4　可变进气系统故障检查

1. 外观检查

对发动机外观进行检查，没有发现进气管道及部件破损、漏气、脏堵现象；各电路及插接器连接正常，未发现元器件外观破损现象。

2. 故障码诊断

打开诊断仪VAS6150B，将蓝牙接口连接车内OBD诊断接口，打开车辆点火开关，选择好车型信息，进行车辆诊断。读取车辆故障码，车辆发现有故障码"P207000可变进气管卡在开启位置"（图3-16），初步判断是可变进气系统相关的故障。

根据故障码提示的信息，在检查孔里检查进气管是否能切换（图3-17）。安排一位技师起动发动机，另一位技师站在车辆前方观察检查孔里的拉杆是否拉伸。正常情况下，发动机起动时进气歧管真空执行器必须向左拉伸，转换阀关闭，进气歧管从短进气道切换至长进气道。观察发现真空执行器拉杆未拉伸，说明进气歧管没有正常工作。

接着，目视检查相关真空管路、进气转换电磁阀、真空产生及贮存管路等部件，未发现异常。

图3-16 故障码

图3-17 检查孔

3. 手动真空泵检测

拔掉真空执行器上的真空管，接上手动真空泵的管路，用手动真空泵对真空执行器施加真空，如图3-18所示。随着真空度的增大，检查孔的拉杆可以向左拉伸，说明真空执行器及连接机构正常。

通过施加真空检测转换阀位置传感器G513是否工作正常。在奥迪ELsa系统查找可变进气歧管相关电路（图3-19），根据电路图连接转换接头VAG1598/39和测试盒VAG1598/42。打开点火开关，测量G513的供电电压，即T94/63与T94/39之间的电压，电压为4.99V（额定值为4.5~5.5V），数值正常。

测量G513反馈给控制单元J623的信号电压，即T94/53与T94/39之间的电压，随着真空度的增加，真空执行器通过内部传动机构带动转换阀转动，G513的信号电压从1V到3.8V线性变化，说明G513工作正常。

4. 进气转换电磁阀及其电路检查

断开进气转换电磁阀N156插头的连接，检查插头及传感器针脚均无异常。测量进气转换电磁阀N156的内部线圈电阻，阻值为31Ω（正常值为20~40Ω），说明内部线圈正常。检查进气转换电磁阀N156的供电电压，即进气转换电磁阀N156插头的端子1对发动机的搭铁电压，电压为12.7V，供电正常。拔下发动机控制单元J623，借助成套转接线VAG1594D的合适转接线，测量进气转换电磁阀N156插头的端子2到T60/52的控制导线电阻值，阻值为0.3Ω（额定值为0~0.5Ω），说明导线导通性良好。

任务3 发动机冷车起步易熄火故障的诊断与维修

图3-18 手动真空泵检测

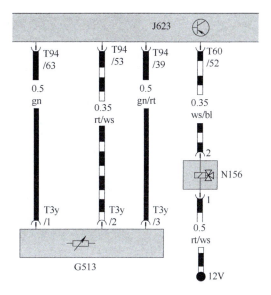

图3-19 可变进气歧管相关电路

拔下与进气转换电磁阀N156相连的各真空软管，从发动机上拆下进气转换电磁阀N156。在进气转换电磁阀N156电磁线圈不接电源时检查各管口之间是否通气。此时，进气转换电磁阀N156上的管接口A与B、A与C之间应不通气，但管接口B与C之间应通气，如图3-20a所示，检查结果正常。给进气转换电磁阀N156接上电源（图3-20b），此时进气转换电磁阀N156上的管接口A与B之间应通气，而管接口A与C、B与C之间应不通气，检查结果正常。

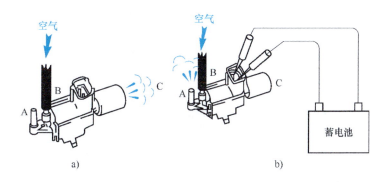

图3-20 进气转换电磁阀N156的检查
a) 不通电时 b) 通电时

可变进气歧管的真空由真空泵产生，真空还用于控制水泵和制动真空助力。因为制动助力功能正常，所以真空泵及制动助力真空管路正常。经过检查，控制水泵的真空管路及相关部件也正常。结合此车曾出过事故，怀疑进气管里的真空贮存室存在泄漏。

拔掉真空贮存室的真空管，接上手动真空泵（图3-21），对真空贮存室抽真空，发现无法产生真空，所以真空贮存室存在内部泄漏，需要更换进气歧管总成。

图 3-21 真空贮存室密封性检查

3.5 更换可变进气系统故障部件

1. 进气歧管总成的拆装及更换

1）拆下发动机罩；如图 3-22 所示，露出空气导管上活性炭罐的燃油软管和真空软管。将真空软管从空气导管的接头上拆下；松开空气导管上的卡箍，拆下空气导管。

2）脱开活性炭罐电磁阀 N80 上的电插头；拆下真空软管；将活性炭罐电磁阀 N80 从支架中卸下，与相连的软管一起置于一侧。

图 3-22 节气门总成一侧管路

3）脱开进气管上的前部电插头：进气转换电磁阀 N156、转换阀位置传感器 G513；旋出曲轴箱排气孔软管上的固定凸耳螺栓，略微向上按压固定凸耳，将曲轴箱的排气孔软管从进气管上拆下。

4）拧下进气管的 8 个螺栓（图 3-23），取下进气管。注意：为了避免小零件通过进气

任务3 发动机冷车起步易熄火故障的诊断与维修

道意外落入发动机内,应用干净的抹布遮住气缸盖开口,否则发动机有损坏的危险。

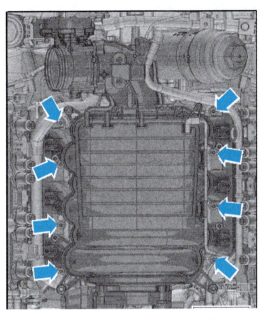

图3-23 拆卸进气管螺栓

5)更换新的进气管。安装时以与拆卸相反的顺序进行,同时注意下列事项:更换相关的密封件和O形环;在安装时,需将所有管路、导线扎带等重新绑扎到同一部位;用标准型软管卡箍固定所有软管连接;用标准力矩拧紧所有螺栓。

2. 可变进气管切换试车

更换进气歧管总成后,需检查可变进气管切换功能是否正常。该车进气歧管在发动机转速达到4100r/min以上时,由长进气道转换为短进气道;在转速低于4100r/min时,由短进气道转换为长进气道。因为停车怠速时,发动机转速被限制在3800r/min,所以需要通过试车使发动机转速达到4100r/min以上,检查可变进气管的切换功能。

由一名技师驾驶车辆,另一名技师坐在后排座椅,操作VAS6150B诊断仪,读取转换阀的位置数据。注意:试车时,应遵守道路交通法规,避免分散注意力,防止事故发生;VAS6150B诊断仪需在车辆上固定好,以免造成危险或损坏设备。

从静止加速车辆至大约30km/h,将变速杆置于N位,让车辆滑行,反复突然加速至发动机转速达到4500r/min以上,观察转换阀的位置数据变化。正常情况下,在发动机转速升至4100r/min以上时,数据从0%跳至100%;在发动机转速降至4100r/min以下时,数据从100%跳至0%。经测试,该车数据变化正常,可变进气歧管的切换功能正常,故障排除。

将车辆转移到空地后进行试车,发现发动机在高转速时动力充足,故障排除。

作 业

完成学习工作页任务3 发动机冷车起步易熄火故障的诊断与维修。

任务4　发动机加速迟滞且有进气噪声故障的诊断与维修

学习目标

1) 能够解释发动机增压系统的作用与类型。
2) 能够描述废气涡轮增压控制系统的结构和工作原理。
3) 能够描述机械增压控制系统的结构和工作原理。
4) 能够诊断并排除有关增压系统的故障。
5) 培养学生的品牌意识、质量意识与规范意识等基本职业素质。

任务接受

客户报修：一辆2013年款奥迪A4L 40TFSI轿车，发动机型号为CDZA，该车加速迟滞，发动机舱能听到口哨声并伴有发动机轻微抖动。

任务准备

4.1　发动机增压系统的信息收集

1. 发动机增压系统的作用及类型

排气涡轮增压系统

（1）作用与优缺点　发动机增压系统的作用是将空气预先压缩后再送入气缸，提高进气密度，增加进气量，从而增加发动机功率，提高发动机热效率，降低排放。

通常，发动机的最大输出功率主要是由单位时间内烧掉的燃油量来决定的，如果进气量增加，喷油量随之增加，输出功率就增加。为了增加发动机的输出功率，可以通过增加发动机的排量，或者提高发动机的转速来实现。但是发动机的排气量增加，会带来其质量的增加，此外，运动零件的摩擦损失、振动和噪声等因素也限制了发动机转速的提高。增压技术是在不改变发动机排气量的情况下，通过增加进气量来提高输出功率，从而解决了提高功率与发动机轻量化、紧凑化之间的矛盾。

增压具有以下优点：

① 增压技术可以降低发动机单位功率的造价。增压可以使发动机在总质量和体积基本保持不变的情况下，输出功率得到大幅度提高，即相同功率下发动机体积更小、重量更轻，升功率、比质量功率和比体积功率都有较大增加。

② 增压能够有效提高发动机的动力性。一般增压发动机可提高功率30%以上，高的可

任务4 发动机加速迟滞且有进气噪声故障的诊断与维修

增加2~3倍，发动机加速转矩大，功率提升也带来最高车速的提高。

③ 有效提高发动机的经济性，在高速长距离路况使用时节油效果明显。

④ 提高发动机的排放性能。涡轮增压汽油机燃烧完全，废气中CO、HC和NO_x含量明显减少，CO_2的排放与相同功率的自然吸气发动机相比减少10%~20%；在冷起动时，能使三元催化器更快地进行工作。

⑤ 能消除大气压力变化对进气量的影响。增压有利于高原稀薄空气条件下恢复功率，因此增压对补偿高原功率损失十分有利。

增压有以下缺点：

① 增压使发动机主要零部件的机械负荷与热负荷增高，如对增压器材料的机械强度、耐热性能、润滑等方面性能要求较高；对中冷器的要求是体积小、质量小、效率高等。

② 由于气缸压力及燃烧温度的提高，发动机爆燃倾向增加。

③ 在城市较拥堵路况的油耗稍高。

④ 废气涡轮增压有"加速迟滞"现象。

在发动机功率与燃油经济性兼顾的市场需求下，增压发动机得到了快速的发展。汽油缸内直喷技术使发动机增压的潜力更大。这是因为缸内直喷的燃油挥发吸收了部分热量，降低了爆燃的敏感度，从而使增压发动机可以选择更高的压缩比。

（2）类型 增压技术主要有废气涡轮增压、机械增压和两者的组合——混合式增压等技术类型。

1）排气涡轮增压。排气涡轮增压是利用排气能量推动涡轮机叶轮（涡轮）旋转，并带动与其同轴安装的压气机叶轮（泵轮）工作，将新鲜空气进行增压（图4-1）。排气涡轮增压不消耗发动机有效功率，具有一定的消声作用，可进一步减少排气中的有害成分。在部分V形发动机上（如奥迪的4.0L TFSI发动机）采用双涡管排气涡轮增压器，1缸、2缸、3缸、4缸与5缸、6缸、7缸、8缸分别采用独立的进气管与排气管，两个排气管独立运行，两侧的增压不会有任何干扰，相对于单涡轮增压器来说，其转矩建立得更快、加速性更好。

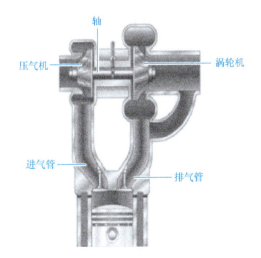

图4-1 排气涡轮增压   汽车发动机涡轮增压系统

2）机械增压。机械增压是压气机由内燃机曲轴通过传动装置直接驱动的增压方式（图4-2）。机械增压不增加发动机排气背压，但消耗其有效功率，过多地提高增压压力，会使驱动压气机耗功过大，机械效率下降。

图4-2 机械增压

3）混合增压。混合增压即机械增压与涡轮增压串联，如图4-3所示。有些发动机采用了混合增压系统，如奥迪的1.4L TFSI发动机，它是世界上第一个采用这种配置的发动机。混合增压系统中，在低速时机械增压器工作，在高速时，机械增压器停止工作，涡轮增压器工作，这种结合方式改变了涡轮增压器低速加速滞后的问题与高速时机械增压器功耗大的问题。

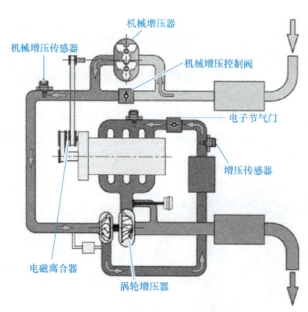

图4-3 混合增压系统

2. 排气涡轮增压控制系统

（1）组成及工作原理 排气涡轮增压系统如图4-4所示，主要由排气涡轮增压器、排气旁通阀、气动/电动执行器、增压空气冷却器（中冷器）、增压循环空气阀N249、增压压力传感器G31、进气绝对压力/温度传感器G42/G71等组成。

1）排气涡轮增压器。排气涡轮增压器是一种利用排气能量使涡轮高速旋转的装置，和

任务4　发动机加速迟滞且有进气噪声故障的诊断与维修

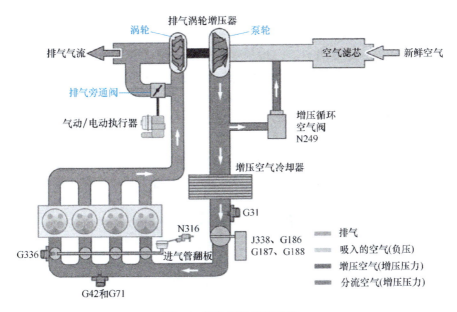

图4-4　排气涡轮增压系统

涡轮同轴装着泵轮，它旋转时把空气压进气缸，从而增加发动机的输出功率。

排气涡轮增压器由泵轮（进气侧）、涡轮（排气侧）、浮动轴承、金属密封环等组成。涡轮与泵轮安装在同一根轴上，如图4-5所示。

泵轮从中间吸气，沿圆周方向甩出气体。涡轮从圆周处进气冲击，排出气体从中间流出。

由于涡轮轴的最高转速可能达到200000r/min，所以对轴承的要求特别严格。现在常见的增压器

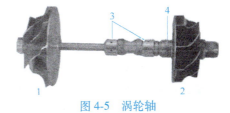

图4-5　涡轮轴

1—泵轮　2—涡轮　3—浮动轴承　4—金属密封环

多采用浮动轴承，在轴承的内外侧形成两层油膜。轴承采用锡铅青铜合金制造，轴承表面镀一层厚度为0.005~0.008mm的铅锡合金或金属钢。增压器工作时，轴承在轴与轴承座之间转动。

由于涡轮在工作时受到排气烧灼，特别在高转速、高负荷下突然停机时，由于缺乏冷却，可能达到400℃的高温，所以此处的密封要求非常严格。此处密封多采用特种耐高温钢，同时采用润滑油与冷却液双重冷却方式，保证密封的可靠性。

2）排气旁通阀。排气旁通阀用于控制排气流过涡轮的排气量。当增压压力过大时，打开排气旁通阀，一部分排气不经过涡轮直接流入到排气管，减少了增压量。

3）气动/电动执行器。气动/电动执行器用于控制排气旁通阀的打开与关闭。气动执行器与真空执行器不同的是，它是通过增压后的气压工作的，而不是真空。现在，有些发动机（如奥迪A4B9 2.0TFSI发动机）上，采用电动执行器（且内部集成有位置传感器）代替气动执行器。

4）中冷器。中冷器的功用是使增压后的空气进入气缸前进行中间冷却，以降低进气温度。

当空气经过增压器被压缩后，温度会升高，增压压力越大，温度上升越大，一般而言能够上升40~60℃左右，加上空气本来的温度，增压后的气体就会变得很烫了。高温气体对发

动机的影响主要有两点：一是空气受热膨胀，空气的密度并不能随其压力成正比增加，从而降低了增压的效果；第二点更为重要，高温空气易产生爆燃，使发动机功率减小、油耗增大、排放恶化。在相同的燃烧条件下，增压空气的温度每上升10℃，发动机功率就会下降大约3%~5%。为了解决这些问题，需要把增压后的空气冷却后再次送进发动机。

如图4-6所示，空气冷却主要有风冷和水冷两种方法。风冷是通过冷却风扇加上车辆行驶时迎面送来的冷风进行降温。经过增压的空气流过中冷器的散热管道，热量传给周围的空气而降温（图4-6a）。水冷是通过冷却液来带走增压空气的热量，实现增压空气降温。如图4-6b所示，通常水冷式中冷器安装在进气管道里，增压后的热空气流过中冷器的管道外围，热量传给管道里面的冷却液实现降温，冷却液不断地循环流动，将热量带到车外。

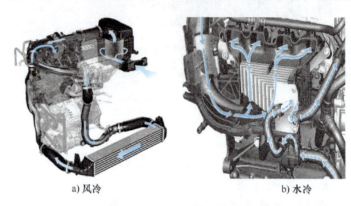

a) 风冷　　　　　　　　　　　b) 水冷

图4-6　中冷器

外置风冷中冷器由于容积大、冷却效率高，其进气温度可冷却至50℃左右，可以提高充气效率，进而提高输出功率。但是外置风冷中冷器的进气管路比集成水冷中冷器长得多，管类空气容积更大，就管内压力波动而言，外置风冷中冷器要更大一些，从而导致涡轮迟滞现象。大排量涡轮增压发动机多采用外置风冷中冷器。

集成水冷中冷器结构紧凑、管路布置灵活、管道短、管内压力保持性较好，能极大降低涡轮迟滞现象。但是水冷中冷器进气冷却效率不高，其进气冷却温度直接受限于发动机冷却液的温度。发动机冷却液温度在正常工况下为90℃左右，采用集成水冷中冷器，稳定工况下进气温度不会低于90℃。另外，集成水冷中冷器的冷却系统较复杂，且时间一长容易出现漏水故障。小排量涡轮增压发动机多采用集成水冷中冷器。

（2）增压压力控制　增压器的增压压力取决于其转速，而在发动机转速和负荷一定时，排气涡轮增压器的转速与排气流经涡轮的速度有关。因此，改变排气流经涡轮的速度即可实现对增压压力的控制。

控制增压压力的方法主要有3种：旁通阀式、节流阀式和可调叶片式。旁通阀式增压控制是利用旁通阀控制流经涡轮的排气量，节流阀式增压控制是利用节流阀控制涡轮进气口流通截面，可调叶片式增压控制是利用可调叶片控制涡轮受力的有效截面，三者都是通过改变排气流经涡轮的速度实现对增压压力的控制。目前，设置排气旁通阀旁通排气是调节增压压力最简单、成本最低的有效方法。

1）旁通阀式增压压力控制。如图4-7所示，要获得较高的增压压力，泵轮的转速就必须升高，这样泵气量才会增大，压力才会增大，所以与泵轮同轴的涡轮的转速必须增大，只

任务4 发动机加速迟滞且有进气噪声故障的诊断与维修

要控制涡轮的转速就可以达到调节增压压力的目的。如果排气歧管中的排气全都经过涡轮，则涡轮获得的排气压力就越高，转速就越高。如果需要降低涡轮的转速，只需要打开排气旁通阀，将排气歧管中的排气旁通掉，不让它经过涡轮，直接排出到催化净化器即可。也就是，排气旁通阀开度越大，增压压力越小；排气旁通阀开度越小，增压压越大。

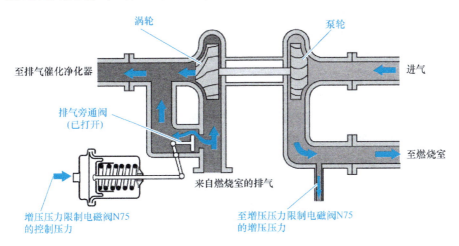

图 4-7 增压压力调节原理

排气旁通阀通过增压压力调节电磁阀 N75 控制。增压压力调节电磁阀安装在增压器附近，其结构如图 4-8 所示。

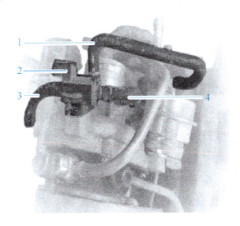

图 4-8 增压压力调节电磁阀实物图

1—通往压力执行器 2—增压压力调节电磁阀 3—通往增压器出口 4—通往增压器进口

增压压力调节电磁阀的作用是当增压压力超过限压后，打开排气旁通阀。若压力过高，可能导致爆燃。随着发动机转速的上升，发动机的排气阻力会越来越大，当增压产生的效果小于背压产生的影响时，发动机的功率就会下降，此时打开废气旁通阀可增大发动机的功率。具体控制如下：

① 增压压力调节电磁阀通电状态：增压电磁阀通电工作，通往执行器的通路与空气滤清器侧的低压管路相通，此时执行器不工作，排气旁通阀处于关闭位置。排气涡轮始终处于增压状态。

②增压压力调节电磁阀断电状态:当电磁阀断电时,执行器管路与涡轮增压出口侧相连,如果出口增压压力不够大,执行器在弹簧力的作用下不动作,排气旁通阀仍然关闭。当出口增压压力足够大时,执行器产生拉力,排气旁通阀打开。此时排气涡轮处于限压状态,最大增压度取决于压力执行器弹簧的弹力。如果此时间歇性地控制进入到气动执行器的压力,可以控制管路中的增压度,如图4-9所示。

2) 节流阀式增压压力控制。节流阀式增压压力控制装置如图4-10所示。节流阀安装在增压器的涡轮进口处,当发动机低速时,节流阀关闭以减小涡轮进口截面,使排气流速加快,增压器转速提高,以避免低速时增压压力不足的现象。当发动机转速较高时,节流阀开启以增大涡轮进口截面,使排气流速减慢,以防止高速时增压器的超速现象。节流阀的开启或关闭由电磁阀和驱动气室来控制,其控制原理与前述旁通阀控制基本相同。

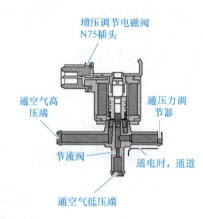

图4-9 增压压力调节电磁阀原理图

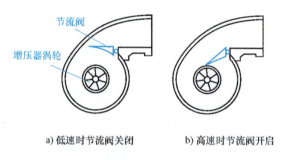

图4-10 节流阀式增压压力控制装置

3) 可调叶片式增压压力控制。可调叶片式增压压力控制系统如图4-11所示。调整环安装在增压器的涡轮壳上,与可调叶片和轴制成一体的叶片拨销位于调整环相应的卡槽内,叶片轴由支撑环支撑。调整环转动时,即可通过相应的卡槽驱动叶片拨销和叶片一起转动,从而改变叶片角度。控制连杆通过调整环拨销相应的卡槽驱动调整环转动,而控制连杆的转动由ECU通过电磁阀和驱动气室来控制。控制电磁阀采用占空比控制型,但只有4个位置变化,相应的可调叶片有4个角度位置,能够对排气涡轮增压器实现四级转换控制。

发动机低速时,ECU通过电磁阀和驱动气室控制调整环转动,使可调叶片角度减小,由于排气经过可调叶片流向涡轮时的通道截面变小,使排气流速加快,而且排气冲击涡轮叶片的外边缘,增大了涡轮驱动力矩,所以排气涡轮增压器转速较高,增压压力相对提高;反之,可调叶片角度增大时,增压压力相对减小。

(3) 增压空气循环控制

1) 增压空气循环控制作用。增压空气循环控制指将空气压缩后重新引回泵轮进气口。增压空气循环控制系统主要根据发动机转速和负荷的变换控制增压空气循环量,以调节供给发动机的增压空气量。在发动机转速突然降低时(节气门突然关闭),会导致节气门和涡轮

任务4 发动机加速迟滞且有进气噪声故障的诊断与维修

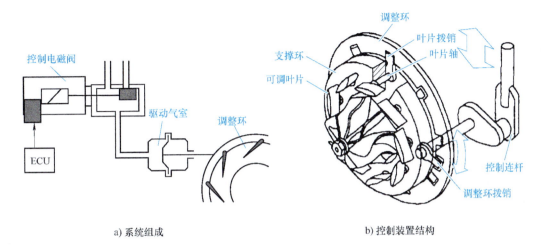

a) 系统组成　　　　　　　　　　b) 控制装置结构

图 4-11　可调叶片式增压压力控制系统

增压器泵轮之间的空间内产生背压,增压器的泵轮会被强烈地制动,被制动的涡轮增压器导致大量的增压压力损失,而且在下一次需要产生增压效果的时候损失了动力,同时由于气流回荡还会产生刺耳的噪声;在发动机小负荷运转时,增压空气可防止供气量过多并可以降低进气噪声;在发动机高速运转时,增压空气循环可防止发动机超速。

2)增压空气循环控制工作原理。在奥迪 EA888 2.0L TFSI 发动机上,增压空气循环控制由增压循环空气阀 N249 来执行完成。增压循环空气阀 N249 是一个由发动机控制单元控制的电磁阀。

如图 4-12 所示,在功率控制时,增压循环空气阀 N249 关闭,经过增压的空气直接进入进气歧管,空气出口的压力会对泵轮/涡轮产生一定的影响,压力越高,产生的影响越大。

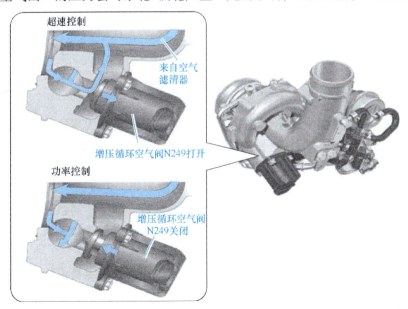

图 4-12　增压空气循环控制

在超速阶段，持续的增压压力作用在压缩室，由于该压力对增压器有强烈的制动作用，为避免这种现象的发生，增压循环空气阀 N249 由发动机控制单元控制通电，在电磁力作用下打开旁通通道，使压缩气体被引至循环管路入口，使增压器涡轮保持在一定的转速运转。当节气门打开时，增压循环空气阀 N249 被关闭，增压压力可立即升高达到可用程度。

发动机控制单元根据进气歧管压力传感器与涡轮增压器出口增压压力传感器监测节气门前方的压力变化，当压力差超过 0.24bar（1bar＝0.1MPa）时，打开旁通通道。

如果由于机械或电控系统故障，导致增压循环空气阀 N249 在应该打开时没有打开，过大的气体压力会自动推开增压循环空气阀 N249，起到实际机械限压的作用，此时往往会发出类似口哨声的刺耳噪声。

增压循环空气阀与排气旁通阀不同，排气旁通阀控制排气进口与出口的旁通，而增压循环空气阀控制涡轮增压器进气进口、出口的旁通量。

（4）增压系统的诊断　确认涡轮增压器是否工作正常，主要的诊断手段是故障码诊断和数据流诊断，下面主要介绍一下数据流诊断。

1）加速工况数据流。从图 4-13 可以看出，发动机转速在 2315r/min 时，中冷器出口增压空气压力为 158.56kPa，进气歧管压力为 147kPa，而大气压力只有 100kPa 左右，说明涡轮增压在起作用。

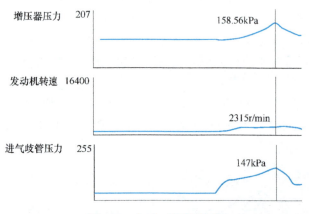

图 4-13　加速工况数据流

还可以在汽车行驶过程中进行全负荷操作，验证发动机的最大增压压力是否能达到，验证增压器的最大增压能及排气旁通阀的工作是否正常；通过观察进气歧管压力与增压压力，验证增压循环空气阀的工作情况。

2）不同档位数据流观察。汽车行驶过程中，档位不同，发动机负荷会不同。不同档位时最大的增压压力可作为涡轮增压器工作能力的诊断数据。如果不同档位最大增压压力都不能达到最大增压压力，说明涡轮增压器工作效率低下，需要进行检查确认。

3. 机械增压控制系统

机械增压器由曲轴连接的传动带驱动，控制系统根据需要决定是否接合电磁离合器，驱动机械增压器；机械增压器的转速远高于曲轴的转速，一般会高于发动机曲轴的 2.5 倍，个别高增压的增压器能够达到曲轴转速的 5 倍以上，也就是每分钟几万转。

（1）机械增压优、缺点　机械增压技术与废气涡轮增压技术相比较，有以下优势：

任务4 发动机加速迟滞且有进气噪声故障的诊断与维修

① 增压响应速度快，加速性能好。机械增压器采用曲轴通过传动带直接带动，同时压缩空气到气缸的路径非常短，空气体积小，因此增压反应非常快；增压压力是连续供给的，且随转速升高而增大，发动机可提前达到最大转矩值，因此起步性能好。

② 中冷器集成在机械增压器旁边，采用水冷方式，增压空气不会被过度冷却。

③ 使用寿命长，维护方便。

④ 结构紧凑，节省空间。增压器通常安装在发动机V型气缸中间位置，而不是安装在进气歧管内。

⑤ 废气排放特性好。催化转化器可以更快地达到工作温度处理有害气体，相对于使用废气涡轮增压器的发动机来说，一部分热能要用于驱动排气涡轮增压器（这部分热能就损失掉了）。

相比废气涡轮增压技术，机械增压技术存在以下缺点：

① 机械增压器的转子与壳体的加工公差很小，因此生产成本高。

② 机械增压器对纯净空气管道内混入的异物敏感性过高。

③ 相对排气涡轮增压器，机械增压器质量相对大些。

④ 机械增压降低噪声的费用高。

⑤ 驱动机械增压器需要额外消耗部分发动机功率。

（2）机械增压系统的组成 机械增压系统主要包括机械增压器总成、旁通翻板及调节控制单元、进气歧管压力/温度传感器、增压压力/温度传感器、大气压力传感器、增压器转速传感器、传动带等。

（3）机械增压器总成 机械增压器总成安装在发动机V型气缸中间位置（图4-14），集成了罗茨式增压器、增压空气冷却器、旁通翻板及调节装置、电磁离合器（部分发动机）等部件。

图4-14 机械增压器总成

1）罗茨式增压器。现在机械增压器一般采用罗茨式增压器。如图4-15所示，罗茨式增压器是一种旋转活塞式结构的装置，该装置采用挤压原理工作。该增压器有一个壳体，壳体内有两个轴（转子）在转动，这两个转子采用机械方式来驱动（例如采用曲轴驱动）。这两个转子是由壳体外的齿轮来传动的（传动比相同），两个转子同步转动，但旋向相反，于是两个转子工作起来就像在"彼此啮合"。两个转子彼此之间以及其与壳体之间是密封的，公差极小，只许产生非常小的摩擦。在工作时（转子转动），转子叶片和外壁之间的空气被从空气入口（吸气侧）输送到空气出口（压力侧）。

多数机械增压器配备的是三叶片的螺旋形转子，近年奥迪某些车型使用的是四叶片式转子，两个转子的每个叶片与纵轴呈160°布置，能产生较高的增压压力，最重要的是供气更连续、波动更小，产生恒定的增压压力。

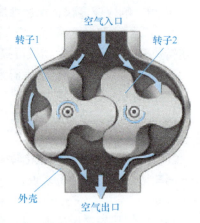

图4-15　罗茨式增压器工作原理

2）电磁离合器。图4-16所示为奥迪某款机械增压器总成。电磁离合器作为单独的模块，旋接在罗茨式增压器右侧转子轴的前端上，它承担了接通或关闭机械增压器的任务。电磁离合器由发动机控制单元通过PWM信号促动（电流控制），电磁力克服片簧力将电枢盘（与带轮连接）拉到转子盘（与转子连接）的摩擦片上，力锁合建立，罗茨式增压器的转子被驱动。

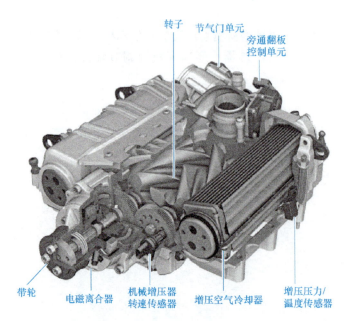

图4-16　奥迪某款机械增压器总成

3）机械增压器转速传感器。机械增压器转速传感器检测罗茨式增压器转子的转速信号，该信号被用于计算电磁离合器的切换时间和监控离合器功能。

发动机控制单元在电磁离合器切换时，通过该传感器信号确定罗茨式增压器转速。电磁离合器频繁地依次换档，会由于摩擦的原因加剧发热，而温度过高会损毁离合器部件。但是

任务 4 发动机加速迟滞且有进气噪声故障的诊断与维修

并没有传感器来进行温度监控。为了保护离合器，在发动机控制单元内根据转速差和加速时间计算出一个"应激因子"，并将它存储在一个模型中，由此得出部件的温度。如果应激因子超出了规定的阈值，便会针对某段时间发出禁止分离指令。接合的部件转动且与外壳没有连接，这样便使电磁离合器可以将产生的热量排出。

（4）增压压力控制 机械增压器由曲轴带动工作，如果没有增压压力调节机构，其在任何转速时都会产生相对于这个转速的最大气流（也就是最大增压压力）。但是，并非在所有工况都需要增压空气，这就在增压器压力侧形成很高的气阻，这种气阻会造成发动机出现不必要的功率损失。因此，必须有相应的措施来调节增压压力。

以奥迪第三代 EA837 3.0L TFSI V6 发动机为例，其通过旁通翻板控制单元 J808 来调节增压压力。安装旁通翻板的通道将罗茨式增压器压力侧与进气侧连接起来，打开旁通翻板，输送过来的部分空气就可以通过打开的旁通通道被引回到罗茨式增压器的进气侧。这个旁通翻板的作用类似于排气涡轮增压器的增压空气循环阀。调节翻板控制单元 J808 按发动机控制单元的规定值来调节增压压力，将最大增压压力限制到 1.9bar（绝对压力）。机械增压器所消耗的功率根据发动机转速的不同可能在 1.5~38kW 之间。

1）全负荷工况。如图 4-17 所示，在全负荷工况时，旁通翻板关闭，空气经节气门、罗茨式增压器和增压空气冷却器流向发动机。

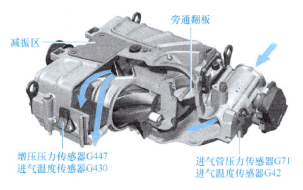

图 4-17 全负荷工况

2）部分负荷工况。如图 4-18 所示，在部分负荷、怠速和超速工况，输送过来的部分空气经打开的旁通通道被引回到进气侧。

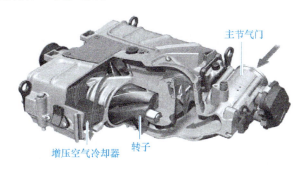

图 4-18 部分负荷工况

旁通翻板控制单元 J808 的结构及工作原理与电子节气门类似，如图 4-19 所示，采用旁通翻板伺服电动机（直流电动机）V380 通过齿轮传动机构控制旁通翻板的开度。

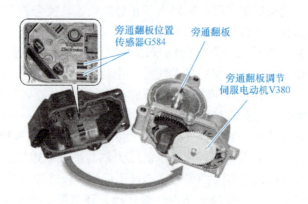

图 4-19　旁通翻板控制单元 J808

旁通翻板位置传感器 G584 用于识别、反馈旁通翻板的位置，该传感器采用磁阻测量原理来工作，对电磁干扰不敏感，输出电压与翻板开度成线性关系，电压范围为 0.5～4.5V。G584 如果出现故障，旁通翻板将处于未通电状态，并在弹簧力的作用下到达打开状态的止点位置，发动机无法进行增压，无法提供最大功率以及最大转矩，同时，排气警告指示灯（MIL）K83 会亮起。

3）负荷调节。机械增压发动机的负荷调节由旁通翻板控制单元 J808 与节气门控制单元 J338 协同完成。在部分负荷/无增压区域，旁通翻板是打开的，这时它无节流作用，此时由发动机节气门来承担负荷调节作用；在增压区域，旁通翻板承担负荷调节作用，而发动机节气门是完全打开的。

4）进气压力/温度传感器。以奥迪某款 V 形机械增压发动机为例，为了探测空气流量和增压压力，从而作为主要控制量来调节发动机负荷，其采用了 3 个传感器测量进气温度和进气歧管压力或增压压力。第一个传感器安装在节气门后方的进气通道，该传感器集成了进气压力传感器 G71 与进气温度传感器 G42，用于测量节气门后的进气压力及温度；另外两个结构相同的传感器安装在增压器模块内，测量点在增压空气冷却器之后，分别用于单独测量两侧缸体的增压空气压力和温度（分别为 G31/G72 和 G447/G430）。

进气歧管压力传感器 G71 检测机械增压器前的压力状态，用于预先计算出旁通翻板的规定位置。两个增压压力传感器 G31 和 G447 信号，一方面用于发动机控制单元将增压压力调节到所希望的规定值；另一方面根据这两个传感器信号来计算出每个工作循环中每个气缸吸入的空气流量（质量）。这个空气流量是根据转矩进行发动机控制不可缺少的输入量，这个输入量将决定喷油量、喷油时刻以及点火提前角。

5）大气压力传感器。大气压力传感器安装在发动机 ECU 内部，用于监测大气压力。当海拔上升，空气的密度会下降，大气压力传感器用于修正目标增压压力。如果此传感器失效，发动机 ECU 不再进行数据修正，这会导致发动机排放增大、动力下降。

任务 4　发动机加速迟滞且有进气噪声故障的诊断与维修

4.2　发动机加速迟滞且有进气噪声的故障分析

1. 故障现象

一辆 2013 年款奥迪 A4L 轿车，发动机型号为 CDZA；该车低速工况下正常行驶，当踩下加速踏板时，车辆出现加速迟滞的现象，能听到发动机舱传来口哨声并伴随有发动机轻微抖动。

2. 故障原因分析

发动机加速迟滞是增压发动机常见的故障之一，其功率输出正常，但是输出迟缓，往往与增压系统故障有关。发动机加速迟滞且有噪声的故障原因（图 4-20）有：

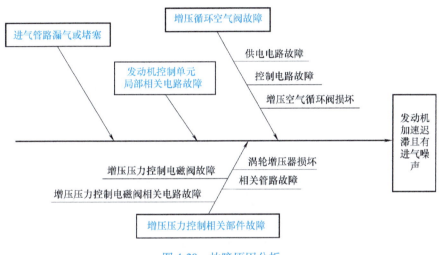

图 4-20　故障原因分析

1）增压循环空气阀故障。
2）发动机控制单元局部相关电路故障。
3）涡轮增压器故障。
4）进气管路漏气或堵塞。
5）增压压力控制电磁阀及相关电路、管路故障。

故障可能是一个或以上故障点引起。

4.3　废气涡轮增压控制系统维修计划与设备、材料准备

1. 维修计划

1）外部直观检查。
2）借助诊断仪 VAS 6150B 进行故障诊断。
3）确定故障原因和零部件。
4）针对故障部件进行拆装、更换或维修。

2. 维修设备与材料准备

（1）所需的设备与材料　车辆进行检查前应做好如下准备：

1) 放置好车身挡块。
2) 连接好尾气接管。
3) 打开车门并降下车窗玻璃。
4) 正确安装七件套：左、右翼子板垫，前杠防护垫，座椅垫，脚垫，转向盘套，变速杆套。
5) 准备好维修设备、工具（表4-1）及必要材料。
6) 检查车辆机油油位、冷却液液位、电源电压，应均为正常状态，连接好充电器。

表4-1 维修设备与材料

名称	数量	名称	数量
奥迪专用诊断仪 VAS6150B	1台	转换接头 VAG1598/39	1套
示波器 VAS6356	1台	测试盒 VAG1598/42	1个
线束维修工具 VAS1978B	1套	充电器 VAS5903	1个
常规工具及设备	1套	奥迪 ELSA 系统	1套

（2）线束维修工具 VAS1978B 简介　线束维修工具 VAS1978B 的用途：拆卸及修理大众奥迪汽车的插座和线束。

线束维修工具 VAS1978B（图4-21a）包括塑料箱、维修导线、开锁工具、单线密封塞、卷曲压接头、折刀、压线钳、剥线钳、热吹风机及电源转接插头、电缆扎带、绝缘胶布等。

在线束维修工具 VAS1978B 中配置了4种线径的黄色维修导线（图4-21b），在外包装上都用颜色做了标示，便于选择合适的卷曲压接头。

开锁工具用于将松动或接触不良的导线接头从线束插头中取出。开锁工具包括松开插头副锁辅助工具、用于圆形端子系统插头开锁工具、用于扁端子系统插头开锁工具；各种组装工具用于安装单线密封塞，单线密封塞可以防止水和灰尘进入插头内，其尺寸选择必须与导线完全相同。在线束维修工具 VAS1978B 中配置了4种线径（用红、蓝、黄、浅黄4种颜色区分）的卷曲压接头，用来连接需修理的导线，如图4-21c 所示。

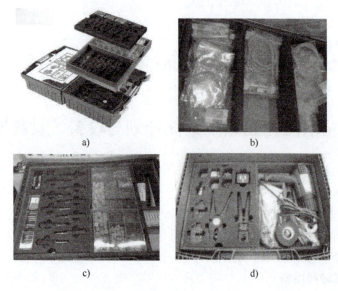

图4-21　线束维修工具 VAS1978B

任务4　发动机加速迟滞且有进气噪声故障的诊断与维修

在对导线上的断点或接触不良点进行修理时，采用剥线钳剥离导线绝缘皮，使用压线钳挤压卷曲压接头与车辆的线束进行连接。压线钳有3个压接头，卷曲压接头上用红、蓝、黄、浅黄4种颜色标明适用线的横截面积：$0.5\sim1.0mm^2$、$1.5\sim2.5mm^2$、$4.0\sim6.0mm^2$、$0.35mm^2$。如果维修导线横截面积不含在线束维修工具VAS1978B中，须选择下一个最大的横截面。采用热吹风机加热卷曲压接接头，使其完全密封，且使黏结剂显露出来。世界范围内的电源转接插头有黄、蓝、红、绿、黑5种颜色，适用于不同国家和地区，其中黄色适用于中国。设备的使用，详见说明书。

任务实施

4.4　废气涡轮增压控制系统故障检查

1. 目视检测

对发动机外观进行检查，没有发现进气管道漏气现象；各电路及插接器连接正常，未发现元器件外观破损现象。

2. 故障码诊断

打开诊断仪VAS6150B，将蓝牙接口连接车内诊断接口，打开车辆点火开关，选择好车型信息，进行车辆诊断。读取车辆故障码，车辆发现有"涡轮增压器空气分流阀 电气故障"的故障信息（图4-22），初步判断是排气涡轮增压器电气元件相关的故障。

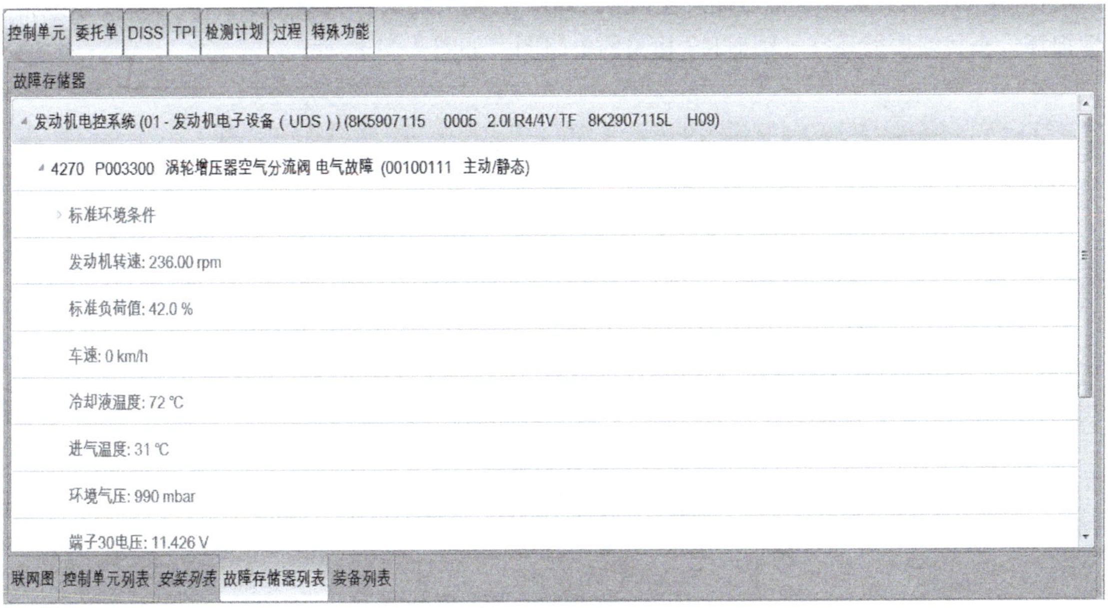

使用VAS6150检测发动机信号波形

图4-22　故障码

3. 测量值分析与执行元件测试

根据故障码以及故障现象信息，起动发动机并让发动机怠速运转。进入诊断仪 VAS6150B 上发动机单元的引导型功能，选择"读取测量值"；读取该车发动机转速、增压压力、增压活动风门（增压循环空气阀）和空气质量的测量值（图 4-23）。在急踩加速踏板后，快速松开踏板，可观察到发动机转速增加，增压活动风门显示打开数据（99.998%），增压压力比正常值高。

地址	ID	测量值	值	单位	目标值
0001	IDE00083	节气门位置，绝对值	19.6	%	
0001	IDE01924	增压活动风门，实际值	99.998	%	
0001	IDE00191	增压压力，实际值	1312.50	hPa	
0001	IDE00190	增压压力，标准值	238.05	hPa	
0001	IDE00021	发动机转速	3996	rpm	
0001	IDE00347	空气质量，实际值	14.72	g/s	

图 4-23　读取的测量值

对增压循环空气阀 N249 执行元件诊断，利用诊断仪发出作动指令，N249 会接通大约 1min，此时，正常情况下能听到增压循环空气阀 N249 的微弱咔嗒声，也可以用手触摸到阀体的动作，实际未听到工作声音，说明 N249 工作异常。

4. 增压循环空气阀及其电路检查

1）关闭点火开关，从增压循环空气阀 N249 上脱下插头，检查插头，插头未发生故障性损坏。查找增压循环空气阀 N249 相关的电路图，如图 4-24 所示。

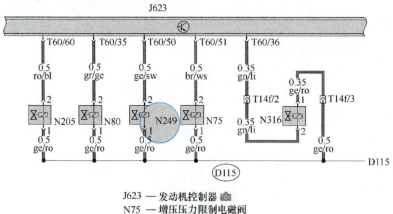

J623 — 发动机控制器
N75 — 增压压力限制电磁阀
N80 — 活性碳罐电磁阀1
N205 — 凸轮轴调节阀1
N249 — 涡轮增压器循环空气阀
N316 — 进气管风门阀门
T14f — 14芯黑色插头连接，在发动机舱内
T60 — 60芯黑色插头连接
D115 — 连接13，在发动机舱导线束中

图 4-24　增压循环空气阀 N249 电路图

任务 4 发动机加速迟滞且有进气噪声故障的诊断与维修

2）用万用表测量增压循环空气阀 N249 内部电阻值，阻值为 14.8Ω（额定值为 10～20Ω），数值正常。起动发动机，将万用表打到电压档，红表笔接增压循环空气阀 N249 插头的 1 号脚，负极接地，测得增压循环空气阀 N249 供电电压为 13.8V（额定值>11.0V），电压正常。因此，故障可能存在于增压循环空气阀 N249，或者阀的激活装置（控制单元）及有关电路中。

3）打开点火开关，在诊断仪的"测量技术"功能中，检查增压循环空气阀 N249 的工作信号波形。将 DSO1 测量导线与增压循环空气阀 N249 线束（插头）连接，DSO1 测量导线（+）至 N249 插头 1 号脚，DSO1 测量导线（-）至 N249 插头 2 号脚。若工作信号正常，则波形如图 4-25 所示。经过测量，未出现正确波形图，说明 N249 控制不正常。下一步应对控制电路进行排查，查找故障点。

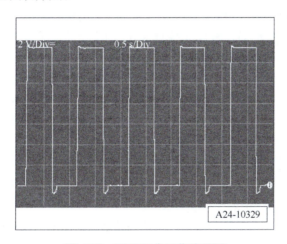

图 4-25 N249 正常工作波形图

4）关闭点火开关，从车辆上拆下发动机控制器 J623，检查发动机控制器 J623 的针脚及线束插头，未发现异常。连接转换接头 VAG1598/39 并接入测试盒 VAG1598/42，检查从发动机控制单元引出的控制导线。用万用表测量 N249 插头 2 号脚到测试盒插孔 A50（对应 T60/50 针脚）的导通性（图 4-26），测量结果为电阻值无穷大（正常值为<0.5Ω），说明控制导线断路，应进行维修。

图 4-26 空气循环阀 N249 控制电路检查

发动机管理系统故障诊断与维修

通过上面的一系列的检查，最终确定故障点为增压循环空气阀 N249 插头 2 号脚到发动机控制单元 T60/50 之间的电路断路，N249 无法正常工作。

4.5 增压循环空气阀电路维修

在故障诊断中已经找到故障点为电路断路故障，因故障断点难以具体确定，所以采用更换部分电路的方式进行维修。

关闭点火开关后，使用松开插头副锁辅助工具 VAS1978/17 取下增压循环空气阀 N249 插头分离式插件锁定片；使用辅助工具 VAS1978/17 褪下橡胶保护套；将用于扁端子系统插头开锁工具 VAS1978/18 插入需解锁的 2 号导线插合部，此时，导线的倒锁解锁，拉出导线。

根据电路图找到该维修线的横截面积（0.5 mm^2），用相同线径的黄色维修导线替换原导线，使用组装工具 VAS1978/11A 将导线装回 N249 插头中并安装橡胶保护套。

在原车线束合适位置截断需要替换的导线，在 VAS1978B 中找到适合该线连接的红色卷曲压接头；根据卷曲压接头的金属部分一侧的长度，将剥线钳 VAS1978/3 钳口内的限位块调整到所需的剥线长度，分别剥开保留的导线端部的绝缘皮和黄色维修导线端部的绝缘皮。

红色压接钳夹头与压线钳基体 VAS1978/1-2 组装，将红色卷曲压接头放入钳口，将导线插入压接头的套管中，闭合把手，压紧导线。

提示：不允许将导线绝缘层一起压紧。

另一侧以同样方法进行连接。

将热吹风机专用喷嘴 VAS1978/15A 安装到热吹风机 VAS1978/14A 上，用热风从红色卷曲压接头中心向外加热接头，直至完全密封，且使黏结剂显露出来，以免潮气渗入腐蚀导线。

注意：
1）不要让热吹风机的高温喷嘴损坏其他导线、塑料部件或隔声材料。
2）热风出口不要对着人或物，以免造成损伤。

提示：
1）有多根导线需要维修时，应略微错开卷曲压接头，以确保线束外圈不过大。

图 4-27　故障线束更换

2）如果维修部位被缠绕物缠绕着，则维修后必须用胶带重新缠绕该部位。
3）必要时用线束扎带固定维修后的线束，以免行驶期间发出噪声。

稍用力试拉线，验证是否连接可靠，用黄色胶带在维修处做标识。

维修导线后（图 4-27），将 N249 插头重新插回，起动发动机，踩下加速踏板，加速迟滞现象消失且无异响，发动机能正常运转，故障排除。

作　业

完成学习工作页任务 4　发动机加速迟滞且有进气噪声故障的诊断与维修。

模块 3　发动机供油控制系统

任务 5　发动机怠速运转不平稳且加速不良故障的诊断与维修

学习目标

1) 能够解释混合气形成与控制运用。
2) 能够描述供油系统的作用及类型。
3) 能够描述进气道喷射系统的构造、原理及喷油控制特点。
4) 能够诊断并排除进气道喷射系统的故障。
5) 培养学生的安全意识、环保意识与规范意识等基本职业素质。

任务接受

客户报修：一辆 2004 年款奥迪 A4 轿车，发动机型号为 BKB 1.8T，该车每次起动后，发动机怠速运转不平稳，且加速不良。

任务准备

5.1　发动机供油系统的信息收集

1. 混合气的形成与控制

（1）汽油　汽油是由石油提炼出的密度小、易挥发的液体燃料。汽油由多种碳氢化合物组成，含有约 85% 的碳、15% 的氢和极少量其他元素。

汽油的获得方法主要有直馏法和裂化法。直馏法是将石油加热，在 40~210℃ 的温度范围内蒸发出来的轻馏分蒸气冷凝后获得汽油。裂化法有热裂化、催化裂化等，使用较多的是催化裂化法：在催化剂的作用下，使石油中的大分子烃受热裂化为小分子烃，并改变其分子结构。采用催化裂化法获得的汽油产量高、质量好。

（2）汽油的主要性能指标　汽油的使用性能指标主要是蒸发性、抗爆性、热值和氧化安定性等。随着排放标准的提高，车用汽油的标准也不断提升。

1）蒸发性。蒸发性是汽油加热后从液体变为气体的性能。蒸发性越好，混合气质量越好，发动机性能提高。但是，蒸发性越好越容易形成"气阻"。供油系统温度过高时，汽油蒸发产生大量蒸气，妨碍汽油正常流动，使得供油不足，发动机转速突然下降，这种故障称为"气阻"。

2）抗爆性。抗爆性是汽油在气缸中燃烧时，避免产生爆燃的能力，它是汽油的重要性能指标。由于气体压力和温度过高，在燃烧室内离点燃中心较远处的可燃混合气自燃，缸内压力急剧增大，火焰以高于正常燃烧数倍的速度向外传播，并发生强烈的振荡，造成尖锐的敲缸声，称为爆燃。爆燃现象会引起发动机过热、排气冒烟、油耗增大、功率下降、机件损坏等不良后果。

汽油的抗爆性用辛烷值来表示，辛烷值越高抗爆性越好。发动机选用抗爆性较好的汽油，就可以采用较高的压缩比而不发生爆燃，从而提高发动机的热效率。选择汽油的主要依据之一是发动机的压缩比，压缩比高的汽油机一般采用辛烷值高的汽油。目前，国内汽油的标号（辛烷值）主要有92、95、98等。

3）热值。燃料的热值指1kg燃料完全燃烧后所产生的热量。汽油的热值约为44000kJ/kg。

4）氧化安定性。氧化安定性是汽油抵抗氧化的能力，氧化安定性差的汽油容易生成胶质。胶质会在高温下被炭化生成积炭，从而堵塞油路，容易在电喷发动机喷油器喷嘴、气门、燃烧室等处形成积炭。

汽油对金属的腐蚀不是由于汽油本身的烃类成分造成，而主要由元素硫、硫化物、水溶性酸碱及有机酸引起。其中硫醇是一种活性硫化物，腐蚀铁便生成硫醇铁，也可以腐蚀其他金属。汽油中的机械杂质和水分易导致发动机零部件磨损加剧、氧化腐蚀，并且水分在低温下易结成冰粒。汽油中的机械杂质和水分往往是在输油泵、管道和容器中形成的。

（3）空燃比与过量空气系数　可燃混合气的浓度即可燃混合气中空气与燃油的比例，通常用空燃比或过量空气系数表示。

空燃比指空气和燃油质量的比值。理论上燃油完全燃烧所需要的空气质量与燃油质量之比为理论空燃比，汽油的理论空燃比为14.7∶1。可燃混合气的空燃比小于14.7∶1为浓混合气；空燃比大于14.7∶1为稀混合气。例如：15∶1~16∶1为稍稀混合气；12∶1~13.5∶1为稍浓混合气。

过量空气系数是另一种混合气浓度表示方法，为燃烧1kg燃油实际供给的空气质量与完全燃烧1kg燃油的化学计量空气质量之比，常用λ表示。过量空气系数$\lambda=1$的可燃混合气为理论混合气；$\lambda<1$的为浓混合气；$\lambda>1$的为稀混合气。

理论上，对于$\lambda=1$的理论混合气而言，所含空气中的氧正好足以使其中全部燃料完全燃烧，但由于汽油油滴和蒸气不可能及时与空气完全均匀地混合，要使混合气中的汽油完全燃烧，混合气必须$\lambda>1$。

（4）混合气浓度与发动机性能　汽油机可燃混合气形成的时间很短，从进气行程开始到压缩行程结束只有5~40ms，要形成均匀的可燃混合气关键在于汽油的雾化和蒸发程度。所谓雾化就是将汽油分散成细小的油滴或油雾，良好的雾化可以大大增加汽油的蒸发面积，从而提高汽油的蒸发速度，通过提高喷油压力可以提高雾化效果。可燃混合气形成过程就是汽油雾化、蒸发以及与空气混合的过程。

表5-1表示了不同浓度的可燃混合气对某款发动机性能的影响（测试条件是发动机转速不变，节气门全开）。

任务5　发动机怠速运转不平稳且加速不良故障的诊断与维修

表 5-1　可燃混合气与发动机性能

混合气种类	过量空气系数 λ	发动机功率	油耗率	备注
火焰传播上限	0.4			混合气不燃烧
过浓混合气	0.43~0.87	减小	显著增大	燃烧室积炭、冒黑烟、排气管"放炮"
功率混合气	0.88	最大	增大18%	
标准混合气	1.0	减小2%	增大14%	
经济混合气	1.11	减小8%	最小	
过稀混合气	1.13~1.33	显著减小	显著增大	发动机回火、过热、加速变坏
火焰传播下限	1.4			

该汽油机在 $\lambda=1.11$ 时，燃油消耗率最小，即经济性最好，此混合气称为经济混合气。此时，有适量多余的空气，刚好能使汽油完全燃烧。

如果混合气过稀，虽然混合气中的汽油可以完全燃烧，但由于过稀的混合气燃烧速度慢，部分混合气燃烧过程是在活塞向下止点移动（即燃烧空间容积增大）的情况下进行的，燃烧放出的热量转变为机械功的那部分相对较少，而通过气缸壁面传给冷却液散失的热量增多，汽油机的动力性和经济性降低，同时，过稀的混合气将会造成氮氧化合物排放量增大。当混合气 $\lambda \geq 1.4$ 时，燃料分子之间的距离将增大到使混合气的火焰不能传播，以致发动机不能稳定运转，甚至缺火停转，此 λ 值为火焰传播下限。

当混合气 $\lambda=0.88$ 时输出的功率最大，该混合气称为功率混合气。一般 $\lambda=0.85~0.95$ 时，混合气中的汽油分子相对较多，燃烧速度高，热损失小，其他条件相同时，汽油机在该浓度的混合气条件下工作时输出功率最大；但由于空气含量不足，部分汽油不能完全燃烧，发动机经济性较差。混合气过浓，燃烧不完全，气缸中将产生大量的一氧化碳和碳氢化合物，排气污染严重，且由于这种混合气的燃烧速度较低，有效功率减小，燃油消耗率增高，还易造成燃烧室积炭、冒黑烟、排气管"放炮"等现象。当混合气 $\lambda \leq 0.4$ 时，由于严重缺氧，火焰不能传播，此 λ 值为火焰传播上限。

(5) 空气的计量　为了形成精确空燃比的混合气，吸入发动机的空气需要进行精确的计量，然后根据目标空燃比计算所需的喷油量。进气计量一般有空气流量计量与进气歧管绝对压力计量两种方式。

1) 空气流量计量。空气流量（MAF）传感器根据工作原理不同，分为热线式流量传感器与热膜式流量传感器两种。由于热膜式流量传感器发热量低、使用寿命长、计量精确，所以其应用很广泛。下面以奥迪第六代热膜式流量传感器 HFM6 为例介绍一下其工作原理。

空气流量传感器安装在空气滤清器与节气门之间的进气管中间，感知空气流量。空气流量传感器集成了进气温度传感器，用于测量流量传感器的进气温度，修正进气质量。该类型传感器不仅能够测量进气质量，还能够测量由于气门、节气门打开与关闭时，气体返流的质量。这样发动机控制单元可以在任何负荷下监测到精确的进气量。

如图 5-1 所示，HFM6 流量传感器包括传感元件、集成数据处理单元的电路板以及气流检测管等。HFM6 流量传感器采用数字信号，数据信号更加精确。传感元件包括两个检测电阻、一个进气温度传感器、一个加热元件。加热元件在工作时加热到高于进气温度

120℃（如进气温度为30℃，则加热到150℃）；当没有气流流动时，两个检测电阻检测到的温度相同；进气量越大，检测到的温差越大；利用温差关系，可以得出进气量。当由于气门关闭产生反流时，后方的电阻检测到的温度就会比前方的高，从而检测出反向空气流量，最后得出实际进到气缸的空气流量。

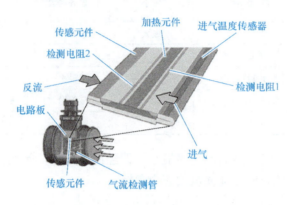

图 5-1　HFM6 流量传感器的结构

HFM6 流量传感器采用频率信号，传感器有 3 条电路，包括来自熔丝的蓄电池电压、信号线及信号地。图 5-2 所示为奥迪某发动机的 HFM6 信号波形，上图为怠速信号波形，平均电压约为 3.75V，频率为 2.035kHz；下图为转速 2000r/min 时的信号波形，平均电压约 3.67V，频率为 3.768kHz；进气量越大，频率越大。

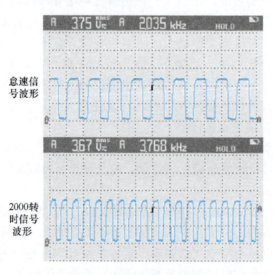

图 5-2　HFM6 信号波形

2）进气歧管绝对压力计量。进气歧管绝对压力（MAP）传感器通过测量进气道中的压力，再加上发动机转速信号计算发动机的进气量。这种计量方法也称为速度-密度型计量方法。由于进气道中的压力与温度有关系，所以这种计量方法的传感器一般会集成一个进气温度传感器。

如图 5-3 所示，MAP 传感器通过一张硅晶体薄膜测量进气歧管压力，在这张薄膜上安装了

任务 5　发动机怠速运转不平稳且加速不良故障的诊断与维修

应力测试仪,当薄膜变形时,应力测试仪的电阻会发生变化,参考真空用于压力的比较。随着进气歧管压力的变化,薄膜会发生变形,应力测试仪上面的电阻值变化,从而产生与压力成线性变化的电压信号,发动机控制单元使用这个信号电压来判断进气歧管的内部压力。

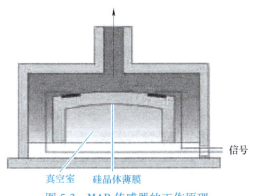

图 5-3　MAP 传感器的工作原理

在转速不变的情况下,进气压力高,代表进气量大,反之,代表进气量少。MAP 传感器信号电压为 0.5～4.5V,压力越大,电压越高。目前在奥迪汽车上有两种 MAP 传感器,一种用于自然吸气发动机,一种用于涡轮增压发动机,两者主要是测量范围不同,用于增压发动机的测量范围更广,测量范围约为(20～250)kPa。MAP 传感器有 4 条线,包括传感器接地线、进气温度信号线、5V 电源线和进气压力信号线。当未着车时,进气管的压力为大气压力,此时信号电压较高,急速着车时,电压较低,可以通过对比标准信号电压或正常汽车的数据判断传感器的好坏。

(6) 空燃比的控制运用　汽车发动机的工况范围宽广且变动频繁,可燃混合气浓度应该随着发动机转速、负荷等的变化而调整。汽车发动机的工况有起动工况、后起动工况、暖机工况、怠速工况、小负荷工况、中等负荷工况、大负荷工况、全负荷工况、加速与减速工况、倒拖工况。

1) 起动工况。在冷起动期间,混合气中含有汽油蒸气相对减少,混合气"变稀"。混合气变稀是由于温度低而引起空气和燃油混合不充分、燃油蒸发率低、燃油在进气管壁上凝结。为了克服这些负面作用,使冷起动更容易,必须向发动机喷入额外的燃油,保证发动机正常起动。

2) 后起动工况。低温起动后,补充燃油供给要维持一个短暂的时期,以促进内部混合气的形成,直到燃烧室温度上升;加浓的混合气可增加转矩使发动机平稳过渡到目标怠速转速。在实际起动几秒后,有个高转速到正常怠速的阶段,这个阶段就是后起动工况。

3) 暖机工况。暖机工况紧跟在起动与后起动工况之后,此时,发动机仍然需要加浓的混合气以弥补燃油在进气管壁上凝结造成的损失,而且较低的温度降低了油气混合的效率(空气和燃油混合变差、燃油蒸发量减少)。

4) 怠速和小负荷工况。怠速指在发动机发出的转矩刚刚能补偿摩擦损失的工作状态。在怠速时发动机不向飞轮输出功率。当发动机完成预热后,因为现代电控发动机采用了 λ 闭环控制,由氧传感器监测混合气浓度。为了满足三元催化转化器的要求,在怠速和小负荷时,混合气空燃比一般控制在理论空燃比 14.7∶1 附近。

5）中等负荷工况。汽车发动机大部分工作在中等负荷下，如果为了获得最佳经济性，则采用开环控制方式，空燃比控制在17∶1左右；为了获得最佳排放并获得较好的经济性，空燃比控制在理论空燃比附近。

6）大负荷和全负荷工况。在大负荷工况下，节气门开度已超过3/4，此时应随着节气门开度的增大而逐渐地加浓混合气以满足发动机功率的要求。在全负荷工况下，节气门已经全开，此时为了获得该工况下的最大功率必须供给功率混合气。在从大负荷过渡到全负荷工况的过程中，混合气的加浓应是逐渐变化的。

7）加速与减速工况。急加速会使进气管产生较高的压力，从而使燃油蒸发率下降和进气管中的油膜扩张，于是一部分喷入的燃油重新在壁面上凝结，为了补偿这部分损失，此时加浓混合气。与此相反，突然减速会使混合气变浓，此时应该采用稀混合气。

8）倒拖工况。在短时间倒拖时，如果在发动机转速很高时节气门关闭，会使混合气变浓，导致HC排放增加，也容易损伤三元催化转化器。为了消除这个影响，当发动机转速高于规定的临界值时，应该断开燃油供给（减速断油），同时电子节气门稍微打开，保证少量空气的供给。减速断油可提高燃油经济性。在此阶段还能监测后氧传感器的工作情况以及进行失火监测的校正。

（7）混合气形成的影响因素　混合气的形成是充分燃烧的必要条件，但实际中，喷射的液态燃油会受很多条件影响。下面详细介绍它的影响因素。

1）气流因素。

①气流的温度：温度越低，雾化效果越差。

②气流的流速：发动机转速越小，雾化效果越差。奥迪公司的部分发动机采用进气涡流阀板来增大低转速时的气流流速。

③气流的强度：采用不同形状活塞可以增加涡流的产生，提高雾化效果。

④气流的压力：气流压力越大，越容易雾化。

2）油滴雾化。油滴雾化受下列条件影响：

①喷射压力：喷射压力越高，雾化效果越好。由于缸内直喷喷射压力较高，所以喷射的雾化效果好于进气道喷射系统。

②喷射的形状：喷射的形状取决于喷嘴的设计，现在喷嘴多采用多孔喷射。

③喷孔的直径：喷孔直径越小，雾化效果越好，但这容易导致堵塞。

④油滴的直径：油滴的直径取决于喷孔的直径与气流的强度，直径越小，雾化效果越好。

⑤空气密度：空气密度低时，气流的强度弱，会降低雾化效果。

3）工况参数。

①发动机转速：转速越高，燃油越容易蒸发，容易形成混合气。

②喷油量：单次喷油量越少，越容易形成混合气。

③负荷：负荷越小，混合气形成的质量越好。

4）汽油质量。

①汽油温度：汽油的温度越高，雾化效果越好，但温度过高可能产生爆燃的倾向。

②汽油成分：汽油成分有问题会产生过多的颗粒物，导致发动机功能下降，损坏发动机。

③ 汽油黏度：汽油的黏度越大，越不容易雾化。

④ 汽油可挥发性：汽油的可挥发性会影响雾化效果，特别是在冷车状态时。在国内部分地区汽油挥发性差，导致部分车辆出现冷起动不良的故障。

2. 供油系统的作用及类型

（1）作用　采用各种传感器探测发动机工作状态、汽车行驶状态及进气量，发动机ECU计算出最佳的燃油喷油量，并控制喷油器提供合适的汽油，以形成最佳浓度的混合气。

（2）类型　现代汽车的供油系统已经淘汰了化油器、机械连续喷射技术、电控单点喷射技术，目前市场上的车辆基本上都采用了电控燃油喷射技术，主要有进气道喷射（多点喷射 MPI）、缸内直喷（FSI）、多点喷射和缸内直喷组合的双喷射 3 种类型，对应的控制系统示意图如图 5-4~图 5-6 所示。

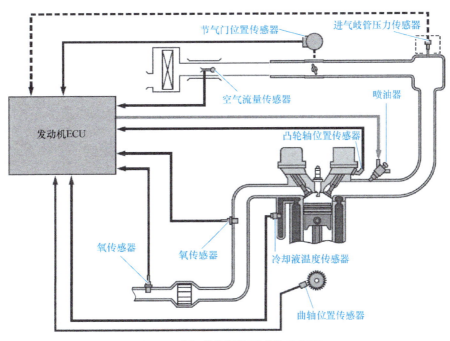

图 5-4　进气道喷射控制系统示意图

1）进气道喷射控制系统。发动机电控单元（发动机 ECU）根据进气流量或进气管绝对压力、发动机转速、冷却液温度、进气温度、节气门位置等传感器输入的信号，与存储在只读存储器（ROM）中的参考数据进行比较，从而确定在该状态下发动机所需的喷油量、喷油正时和最佳点火提前角。存储在 ROM 中的参考数据是通过大量的发动机及整车试验所获得的优化数据。

曲轴位置传感器探测曲轴转角和发动机转速；凸轮位置传感器探测气缸位置和凸轮轴正时；空气流量传感器探测进气量，或者进气歧管压力传感器检测歧管压力结合发动机转速及进气温度计算进气量；冷却液温度传感器探测冷却液温度；节气门位置传感器探测节气门开度；前氧传感器探测废气中氧气的浓度进而判断混合气浓度；后氧传感器监测三元催化转化器是否工作正常。

2）缸内直喷控制系统。汽油机缸内直接喷射系统由发动机 ECU、电动燃油泵（低压）、

发动机管理系统故障诊断与维修

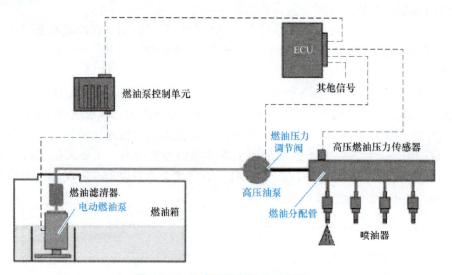

图 5-5　缸内直喷控制系统示意图

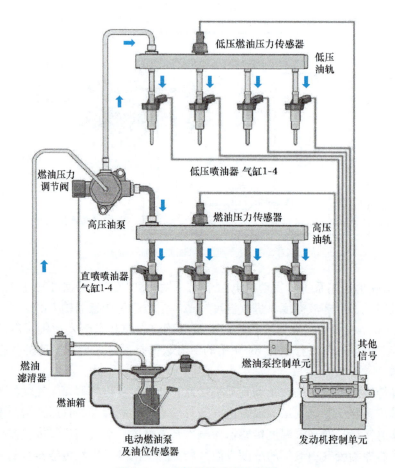

图 5-6　双喷射控制系统示意图

任务 5 发动机怠速运转不平稳且加速不良故障的诊断与维修

燃油泵控制单元、燃油滤清器、高压油泵、高压燃油压力传感器、燃油分配管（油轨）、燃油压力调节阀和喷油器、其他传感器及执行器等组成。燃油从电动燃油泵输往高压油泵并由高压油泵将燃油压力最高提高到 20MPa（200bar）以上，然后送往燃油分配管，最后通过发动机 ECU 控制喷油器喷入气缸。发动机 ECU 根据吸入的空气量及发动机的工况需要，精确地控制燃油喷射时间和喷射量，高压的燃油喷射系统可以使油气的雾化和混合效率更加优异。当燃油压力传感器检测到燃油分配管的压力超过燃油压力特性场中该工况下的设定值时，发动机 ECU 控制高压油泵上的燃油压力控制阀调节压力，实现燃油压力闭环控制。

3）双喷射控制系统。双喷射控制系统发动机有进气道喷射和缸内直喷两套燃油喷射系统。其中，进气道喷射为低压喷射，油压约在 0.3～0.6MPa 调节；缸内直喷为高压喷射，油压约在 4～20MPa（或更高）调节。进气道喷射系统的油压由电动燃油泵建立，燃油途径高压油泵的冲洗接口到低压油轨，同时冲洗、冷却高压油泵。一部分燃油经过高压油泵增压后送往高压油轨。燃油压力控制阀用于调节燃油压力。双喷射控制系统配有低压燃油压力传感器和高压燃油压力传感器。电动燃油泵由燃油泵控制单元经发动机控制单元来操控。低压油轨由塑料制成，高压油轨及管路由钢材料制成。发动机采用 MPI 模式还是 FSI 模式来工作，是根据发动机的特性曲线计算的，根据发动机类型及工况可以采用单独 MPI 模式、FSI 模式或者 FSI 多重脉冲和一定的 MPI 比例构成的混合模式。

3. 进气道喷射系统的构造及工作原理

（1）组成与工作过程　进气道喷射燃油供给系统主要由电动燃油泵、燃油滤清器、燃油压力调节器、燃油分配管（油轨）、脉动缓冲器（部分发动机有）、喷油器和燃油管路等组成，如图 5-7 所示。电动燃油泵把燃油从燃油箱中泵出，经过燃油滤清器滤去杂质和水分，再通过燃油总管分配到各个喷油器，发动机控制单元控制喷油器喷油。燃油压力调节器调节燃油压力，保证喷油器两端压差恒定，使喷油量只受喷油时间长短的影响，控制提高喷油量控制精度。燃油压力调节器调节压力后，多余的燃油通过回油管流回燃油箱。

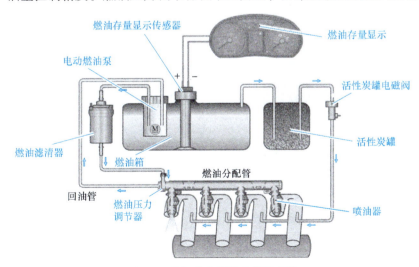

图 5-7　进气道喷射燃油供给系统

多点燃油喷射系统（MPI）

（2）电动燃油泵

1）功能与工作原理。电动燃油泵的功能是把燃油从燃油箱中泵出，建立需要的油压。

电动燃油泵安装于燃油箱中,许多车辆将电动燃油泵与燃油滤清器、燃油压力调节器和燃油液位传感器等结合为一个整体,如图 5-8 所示。

如图 5-9 所示,电动燃油泵电动机带动油泵叶轮压缩燃油,发动机熄火时,燃油泵停止工作,单向阀关闭,以维持燃油管路内的残余压力,以便发动机下次起动(特别是热起动)更加容易。若没有残余压力,在高温时很容易出现气阻,使发动机重新起动变得很困难。当出油口侧因燃油管路出现阻塞等原因造成压力过高时,安全阀开启,防止燃油压力过高,以免造成油管破裂或燃油泵损坏。

2)电动燃油泵控制。图 5-10 所示为电动燃油泵的基本控制。电动燃油泵只在发动机运转时工作,若发动机不再运转,即使点火开关开启,燃油泵也不会工作。将点火开关转至 ON 位置,IG 端子接通电源,EFI 继电器工作。点火开关转至 STA 位置,发动机起动,点火开关的 ST 端子接通,从而传递一个 STA 起动信号到发动机 ECU。当发动机 ECU 接收到 STA 信号时,其内部的晶体管导通,控制开路继电器工作。随后,燃油泵通电,开始工作。发动机起动/运转的同时,发动机 ECU 收到曲轴位置传感器传来的 NE 信号,晶体管继续保持导通,使燃油泵继续运作。若发动机停止运转,即使点火开关仍处于打开状态,因接收不到 NE 信号,发动机 ECU 会切断晶体管,断开开路继电器,使燃油泵停止工作。

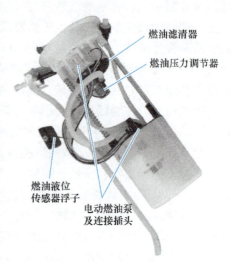

图 5-8 燃油泵总成

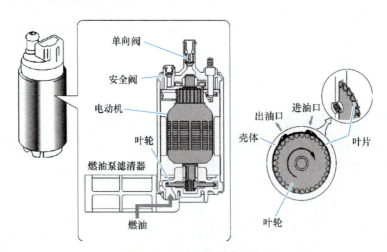

图 5-9 电动燃油泵的结构

该种燃油泵控制方式中燃油泵只有一种转速,而且是按发动机最大的输油量需求来设计的,在大部分行车工况中会造成能量的浪费。

现在发动机多采用燃油泵控制单元来控制燃油泵,根据工况需要来调节燃油泵的转速。图 5-11 所示为奥迪某款发动机的燃油泵控制电路图。发动机控制单元 J623 通过 PWM 信号

任务 5 发动机怠速运转不平稳且加速不良故障的诊断与维修

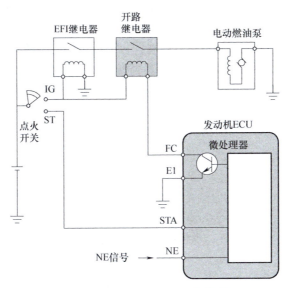

图 5-10 电动燃油泵的基本控制

控制燃油泵控制单元 J538，燃油泵控制单元 J538 通过 3 条线控制燃油泵的工作。该燃油泵为三相无刷电动机，通过控制相位可以实现不同的油泵转速控制，从而实现不同的油压控制。燃油泵控制单元 J538 的另外 2 根导线为电源线和搭铁线。除了可以根据需要控制燃油泵的转速，还可以实现预供油功能和出现碰撞或翻车事故断油等功能。预供油功能是指解锁汽车，打开驾驶人侧车门时，燃油泵开始运行 2~3s，以便于顺利起动发动机。

（3）燃油滤清器 燃油滤清器的作用是清除燃油中的杂质和水分。燃油滤清器一般采用纸质滤芯，必须定期更换。

燃油滤清器可在燃油进入燃油泵之前，去除燃油中的灰尘和杂质（图 5-12）。若燃油滤清器发生阻塞，就会降低传递至喷油器的燃油压力，使得发动机起动困难，动力不足。有些燃油滤清器安装在燃油箱外部，便于检查及更换，但是燃油滤清器外置，在高温条件下会增大油路"气阻"的可能性。

（4）燃油压力调节器 燃油压力调节器的作用是将燃油调整到设定压力，保证稳定压力的燃油供给。

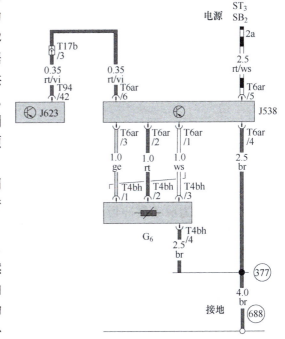

图 5-11 燃油泵控制电路图

燃油压力调节器将喷油器的燃油压力控制在300~400kPa（视发动机型号，具体压力值会有不同）。此外，燃油压力调节器能像燃油泵的单向阀一样维持燃油管里的残余压力。有两种燃油调节方法。第一种是将燃油压力控制在一个恒定的压力值。当燃油压力超过压力调节器的弹簧的压力时，阀门开启，使燃油回流到燃油箱并调节压力，如图5-13所示。此种压力调节器一般装在燃油箱里的燃油滤清器旁，燃油箱外没有回油管。

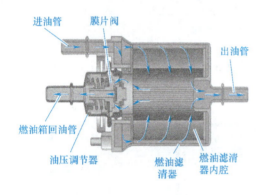

图5-12 燃油滤清器原理图

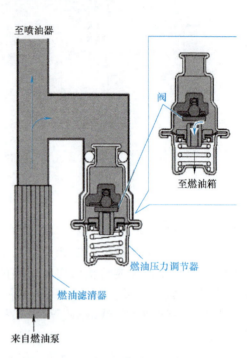

图5-13 燃油压力调节器工作原理图

第二种燃油调节方法中，燃油压力调节器上装备有一个真空管路，连接进气歧管，它持续调节燃油压力，使燃油压力高于进气歧管压力的一个固定值。现在发动机多采用燃油泵控制单元来控制燃油泵的转速，进而控制燃油压力，已经取消了燃油压力调节器。

（5）燃油压力脉动缓冲器 由于燃油泵输出压力周期性变化和喷油器喷油是脉冲式的，使燃油总管内的压力出现脉动。燃油压力脉动阻尼器（图5-14）的作用是减小燃油管路中油压的波动，它主要由膜片、弹簧和壳体等组成。

当燃油总管内的油压升高时，弹簧被压缩，膜片上移，膜片下方的容积增大，使油压减小；当燃油总管的油压降低时，弹簧伸长，膜片下移，膜片下方的容积减小，使油压升高，从而减小燃油压力的脉动。

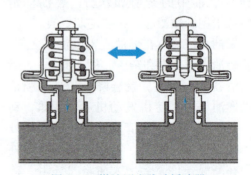

图5-14 燃油压力脉动缓冲器

有些发动机的燃油总管容积相对于发动机的循环喷油量要大得多，也具有储油蓄压的作

任务5 发动机怠速运转不平稳且加速不良故障的诊断与维修

用,能减小燃油压力的脉动,无需配备脉动缓冲器。

(6) 喷油器 喷油器的作用是将定量的燃油由液态变成雾状并与空气混合。对于进气道喷射的汽油机,喷油器将燃油喷到发动机的进气管,被喷入进气管的燃油形成雾状,然后与空气混合,发动机在进气行程时,将燃油和空气的混合物吸入气缸进行燃烧。对于缸内喷射的汽油机,喷油器将燃油直接喷入气缸内部,被喷入的燃油形成雾状,与空气混合后被火花塞点燃。

喷油器是电控燃油喷射系统的一个重要的执行器,它根据ECU发来的喷油脉冲信号精确地喷射燃油。影响喷油量的因素主要有喷油孔尺寸、喷油压力、喷油持续时间和喷油器动态响应特性等。对于一定形式的喷油器,其喷油孔尺寸和喷油器动态响应特性是确定的,喷油压力由燃油压力调节器调节为恒定值,因此喷油量取决于喷油持续时间。对喷油器的性能要求主要有:动态响应要快、密封性要好、自洁性能好(喷孔不易堵塞)、性能稳定、可靠性要高。

进气道喷射的喷油器主要由喷油器体、针阀、阀座、复位弹簧、电磁线圈、滤网、O形圈和线束接头等组成,如图5-15所示。喷油器按其结构不同可分为轴针式、球阀式和片阀式等;按电阻值不同可分为低电阻型和高电阻型,低电阻型喷油器的阻值为2~3Ω,高电阻型喷油器的阻值为13~17Ω;按驱动方式不同可分为电压驱动式和电流驱动式,电压驱动式适合于高电阻型喷油器和串有附加电阻的低电阻型喷油器,电流驱动式适合于低电阻型喷油器。目前进气道喷射发动机的喷油器以电压驱动式高阻型喷油器居多。

(7) 燃油分配管 燃油分配管又称为油轨,其作用是将燃油均匀、等压地分配到各缸喷油器。由于它的容积较大,因此具有储油蓄压、减小油压脉动的作用。如图5-16所示,燃油分配管上装有喷油器,该燃油分配管上没有燃油压力调节器,所以用在无回油管的供油系统里(燃油压力调节器装在燃油箱里)。

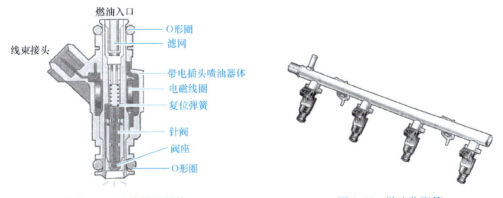

图5-15 喷油器的结构   图5-16 燃油分配管

4. 进气道喷射系统的喷油控制

发动机ECU根据传感器传送的信号,计算出最佳的燃油喷射时间(喷油量),在合适时间喷射燃油(用喷油正时表示)。

在发动机状态信号中,进气流量或进气管绝对压力和转速信号是两个主要参数,它们决定该工况下的基本燃油供给量和基本的点火提前角。其他各种参数起修正作用，如冷却液温度修正、进气温度修正、大气压力修正、蓄电池电压修正、节气门变化速率（加、减速）修正、排气中氧气的浓度反馈修正等。

（1）喷油正时　喷油正时指喷油器在工作时与发动机曲轴转角对应的关系。为了保证在进气门打开时燃油能够充分进入到燃烧室，进气道燃油喷射时刻一般在排气上止点前。图5-17所示为怠速时60-2齿曲轴位置传感器与喷油器信号对比图。其中4缸发动机曲轴位置传感器缺口一般在排气上止点前75°左右，而喷油时刻与其相近。提前喷油的目的是让燃油能够蒸发、充分形成均匀混合气。

（2）喷油同步性　各缸燃油喷射的关系可分为同时喷射、分组喷射与顺序喷射。

同时喷射一般用于起动时的喷射，刚起动时，无法判断各缸的工作顺序，此时采用同时喷射。图5-18所示为4缸发动机1、4缸喷油器的工作波形，两个缸在起动时的喷射图形已经完全重合，同时喷射。同时喷射不能保证各缸都在排气上止点前喷射。过早喷射可能会产生过多的壁湿现象，过晚喷射可能无法充分雾化。目前很少采用同时喷射方式。分组喷射是做功相邻的两个喷油器为一组，性能介于同时喷射与顺序喷射之间。目前，发动机基本都采用了顺序喷射，分组喷射被淘汰了。

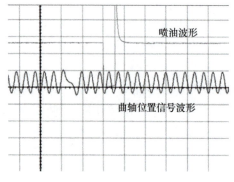
图5-17　喷油正时

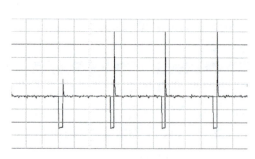
图5-18　同时喷射

顺序喷射是当根据凸轮轴传感器与曲轴位置传感器确认各缸的工作顺序后，各缸开始执行顺序喷射（图5-19）。由于喷射正时得到精确的控制，燃油经济性与排放性能都得到了有效的提高。

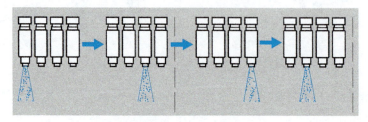
图5-19　顺序喷射

（3）喷油量计算　发动机控制单元通过发动机的转速信号与进气量来计算发动机每循环的进气量，根据MAP矩阵图决定基本的喷油量（图5-20）。

基本喷油量乘以温度、电压等修正参数，就是实际的喷油脉冲宽度（或称为喷油脉宽、喷油时间）。这些综合考虑各种工况及环境条件的喷油参数作为参考数据存储在发动机控制单元的只读存储器 ROM 里。工作时，发动机控制单元根据实际工况及环境条件的变化读取相应的喷油脉冲宽度参数，控制喷油。

图 5-21 所示为怠速喷油脉宽变化的喷油波形。怠速工况下，发动机的负荷较小，所以需要较少喷油量，即喷油脉宽减小。

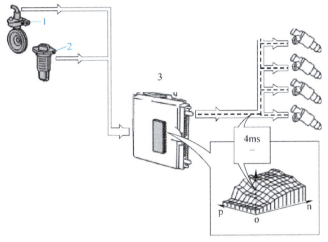

图 5-20　喷油量的计算

1—发动机转速信号　2—空气流量信号　3—发动机控制单元

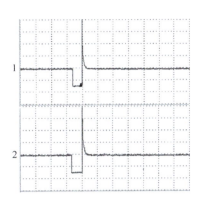

图 5-21　怠速喷油脉宽变化的喷油波形

1—怠速无负荷　2—怠速开前照灯

在怠速工况下，使相关的用电设备（如前照灯，鼓风机等）工作时，需要发电机提高发电量，导致发动机的负荷增加，所需的进气与喷油量增加，喷油脉宽随之增大。

5.2　发动机怠速运转不平稳且加速不良的故障分析

1. 故障现象

一辆 2004 年款的奥迪 A4 轿车，发动机型号为 BKB 1.8T，该车每次起动后，发动机怠速运转不平稳，且加速不良。

2. 故障原因分析

根据故障现象，分析故障原因（图 5-22）：

1）供油系统故障：油品不良；油路堵塞或漏油；电动燃油泵或相关电路故障；燃油压力调节器故障；喷油器或相关电路故障等。

2）进、排气系统故障：管路漏气或堵塞；进气相关信号异常；节气门或相关电路故障；增压控制系统故障等。

3）点火系统故障：火花塞故障；点火模块或相关电路故障等。

4）发动机管理系统故障：相关传感器故障、执行器故障、J220 局部电路故障等。

5）发动机机械故障：机械零件磨损或损坏、机械零件脏污、零部件安装不正确等。

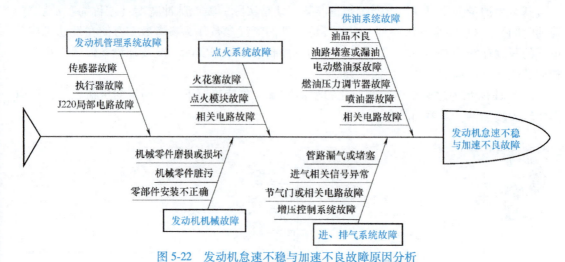

图 5-22 发动机怠速不稳与加速不良故障原因分析

5.3 进气道喷射系统维修计划与设备、材料准备

1. 维修计划

1）外部直观检查。
2）借助诊断仪 VAS6150B 进行故障诊断。
3）部件工作状况检查，确定故障零部件。
4）针对故障部件进行拆装、更换或维修。

2. 维修设备与材料准备

车辆进行检查前应做好如下准备：

1）放置好车身挡块。
2）连接好尾气接管。
3）打开车门并降下车窗玻璃。
4）正确安装七件套：左、右翼子板垫，前杠防护垫，座椅垫，脚垫，转向盘套，变速杆套。
5）准备好维修设备、工具（表 5-2）及必要材料。
6）检查车辆机油油位、冷却液液位、电源电压，应均为正常状态，连接好充电器。

表 5-2 维修设备与工具

名称	数量	名称	数量
奥迪专用诊断仪 VAS6150B	1 台	示波器 VAS6356	1 台
奥迪 ELsa 系统	1 套	充电器 VAS5903	1 个
燃油压力表	1 套	常规工具及设备	1 套
喷油检测仪 VAG1602	1 套	测量接线 VAG1594A	1 套
遥控装置 VAG1348	1 套	接线盒 V.A.G1598/31	1 套

任务实施

5.4　进气道喷射系统故障检查

1. 外观检查

对发动机各系统零部件及电气元件外观进行检查，未发现管路漏气或堵塞、电气元件破损及插头松动等情况。

2. 故障码诊断

将诊断仪蓝牙接口连接车内诊断接口，打开车辆点火开关，进入诊断仪 VAS6150B 诊断界面，选择好车型信息，进行车辆诊断。

诊断仪 VAS6150B 与发动机控制单元通信情况正常，能读出故障码。但通过诊断仪读出的故障码对应的系统部件无法导致发动机运转不平稳，说明这些故障码都是无关故障码。

3. 测量值分析与执行元件测试

（1）测量值分析　由于无相关故障码，下一步读取、分析发动机相关数据流，看看有无异常数据。起动发动机并让发动机怠速运转。进入诊断仪 VAS6150B 发动机单元的引导型功能，选择读取测量值。选择的测量值有转速、空气质量、平均喷射时间、点火正时等数据，如图 5-23 所示。

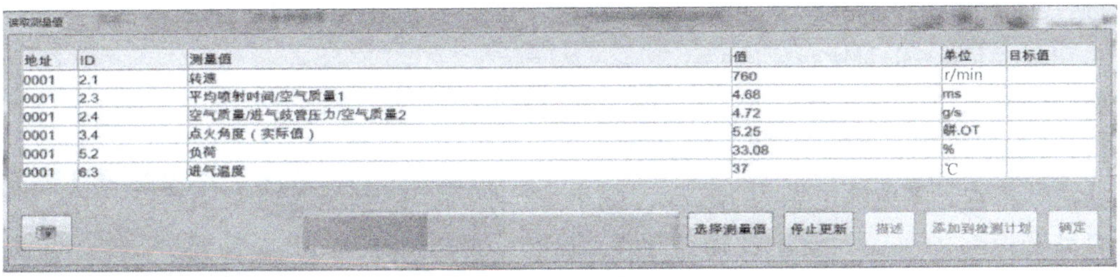

读取测量值

地址	ID	测量值	值	单位	目标值
0001	2.1	转速	760	r/min	
0001	2.3	平均喷射时间/空气质量1	4.68	ms	
0001	2.4	空气质量/进气歧管压力/空气质量2	4.72	g/s	
0001	3.4	点火角度（实际值）	5.25	斛.OT	
0001	5.2	负荷	33.08	%	
0001	6.3	进气温度	37	℃	

图 5-23　读取测量值

通过读取测量值发现转速不平稳，平均喷射时间较长。

（2）执行元件测试　喷油器工作情况检查：关闭发动机，打开点火开关，打开自诊断，执行元件诊断（图 5-24），听取各缸喷油器工作的声音来判断喷油器是否工作及工作是否正常。如果能听到喷油器有节奏的“嗒嗒”声，表明喷油器工作正常；若某缸喷油器的工作声音很小或没有声音，表明该缸喷油器或者是其控制电路有故障。执行气缸喷油器诊断时，各缸喷油器均发出有“嗒嗒”声，初步判断喷油器供电及发动机控制单元 J220 到喷油器的电路及控制信号正常。

（3）断缸检查　断缸检查就是在发动机怠速工作时，通过诊断仪或人工控制使发动机的任一个气缸停止工作，通过观察发动机的工作状态有无改变来分析该缸的工作性能是否正常。在发动机维修过程中，为了准确判断发动机故障出现在哪个气缸，常采用此方法，以缩小故障检查的范围。断缸检查分为断油、断气和断火 3 种形式，它们的本质都是暂时终止某

图 5-24　执行元件诊断

个气缸的工作，然后观察发动机的运转是否发生变化，以判断该气缸的工作状况。

在发动机运转情况下，通过采用诊断仪逐个控制喷油器短暂停止工作或手工拔插喷油器插头的方式进行断缸检查，发现 1 缸在切断喷油前后转速无明显变化，说明此缸出现工作不正常情况。

4. 供油压力检查

为了了解发动机整体的供油状况，对此发动机的供油压力进行检查。

打开 ELsa 系统，选择车型信息，进入维修手册，获取相关信息：怠速下的正常燃油压力约 4.0bar（1bar = 0.1MPa）。

检测燃油压力（图 5-25）：

1）检查电动燃油泵继电器、电动燃油泵、燃油滤清器正常，蓄电池电压为 12.7V，此车为装备自动变速器的车辆，变速杆需位于 P 或 N 位。拔掉油泵熔丝，断开油泵电源，起动发动机工作至熄火，将燃油分配管里的燃油泄压（注意：为了防止损坏三元催化转化器，低压的燃油管路可以不泄压，直接拆装管路，但要注意管路残留压力可能带来具有一定的安全风险，所以一般采取泄压的操作）。

图 5-25　检测燃油压力

2）断开点火开关，断开燃油管路，用一块抹布包住燃油分配管端部的油压检测口周围，彻底清洁检测口部位以及周围，然后小心地安装燃油压力表，插回油泵熔丝。

3）打开点火开关，起动发动机并使其怠速运转。

4）观察燃油压力表数值，约 4bar，数值正常（图 5-26）。关闭点火开关，通过观察压力表的压降，检查密封性和保持压力，10min 后仍有 3.1bar 的压力（压力最小要保持在 2.5bar 以上），数值正常。

任务5　发动机怠速运转不平稳且加速不良故障的诊断与维修

5) 拆卸燃油压力表, 重新接好油管接头, 擦除发动机表面的汽油, 检查并确保进油管各处没有漏油情况。

5. 喷油波形检测分析

进入 ELsa 系统, 查阅该发动机电路图, 查看1缸喷油器电路图 (图 5-27)。

起动发动机, 让发动机怠速运行。在诊断仪 VAS6150B 中选择测量技术测量波形, 对发动机1缸喷油器喷油波形进行检测, 记录读取到的喷油波形, 如图 5-28 所示, 波形正常。

图 5-26　燃油压力测量结果

因为燃油压力及喷油波形均正常, 所以怀疑是1缸喷油器或点火故障所致, 对1缸火花塞进行跳火试验, 发现火花正常, 所以故障范围集中到1缸喷油器上, 需对1缸喷油器进行详细检查。

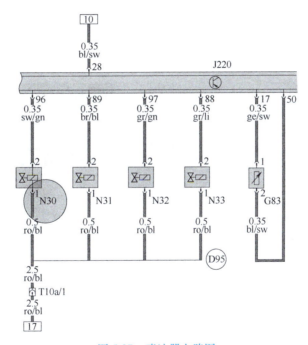

图 5-27　喷油器电路图

6. 喷油器检查

1) 断开点火开关, 拔下1缸喷油器插头, 用万用表测量喷油器线圈的电阻值, 阻值为 13Ω, 查询 ELsa 维修手册, 规定值为 12~13Ω (室温), 电阻正常。

2) 拧出燃油分配管的固定螺钉, 将燃油分配管连同喷油器一起从进气歧管均匀地向上拔出, 放到干净的抹布上。将固定夹拔下并取下喷油器。检查喷油器是否损坏、是否有漏油迹象、喷孔是否堵塞, 发现除了有积炭外无其他异常, 如图 5-29 所示。

3) 检查喷油器的喷油量和喷束形成。将检测盒 V.A.G 1598/31 与通向发动机控制单元的导线束相连接, 发动机控制单元不要连接, 用测量附件 V.A.G 1594A 中的导线搭接检测

83

发动机管理系统故障诊断与维修

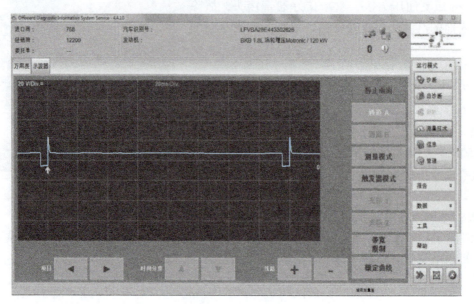

图 5-28 喷油波形

图 5-29 喷油器检查

盒的触点 1 和触点 65。此时，如果接通点火开关，电动燃油泵必须运转。

将连接了燃油分配管的所有喷油器放到喷油检测仪 VAG1602 的量杯中。用测试接线 VAG1594A 中的检测导线和鳄鱼夹将 1 缸喷油器的 1 个触点和发动机的搭铁线连接起来；用遥控装置 V. A. G1348/3A、适配导线 V. A. G1348/3-2 和辅助电缆将喷油器的第 2 个触点和正极连接起来。启动遥控装置 V. A. G1348/3A 约 30s。正常情况下，喷油器会喷出（135±10）mL 的燃油，发现 1 缸喷油器只有极少的燃油滴漏出来，说明堵塞严重。

为了保险，对其他 3 缸的喷油器也进行测量，测量值未超出误差范围且喷束正常。所以需要更换 1 缸喷油器。

4）检查喷油器的密封性。用测量附件 V. A. G1594A 中的导线搭接检测盒的触点 1 和触点 65，接通点火开关，燃油泵运转。喷油器不通电工作，检查喷油器的密封性。正常情况下，燃油泵工作时，每个喷油器1min只允许漏油1~2滴（目测），如果燃油泄漏量较大，必须更换喷油器。经检查，2~4缸的喷油器未发现明显燃油泄露。

5.5 更换进气道喷射系统故障部件

1. 喷油器的拆装

1）拔下以下部件上的导线/插头：喷油器N30~N33、进气温度传感器G42、霍尔传感器G40、节气门控制单元J338。

2）拧出燃油分配管的固定螺钉。

3）将燃油分配管连同喷油器一起从进气歧管均匀地向上拔出并放到干净的抹布上。警告：燃油系统有压力，松开油管接头前，用抹布围住连接处，然后小心地松开连接，释放压力。

4）将固定夹拔下，取下并更换1缸喷油器。

5）所有拆开的连接处的O形圈都应更换，将O形圈用干净的机油润湿后进行安装。

6）检查喷油器的安装位置是否正确，检查固定夹的位置是否正确，将燃油分配管连同已固定好的喷油器一起安放在进气管上，均匀地压入。

7）按标准力矩10N·m拧紧固定螺钉。

2. 喷油器的更换

1）拆卸1缸喷油器，更换同型号新喷油器。

2）起动发动机，让发动机怠速运转。进入诊断仪VAS6150B中发动机单元的引导型功能，选择读取测量值，读取相关测量值，发现发动机转速平稳，平均喷射时间正常。

作 业

完成学习工作页任务5 发动机怠速运转时不平稳且加速不良故障的诊断与维修。

任务 6　发动机起动困难故障的诊断与维修

学习目标

1）能够描述缸内直喷系统的构造及工作原理。
2）能够解释缸内直喷系统的喷油控制方式。
3）能够解释燃油修正功能。
4）能够描述发动机按需断缸控制功能。
5）能够诊断并排除缸内直喷系统的故障。
6）培养学生的安全意识和专业、严谨的诊断思维能力。

任务接受

客户报修：一辆 2013 年款奥迪 A4 轿车，发动机型号为 CDZA2.0TFSI，行驶里程为 60000km；车辆起动所需时间较长，再次起动车辆时，故障现象消失，车辆停放时间稍长后再次起动时，故障依旧。

任务准备

6.1　发动机缸内直喷系统的信息收集

1. 缸内直喷系统的构造及工作原理

（1）缸内直喷技术优势　缸内直喷系统相比于进气道喷射系统有如下优势：

1）热效率高，燃油消耗降低。缸内直喷发动机燃油蒸发时吸收热量，使缸内温度降低，增强了抗爆燃性能，所以可以采用较高的压缩比，一般可提高至 12~14。另外，在中、小负荷工况时采用分层燃烧模式，燃油浓度呈现梯度分布，即在缸壁附近分布的大部分是空气，有效地防止了热量传递给缸体水套，因此燃烧的热效率高。在大负荷或全负荷工况时，缸内直喷发动机在进气行程中将燃油喷入燃烧室，由于油束的移动速度小于活塞的下行速度，使得油束周围的压力较低，燃油迅速扩散蒸发，进而形成均质混合气，提高了燃烧效率。

2）功率和转矩同时得到提升。由于采用高的压缩比，而且缸内温度降低，提高了充气效率，与同排量的进气道喷射发动机相比，功率与转矩可以提高 10% 以上。

3）降低了有害气体排放。进气道喷射发动机在冷起动过程中，缸内温度低，油气蒸发不完全，致使实际喷油量远远超过了按理论空燃比计算得到的喷油量，而且在冷起动时易出现失火或不完全燃烧现象，使 HC 排放增加。缸内直喷技术发动机可以精确地控制每个循环

任务6　发动机起动困难故障的诊断与维修

的空燃比，结合分层燃烧技术，可以降低冷起动时的 HC 排放量，瞬态响应好。

4）各缸动力均匀性好。缸内直喷发动机根据各缸的实际需求进行燃油喷射，可减少各缸之间的差异，提高各缸均匀性。一般与进气道喷射汽油机相比，缸内直喷发动机的各缸均匀性可以控制在 3% 以内。

缸内直喷发动机的基本结构如图 6-1 所示。

（2）缸内直喷系统的构造　缸内直喷系统主要由低压供油部件（低压燃油泵、燃油滤清器、低压管路等）、高压供油部件（高压油泵、燃油压力调节阀、高压油轨、喷油器、高压管路等）、高压燃油压力传感器、低压燃油压力传感器、燃油泵控制单元、发动机控制单元等组成，如图 6-2 所示。燃油供给系统分为低压油路和高压油路两部分。

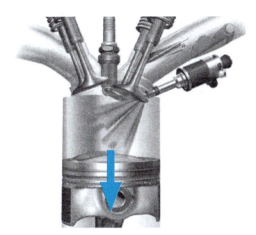

图 6-1　缸内直喷发动机的基本结构

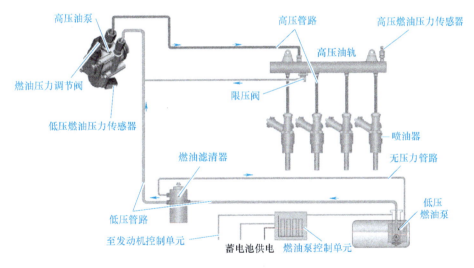

图 6-2　缸内直喷系统的示意图

低压油路多采用无回油管燃油供给系统（燃油滤清器安装在燃油箱里），由燃油泵控制单元控制低压油路的压力，发动机控制单元将所需油压的控制信号传递给燃油泵控制单元。该信号是一个低频脉宽调制信号，占空比为 10%~85%。燃油泵控制单元接收到该信号后，以高频信号驱动低压燃油泵，燃油压力范围为 0.35~0.7MPa。低压燃油压力传感器监测低压油路的燃油压力，发动机控制单元通过该信号实现低压管路油压的闭环控制，低压燃油压力传感器输出的电压信号随着油压的上升而线性上升。有些车型的发动机已取消低压燃油压力传感器，燃油压力由发动机控制单元根据特性曲线估算出来。

高压油路通过高压油泵对来自低压油路的燃油加压，油压提高到 4~20MPa（或更高），并通过高压管路将燃油送入高压油轨。高压燃油压力传感器检测高压油轨中的油压，以便发动机控制单元精确地控制高压油轨中的燃油压力,高压燃油最后由喷油器喷入气缸。发动机控制单元通过控制高压油泵上的燃油压力调节阀控制燃油的压力。高压油轨上的限压阀限制高压油轨中的最大油压为20MPa(不同型号发动机会有差别),以帮助保护组件,确保高压系统的可靠运行;如果超过最大允许值,该阀门打开,过量的燃油回流到低压管道。有些限压阀集成在高压油泵里,因此取消了从高压油轨到高压油泵的低压回油管。

图 6-3 所示为奥迪 EA888 发动机高压油路的结构图。燃油供给系统主要由高压油泵、燃油压力调节阀 N276、高压油轨、燃油压力传感器 G247、喷油器、滚子轴及凸轮轴、燃油箱、低压燃油泵、燃油泵控制单元 J538、燃油滤清器等组成。

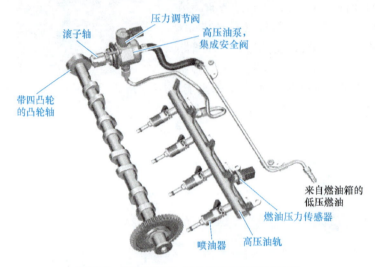

图 6-3　奥迪 EA888 发动机高压油路结构图

1)高压油泵。高压油泵是由凸轮驱动的单缸泵,由泵柱塞、燃油压力控制阀 N276、限压阀和脉动缓冲器等组成,其结构及工作原理如图 6-4 所示。高压油泵的泵油量取决于发动机转速和燃油压力控制阀的控制。高压油泵供油分 3 个步骤:进油过程、回油过程、输油过程。

如图 6-4a 所示,在进油过程,燃油压力调节阀 N276 通电,电磁阀克服回位弹簧的作用,进油阀门打开。此时泵柱塞在凸轮轴和弹簧的作用下向下运动,上方的空间容积增大,压力减小,来自燃油箱的低压燃油进入高压油泵。

如图 6-4b 所示,在回油过程,燃油压力调节阀 N276 仍然通电,进油阀门打开,此时泵柱塞在凸轮轴和弹簧的作用下向上运动,其上方的空间容积减小,压力增大。当压力增大到超过低压燃油的压力时,燃油通过进油阀流回低压油路。

如图 6-4c 所示,在输油过程,燃油压力调节阀 N276 不通电,进油阀门在回位弹簧和泵柱塞推动的燃油压力共同作用下关闭,泵柱塞上方的油压迅速增大,推开止回阀,向高压油轨输送燃油。通过控制燃油压力调节阀 N276 的占空比,可以调节进入到高压油轨中的燃油压力。燃油压力调节阀 N276 与燃油压力传感器 G247 一起组成一个闭环控制系统。

如图 6-4d 所示,高压油泵内安装了限压阀,如果高压管路的油压超过最大允许值,该阀门打开,过量的燃油回流到低压管道。高压油泵内置的脉动缓冲器用于衰减低压管路中由

任务6　发动机起动困难故障的诊断与维修

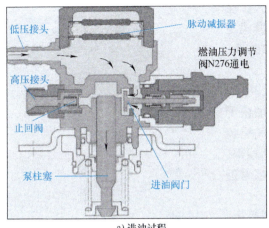

a) 进油过程

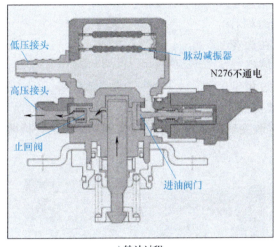

c) 输油过程

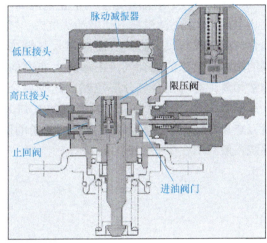

b) 回油过程

d) 限压阀

图6-4　高压油泵工作原理图

高压油泵产生的脉冲振动，这样保证了高压腔在发动机转速比较高的情况下有比较好的充油效果。脉动缓冲器由两层隔膜组成，气垫位于两层隔膜之间。

2）喷油器。喷油器是直喷系统的核心部件，喷油器在燃烧室内的布置方式、喷嘴的结构形式、油束的喷雾形状都直接影响燃油的雾化、油气混合及燃烧过程，最后影响发动机的性能。喷油器安装在气缸盖上的高压油轨上，因此不需要额外的高压油管。喷油器的结构如图6-5所示，当发动机控制单元给喷油器线圈通电时，产生电磁力，阀针克服弹簧的弹力从阀座中升起，燃油喷孔打开，燃油被喷射到燃烧室中；断电时，阀针在弹簧力的作用下回到阀座，燃油喷射结束。

喷油器的开启非常快，从而保证了喷油孔的开启横截面在打开的时间内保持不变。由于高压油轨内的压力比较大，采用蓄电池电压无法完成动作，所以在发动机控制单元内部装有升压转换器，在喷油器工作时，提供大约65V的电压。

（3）缸内直喷的充气模式　FSI发动机燃烧模式有分层燃烧（稀薄燃烧）和均质燃烧，以及这两种模式的过渡模式均质稀薄燃烧模式。与之对应的充气模式有分层充气模式、均质稀混合气模式和均质混合气模式。发动机控制单元根据发动机负荷与转速决定喷射充气模式，一般在低转速与低负荷时采用分层充气模式，在高转速与高负荷时采用均质混合模式，在分层模式与均质混合模式过渡间采用均质稀混合模式，如图 6-6 所示。

1）分层充气模式。如图 6-7 所示，进气时，节气门为半开状态，进气歧管翻板封住下进气道，加快了空气流速。如图 6-8 所示，在压缩行程时，空气呈旋转状进入气缸，空气由进气管进入气缸撞在活塞顶部，由于活塞顶部制作成特殊的形状，进而在火花塞附近形成强大的涡流。

当压缩过程快结束时，少量的燃油由喷油器喷出，形成可燃混合气，喷油开始于约上止点前 60°，结束于上止点前 45°。燃油被喷射到燃油凹坑内，喷油时刻对混合气的形成有很大影响。燃油喷入气缸内，在火花塞的附近形成浓的混合气，在远离火花塞的区域空气非常稀薄，实现混合气分层控制，此时混合气过量空气系数为 1.6～3。由于只有混合好的气体才被点燃，所以点火时刻很窄，不能采用点火提前角的形式改变转矩。为了保证正常的功率输出，稀薄燃烧一般只用在中低负荷区域。

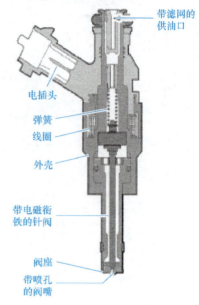

图 6-5　喷油器的结构

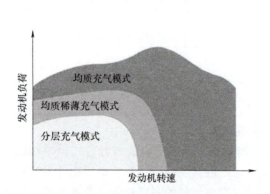

图 6-6　缸内直喷的充气模式

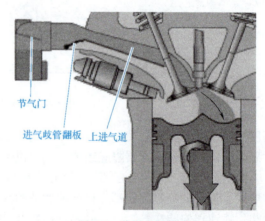

图 6-7　分层充气模式

2）均质混合气模式。如图 6-9 所示，缸内均质喷射在进气行程的初期进行喷射，即使在高速时也能保证缸内混合气是均匀的，喷油量可以根据喷油时间与喷射压力进行动态调节。均质燃烧能充分发挥动态响应好、转矩和功率高的特点。

均质混合气模式进气行程中节气门位置由加速踏板决定，进气歧管中的翻板位置视不同情况而定。当中等负荷与转速时，翻板依然是关闭的，有利于形成强烈的进气旋流，利于混合气的形成与雾化；当高速大负荷时，翻板打开，增大进气量，让更多的空气参与燃烧。均质燃烧的混合气过量空气系数等于 1。

任务6　发动机起动困难故障的诊断与维修

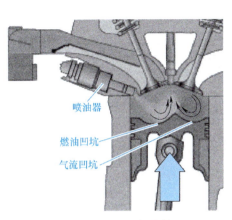

图 6-8　分层充气喷射

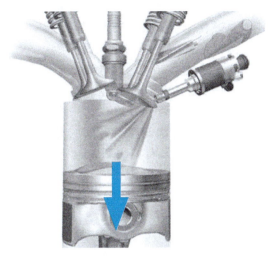

图 6-9　缸内均质充气与喷射

3）均质稀混合气模式。在均质混合气模式与分层充气模式的过渡之间采用均质稀混合气模式，此时节气门处于大开度阶段，但还需保持一定真空度，发动机负荷改变主要通过调节喷油量体现。

均质稀燃模式的燃油是在点火上止点前300°时喷入（进气行程），混合气形成时间长，燃烧均匀，通过精确控制喷油可以达到较低的混合气浓度，混合气过量空气系数约为1.55（图6-10）。均质稀燃模式与分层燃烧模式的充气过程相同，进气歧管翻板关闭，而且点火时间选择范围宽，有很好的燃油经济性。

现在国内大众奥迪FSI发动机只采用了均质燃烧模式，未采用分层燃烧及均质稀燃模式。由于分层燃烧用稀混合气，剩余过多的氧气会产生大量的氮氧化合物，普通的三元催化转化器很难把氮氧化物转换干净，需要特殊的催化器，这增加了空间和

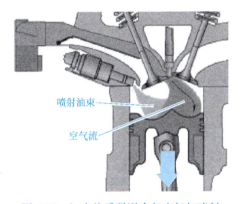

图 6-10　缸内均质稀混合气充气与喷射

成本的负担；另外，现阶段高硫含量的汽油对三元催化转化器损害很大，如果采用分层燃烧，由于燃烧后的废气温度较低，无法烧掉附在三元催化转化器上的硫及硫化物，所以需要增加改造炼油设备以提升燃油品质的成本。

2. 缸内直喷系统的喷油控制

缸内直喷燃油喷射与进气管喷射相比，燃油喷射压力更高，喷射和混合气形成的可用时间更短。在进气管喷射的情况下，将燃油喷入进气管可以在曲轴转动两圈的过程内完成；在气缸内直喷的情况下，即使进气行程喷射（满负荷工作），也只有曲轴转动半圈的时间。一台接近怠速运转的发动机最多只有1~3ms的时间可用于燃油喷射和混合气的形成，这对喷射系统和喷油策略提出极高的要求。

（1）喷油器控制信号　为了获得精确喷射，喷油器必须用一个复杂的电路来控制。针

阀克服缸内的压力及油轨中的压力需要一个预磁化电流,如图6-11所示,这个电流相对较小(不到1.5A)。预磁化后,使用最大16.5A的电流来使喷油器针阀快速上升,此时控制电压最大达到65V。在针阀开启后,一个小的控制电流便可满足保持针阀的开启位置,保持电流只有大约2.8A。从图6-11中可以看到,针阀完成打开的时间滞后于最大电流的时间,而针阀打开的时间决定喷油量的多少。

(2) 喷油波形 如图6-12所示,在针阀开启阶段,提供65V电压并持续不到0.5ms的时间。在保持阶段,由于保持只需要2.8A就可以,所以采用最高为蓄电池电压控制的占空比控制,最后阶段的波形是针阀关闭产生的自感波形。

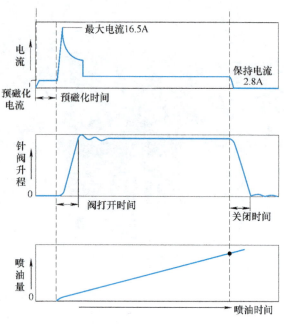

图6-11 喷油器控制信号

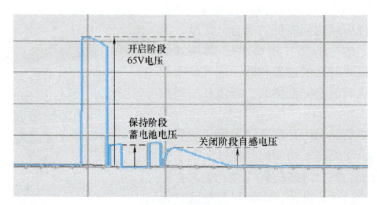

图6-12 喷油波形

(3) 喷油时间控制 图6-13所示为在急速工况与加速工况下喷油器控制波形对比。通过对比发现:增加的喷油量可通过增加针阀保持时间来实现。而对于喷油量的控制,对于直喷系统可以通过改变喷油时间或改变喷油压力来实现,压力的增加还能改善雾化程度。

(4) 喷油正时 目前大部分大众奥迪车型直喷发动机均采用均质混合燃烧,所以喷油都在进气行程。喷射时刻对直喷系统平稳运转与排放有重大影响。若喷射点太提前,混合气形成时间长,碳氢化合物排放因"过度混合"(太稀,连燃烧区的"火焰淬熄"都不存在了)而增加;若延迟喷射,由于混合气形成时间太短,容易形成碳烟排放增加。图6-14所示为曲轴位置传感器信号与喷油时刻的对比图。可以通过它粗略算出喷油时刻,对于四缸发动机,有(60-2)个齿,其中有2个齿是缺齿,缺口后第1个齿为压缩或排气上止点前75°

任务 6　发动机起动困难故障的诊断与维修

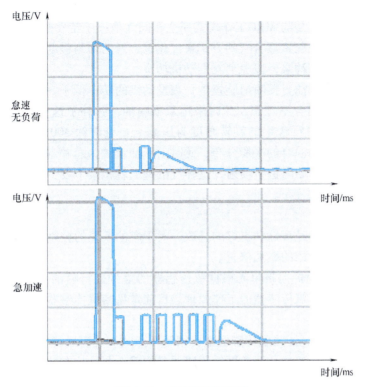

图 6-13　喷油器控制波形

左右，缺口为 2 个齿，图 6-13 是排气上止点前的缺口，每个齿距为 6°。喷油时刻约在排气上止点后也就进气上止点后 63°，喷油时刻为进气行程。

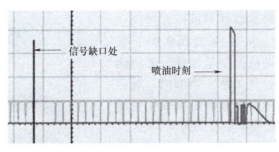

图 6-14　喷油正时

（5）第三代 EA888 喷射策略　大众奥迪第三代 EA888 发动机的喷射策略除了前面所讲的基本的 3 种喷射模式外，还有 3 种特殊工况模式：高压起动分层模式、催化器加热模式和低速节气门全开。

高压起动阶段：3 次直喷入压缩行程。

预热/催化净化器加热：这时采用双次直喷，分别在进气行程和压缩行程喷射。与此同时，点火时刻被推迟，这样尽可能多的燃烧余热可以进入排气管，从而快速加热三元催化转化器，使它更早地达到最佳的工作温度。

汽车发动机燃油喷射系统

发动机暖机（>45℃）的部分负荷：这时切换到 MPI-工作模式，进气歧管翻板在部分负荷区也是关闭的，但不是与 MPI-工作模式完全相同（取决于特性曲线上的参数）。在发动机已是热机时，通过预先配置混合气的方式来优化混合气的均匀程度，使得燃烧更快、效率更高，而且不必驱动高压油泵，以免消耗发动机功率。

低速较高负荷：在汽油直接喷射装置中，当发动机的转速低于 3000r/min 时以及节气门全开时，燃油与空气的混合不理想，此时采用双倍喷油，弥补了这一不足并且转矩增加了 $1\sim3N\cdot m$。当曲轴在进气行程中的旋转角度为压缩上止点前约 300°时，进行第一次喷油，这有助于实现空气和燃油混合的平衡分布，此时的喷油量约为总喷油量的 2/3；约为 1/3 的剩余燃油将在压缩行程开始时进行喷射，这样气缸壁上就积聚了较少的燃油，燃油几乎完全蒸发并且改善了混合气的分布。

3. 燃油修正

为了获得更好的燃油经济性和更好的排放，对于燃油系统的控制要进行闭环的控制，这种闭环控制就是下面要介绍的燃油修正。

（1）氧传感器　发动机控制单元根据氧传感器的信号进行喷油量的调节，所以在讲燃油修正之前，先介绍一下氧传感器的工作原理。目前常见的氧传感器有开关型氧传感器和宽带氧传感器两种。

1）开关型氧传感器。开关型传感器主要用于两点式 λ（空燃比）调节的汽油发动机系统中，用于判断混合气的稀浓。开关型氧传感器只能感知两种状态：浓、稀，能够实现信号的开关式变化。

开关型氧传感器工作原理是：当氧化锆电解质两侧氧离子存在浓度差时，电极的两侧就产生了一个信号电压。如图 6-15 所示，传感器的外侧是废气，氧离子浓度低，内侧是空气，氧离子浓度高，从而在氧化锆电解质的两侧产生了信号电压，浓度差越大，产生的电压越高。

如图 6-16 所示，氧传感器信号电压在理论空燃比 14.7 附近发生突变，从 0.1V 变到 0.9V；氧传感器突变的原因是发动机控制单元进行燃油调节导致的，当稀时，混合气加浓；当浓时，混合气减稀。氧传感器在实际工作中的电压变化范围可能与上述有些不同，有些车型可能为 0.1~0.7V，这取决于发动机控制单元标定时，混合气每次加浓与减稀的程度。

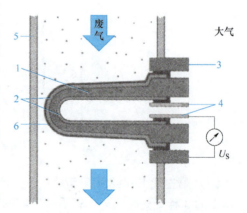

图 6-15　开关型氧传感器
1—氧化锆电解质　2—铂电极　3—针脚　4—壳体
5—排气管　6—微孔陶瓷保护层

开关型氧传感器由于只能测量混合气的稀浓，会出现以理论空燃比为界，混合气浓度上下跳动的现象，要实现精确的理论空燃比控制十分困难。为了减少有害气体的排放量，目前线性氧传感器取代了开关型氧传感器，这种传感器能够精确地检测出混合气空燃比的实现状况，在一定程度上减少了有害气体的排放量，提高了燃油经济性。

2）宽带氧传感器。宽带氧传感器可以对偏离理论空燃比（λ=1）的偏离值进行测量，

任务6 发动机起动困难故障的诊断与维修

测量范围为 $\lambda = 0.7 \sim 2.8$，因此宽带氧传感器可以发出一个准确、稳定的电信号，这样可以精确地控制发动机的空燃比。图6-17所示为宽带氧传感器的结构与原理图。

① 宽带氧传感器的结构与原理。扩散层用于从尾气中输送氧离子到排气检测室，输送的氧离子与尾气中的氧离子数目有一定的比例关系。

能斯特电池用于感知排气检测室与空气室两侧的氧离子的浓度差，目标是使两侧的电压保持在0.45V不变。

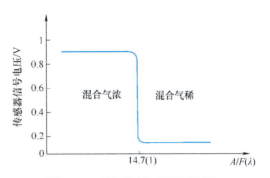

图6-16 开关型氧传感器信号电压

氧离子泵的作用是在氧化锆两侧施加电压，当排气检测室内氧离子过多时，也就是信号电压低于0.45V，氧离子泵从排气检测室向排气管中泵出氧离子，目标是使能斯特电池两侧电压保持0.45V不变，混合气越稀，泵出的电流越大；当能斯特电池检测到的电压高于0.45V时，氧离子泵从排气中泵进氧离子，氧离子泵泵进的电流越大，说明混合气越浓；根据氧离子泵的电流的方向与大小，就可以判断尾气中空燃比的值。

如图6-17所示，IN针脚为虚拟地，由发动机控制单元提供2.5V基准电压。RE为能斯特电池的信号针脚，发动机控制单元的目标是使其与IN针脚形成0.45V的电压差，也就是目标电压为2.95V。IP为测量的氧离子泵电流信号，其电压会在2.5V左右变化，形成电流的正、反方向。IA为传感器修正电阻端的电流信号，其电阻与传感器制造精度有关，每个氧传感器是不同的，其针脚电压在2.5V左右变化，但会与IP有些不同。

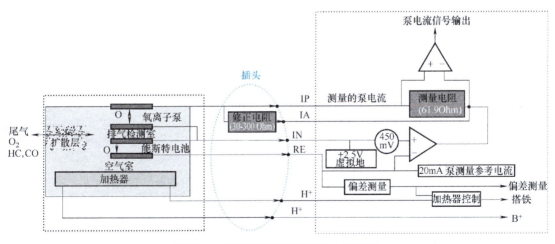

图6-17 宽带氧传感器的结构与原理图

② 宽带氧传感器信号与浓稀的关系。从图6-18可以看出，当混合气空燃比为14.7时，泵电流为0mA；当混合气为浓时，电流为负值，浓得程度越高，负值越大；当混合气为稀时，电流为正值，稀得程度越高，正值越大。

静态数据指点火开关打开但不着车的状态下，氧传感器的数据值。此时显示过量空气系数为 1.177，氧传感器电流为 128.512mA，进气中全部为空气，为过稀状态，这个数据可用于判断氧传感器的好坏。

（2）开环与闭环　发动机的开、闭环控制是指发动机控制单元是否根据氧传感器的信号对发动机的空燃比进行修正。开环控制时氧传感器不参与燃油控制，在开环控制时不考虑氧传感器的信号。闭环控制时在燃油控制中使用氧传感器的信号，氧传感器的电压（电流）信号用作反馈信号。

发动机控制单元在以下状态时采用开环控制：发动机冷起动、发动机大负荷、减速或限速、三元催化器保护模式等。

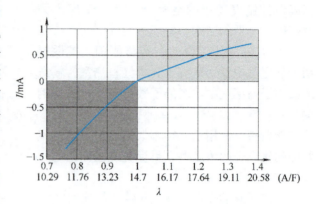

图 6-18　宽带氧传感器信号与浓稀的关系

闭环模式的工作条件：发动机的温度高于设定温度，氧传感器达到工作温度。

图 6-19 所示为闭环控制时开关型氧传感器的信号波形，信号电压在 0.45V 左右跳动，当发动机控制单元接收到氧传感器信号电压低于 0.45V 时，增大喷油量；当发动机控制单元接收到氧传感器信号电压高于 0.45V 时，减小喷油量。从图中可以看到高信号电压高于 0.45V 后，直到达 0.7V 才往下降，这是因为喷油器喷油后，经燃烧再到排气管中的时间差造成的。混合气加浓或变稀的频次（也就是时间）是可变的，它取决于当时的气体流量（发动机负荷），催化净化器老化（转化率下降）也会降低这个频次。

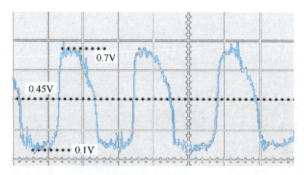

图 6-19　闭环控制时开关型氧传感器的信号波形

闭环控制燃油量的计算：为了使排放持续维持在一个最佳的工作状况，燃油监测系统利用氧传感器的浓度变化信号来进行喷油量的调节，燃油质量=空气质量×长期燃油修正×短期燃油修正/目标空燃比。

氧传感器失效模式：如果氧传感器发生故障，系统以预先设定的喷油量为标准数据，而不是以氧传感器测量数据为标准数据；这时，氧传感器闭环功能被关闭并且活性炭罐系统进入紧急运行模式。

（3）短期燃油修正　短期燃油修正指发动机控制单元根据氧传感器的信号即时做出的燃油修正。短期燃油修正的工作方式与氧传感器的类型有关，下面分别介绍开关型氧传感器与宽带氧传感器的修正方式。

1) 开关型氧传感器的短期燃油修正。在闭环状态下，发动机控制单元利用氧传感器的信号计算短期燃油修正值以便维持一个理论空燃比，只要短期燃油修正比能够使氧传感器进行浓稀转换，就能维持理论空燃比。图 6-20 所示为闭环控制时开关型氧传感器的信号与短期燃油修正值。观察左侧第一条竖线，当氧传感器电压信号低于 0.45V 时，短期修正值瞬间向上提升。奥迪汽车的修正策略是先提高目前期望变化幅度的一半，再逐渐增加修正值，所以可以看到短期燃油修正每次变化都有一个急折点，这种策略可以实现最快地接近目前的空燃比。当短期燃油修正值持续增加时，一旦检测到氧传感器电压信号高于 0.45V，也就是第 2 条竖线时，修正值下调期望值的一半，可以看到第 2 个急折点；周而复始，持续进行喷油量的调节。

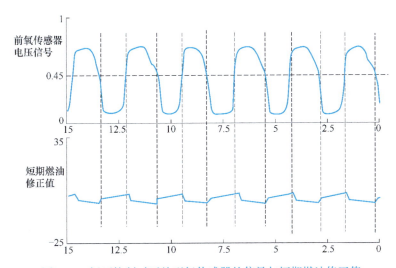

图 6-20　闭环控制时开关型氧传感器的信号与短期燃油修正值

2) 宽带氧传感器的短期燃油修正。宽带氧传感器能够精确地测量任何时候的空燃比，所以它的调整不以理论空燃比时的电压为基础，任何时候都能预期出喷油量与目标空燃比的差别，所以喷油量的变化幅值能够变化很小，提高了燃油经济性与排放性能。由图 6-21 中显示的闭环控制时宽带氧传感器的信号可以看出电流变化很小，与之同步的短期燃油修正调节不超过 5%。宽带氧传感器不仅能实现理论空燃比的闭环控制，还能实现非理论空燃比的闭环控制——稀薄空气燃烧技术。

(4) 长期燃油修正　长期燃油修正又称为自适应燃油策略。这种控制策略能够"学习"闭环控制状态下的燃油控制的结果，调整基本喷油量，并将结果记录在发动机控制单元内，即使发动机停机后也不会丢失。

长期燃油修正是发动机控制单元燃油控制的长期调整，以补偿喷射或发动机系统元件的磨损与短期燃油修正的超时。如果短期燃油修正系数长时间保持为正数或长时间为负数，发动机控制单元知道喷油量出现了偏差，于是调整基本喷油量使得短期燃油修正系数回到 0%，此时调整喷油量的幅度就是长期燃油修正系数。在闭环控制时，长期燃油修正系数尽量保持短期燃油修正系数以低于它的极限值，而尽可能地保持在零附近。这种控制策略在起

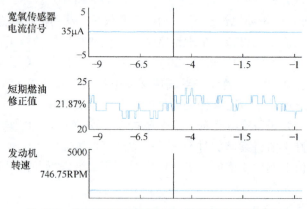

图 6-21 闭环控制时宽带氧传感器的短期燃油修正

动、暖机和驾驶性能条件下使用，以获得更好的发动机性能。开环控制时，控制策略将忽略短期燃油修正，并使用自适应燃油策略逻辑以获得更好的发动机性能，所以长期燃油修正在开环控制和闭环控制状态都适用。

长期燃油修正的目的是使短期燃油修正始终维持在 0 左右变化，实现快速的燃油调节。图 6-22a 为长期燃油修正系数为 0 的状态，短期燃油修正系数也在 0 附近变化。

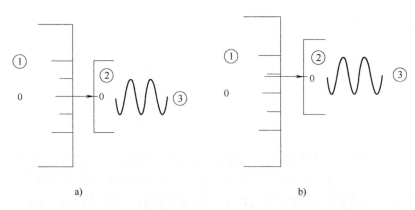

图 6-22 长期燃油修正
①—长期燃油修正系数　②—短期燃油修正系数　③—变化范围

当由于部件老化，导致喷油量减少时，混合气变稀，短期燃油修正系数变大，长期燃油修正系数会随着变大，这样短期燃油修正系数恢复到 0 附近。混合气变稀后的长期燃油修正系数如图 6-22b 所示。当元件持续老化导致长期燃油修正系数达到一个修正极限时，就不能够进行燃油修正补偿了，这样系统就会设置一个混合气浓或稀的故障码。

（5）后氧燃油修正　由于老化、铂电极催化不良等因素可能会导致宽带氧传感器不按正常的电流值进行切换，将后氧传感器与前氧传感器的信号进行对比可以得出偏差量，利用此偏差量可对燃油进行修正；但如果后氧燃油修正值大于一定的限值，可能会使故障警告灯亮。

4. 按需停缸控制

（1）功能　现代的汽油发动机大部分时间都是工作在低负荷状态，节流损失很大，在

任务6 发动机起动困难故障的诊断与维修

高负荷时,未节流的2缸发动机比节流的4缸发动机更省油(就是"比油耗"更低),这就是要采用按需停缸的基本原因。

目前,许多汽车公司的车型(如奥迪A3与A8部分车型)都装配有气门关闭-按需停缸控制系统。下面以奥迪1.4L TFSI发动机为例,介绍一下气门关闭-按需停缸控制系统。

气缸关闭系统工作在一个特性曲线范围内,该范围是一般用户在开车时经常使用的一个范围。要想让发动机确实切换到2缸工作模式,必须满足下述条件:发动机不能处于怠速(运行平稳性原因);发动机转速在1250~4000r/min之间且机油温度不低于50℃;冷却液温度不低于30℃;变速器处在不低于3档的位置。

该系统在自动变速器的S-档以及奥迪驾驶模式选择系统的"动态模式"时也是可以使用的。其转速下限是1250r/min,转速低于这个下限值时,气缸关闭模式会产生很大的转动不均匀性;转速上限是4000r/min,这可使得执行元件的切换力大小合适。变速器在3档时,气缸关闭范围约为30km/h;在5档和6档时,气缸关闭范围的结束点约在130km/h。气缸关闭模式时的最大转矩取决于转速,其上限值在75~100N·m之间。转矩很大时,在气缸关闭模式下,通过爆燃限制和点火提前角延迟已无法节约燃油了,相应地会激活4缸工作模式。

为了充分利用燃油,气缸关闭并不是只在部分负荷时被激活,在惯性滑行时也会被激活,即通过降低制动力矩而使滑行距离尽量长,这时燃油喷射已被中断,一旦驾驶人踏下制动踏板,气缸关闭模式就被中止了,以便让所有气缸在滑行时都能为制动提供帮助(就是提高制动效果)。在下坡滑行时,气缸关闭是不起作用的,因为此时一般需要发动机能提供最大制动效果。车辆是否在下坡滑行的信息是通过驱动CAN总线发给发动机控制单元的,相应的信号由ABS控制单元J104(通过车轮转速和车辆倾斜度)来提供。

组合仪表显示屏上会把发动机的工作模式显示给驾驶人看,调用相应的菜单就会有显示,如Audi A3′13车的组合仪表显示"2-Zylinder-Modus"(2缸工作模式)。

(2)结构 气缸关闭时被关闭气缸的气门必须保持关闭状态,否则排气系统就会进入过量空气,发动机会快速变凉;而且如果关闭两个气缸,由于减少了点火、做功频率,4缸发动机的运行平稳性就会变差,所以气缸的关闭和启用应尽可能地避免负荷波动。

1)按需停缸系统。按需停缸系统的气缸关闭功能是通过气门升程系统AVS技术来完成的。按照点火顺序,总是2缸和3缸被关闭,在关闭气缸时,该气缸进、排气门保持关闭状态,喷射系统和点火系统也保持关闭状态。图6-23所示为奥迪1.4L TFSI发动机按需停缸系统。AVS系统与按需停缸系统有一些区别:AVS系统只控制进气门升程,而按需停缸系统被激活时,要求进气门与排气门都处于关闭状态。AVS系统只控制气门的大小升程,而按需停缸系统控制打开与完全关闭两种状态。

2)凸轮调整元件。每个可关闭的气缸,在

图6-23 奥迪1.4L TFSI发动机按需停缸系统

气缸盖罩上都各有一个排气凸轮调整元件和一个进气凸轮调整元件。

如图 6-24 所示，凸轮调整元件由 2 组独立控制的电磁线圈、永久磁铁及金属销等组成。当电磁线圈通电产生磁场后，与同组的永久磁铁产生斥力，金属销伸出；当电磁线圈断电后，在下一个转动过程中，金属销回位，由于永久磁铁与电磁线圈的位置发生了变化，在电磁线圈中感应出电压，发动机控制单元接收到该信号，确认动作完成。

（3）工作过程

1）2 缸模式。2 缸模式时，凸轮组件向右移动，摇臂与凸轮轴基圆接触，气门没有升程，处于关闭状态（图 6-25）。关闭过程在凸轮轴转动的一周内完成，要想让驾驶人感觉不到这个关闭过程，必须在千分之几秒内通过不同的措施来减少关闭过程中的负荷波动。

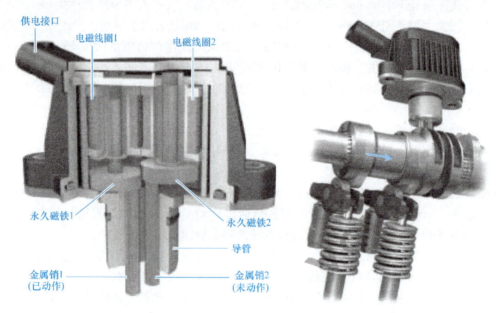

图 6-24　凸轮调整元件　　　　图 6-25　2 缸模式凸轮切换

关闭过程：

① 节气门继续打开，所有气缸获得约双倍的空气供给（2 缸工作模式时输出当前转矩所需空气量的两倍），为了避免转矩明显升高，延迟点火，使燃烧效率变差，转矩也就保持恒定。

② 待 2 缸或 3 缸排出废气后，发动机控制单元会给该缸排气凸轮轴调整元件发一个短的接地脉冲，于是凸轮块就得到了调整，滚子摇臂就在"零行程凸轮"上运动，排气门保持静止不动状态。

③ 关闭该缸燃油喷射与点火动作。

④ 下一个循环进气，吸入新鲜空气。完成进气后，发动机控制单元给进气凸轮调整元件发一个短的搭铁脉冲，凸轮得到了调整，滚子摇臂在"零行程凸轮"上运动，进气门保持静止不动状态。

⑤ 1 缸和 4 缸的点火时刻向"提前"方向移动，以便提高效率。

2）4 缸模式。4 缸模式时，凸轮组件向左移动，摇臂与凸轮轴工作凸圆接触，气门正常工作，如图 6-26 所示。

在启用过程中，不应有能让驾驶人觉得不适的负荷波动，因此为了避免出现转矩波动，要在发动机机械部分和发动机管理系统内采取不同的措施。

启用过程：

① 发动机控制单元给排气凸轮调整元件发一个短的搭铁脉冲，凸轮得到了调整，滚子摇臂在"正常行程凸轮"上运动，排气门开始动作，新鲜空气被推出。

② 新鲜空气会稀释三元催化转化器处的废气，使 λ 值大于 1，而三元催化转化器最佳工况是在 $\lambda = 1$ 时，因此增大 1 缸和 4 缸的喷油量，直至 $\lambda = 1$。

③ 发动机控制单元给进气凸轮调整元件发一个短的搭铁脉冲，凸轮得到了调整，滚子摇臂开始在"正常行程凸轮"上运动，进气门开始动作，新鲜空气被吸入气缸内。

图 6-26　4 缸模式凸轮切换

④ 由于所有气缸都启用且节气门敞开着，为了避免转矩明显升高，延迟点火，转矩即保持恒定。

⑤ 由于现在所有 4 个气缸都得到了空气供给，节气门继续关闭，以避免转矩波动，所有气缸逐渐提前点火，以便提高效率。

6.2　发动机起动困难的故障分析

1. 故障现象

一辆奥迪 A4 轿车，发动机型号为 CDZA，2.0TFSI，生产日期为 2013 年，行驶里程为 60000km，车辆起动所需时间较长（车辆正常起动时间约为 2s，而故障车辆起动时间约 7s），仪表显示未见异常，再次起动车辆时，故障现象消失；车辆停放时间稍长后再次起动时，故障依旧。

2. 故障原因分析（图 6-27）

根据故障现象，分析故障原因如下：

1）起动系统故障：蓄电池电量不足、起动控制电路及起动机间歇故障等。

2）点火系统故障：火花塞老化或积炭、点火模块及相关电路故障等。

3）进、排气系统故障：空气滤清器堵塞、空气流量传感器无法提供正常的进气信号，排气管、三元催化转化器堵塞等。

4）供油系统故障：燃油系统油路堵塞，造成油压偏低；油路熄火后无法保压；电动输油泵或控制电路故障；高压油泵、压力调节阀等损坏或控制电路故障；高压喷油器电路有接触不良等故障；油品质量差，延缓起动时间。

5）发动机控制单元局部电路故障。

6）机械故障：配气机构、曲柄连杆机构故障造成气缸压力不足、气缸积炭、气缸内部渗水或渗油等。

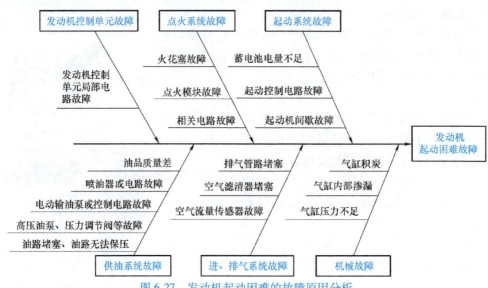

图 6-27 发动机起动困难的故障原因分析

6.3 缸内直喷系统维修计划与设备、材料准备

1. 维修计划

1) 外部直观检查。
2) 借助诊断仪 VAS6150B 进行故障诊断。
3) 相关部件工作状况检查，确定故障零部件。
4) 针对故障部件进行拆装、更换或维修。

2. 维修设备与材料准备

车辆进行检查前应做好如下准备：

1) 放置好车身挡块。
2) 连接好尾气接管。
3) 打开车门并降下车窗玻璃。
4) 正确安装七件套：左、右翼子板垫，前杠防护垫，座椅垫，脚垫，转向盘套，变速杆套。
5) 准备好维修设备、工具（表 6-1）及必要材料。
6) 检查车辆机油油位、冷却液液位、电源电压，应均为正常状态，连接好充电器。

表 6-1 维修设备与工具

名称	数量	名称	数量
奥迪专用诊断仪 VAS6150B	1 台	示波器 VAS6356	1 台
转换接头 VAG1598/39	1 套	测试盒 VAG1598/42	1 套
奥迪 ELsa 系统	1 套	充电器 VAS5903	1 个
测量接线 VAG1594D	1 套	常规工具及设备	1 套
防护眼镜和防护服	1 套	吸油布	2 块

任务6 发动机起动困难故障的诊断与维修

任务实施

6.4 缸内直喷系统故障检查

1. 故障码诊断

将诊断仪蓝牙接口连接车内诊断接口，打开车辆点火开关，进入诊断仪 VAS6150B 诊断界面，选择好车型信息，进行车辆诊断。查询故障码，发现无相关故障码。

2. 测量值分析与执行元件测试

进入发动机控制单元的"引导型功能"读取相关数据流，发现蓄电池电压、冷却液温度、进气温度、进气量、燃油压力等数据均在正常值范围内（图6-28）。

发动机故障诊断-以供油系统为例

检查起动电路、气缸压缩压力，均正常。对火花塞进行试火，火花正常。初步判断可能是起动时的燃油压力不足或喷油器喷油故障。

查阅电路图，如图6-29所示，燃油压力调节阀N276由发动机控制单元J623控制，对燃油压力调节阀N276进行作动测试，可明显听到"滴答"声，说明发动机控制单元J623对燃油压力调节阀N276的控制正常，燃油压力调节阀N276能执行发动机控制单元J623的控制指令。

图6-28 数据流

3. 喷油电路检查

喷油器相关电路如图6-30所示，连接转换接头VAG1598/39，接入测试盒VAG1598/42。在未连接发动机控制单元J623的情况下，在测试盒VAG1598/42上检测各个喷油器及电路的总电阻（如T60/33与T60/31之间的电阻为1缸喷油器与其连接到J623电路的总电阻）。

103

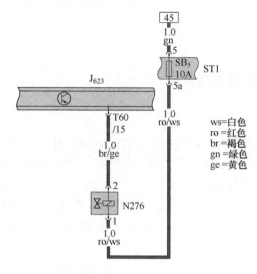

图 6-29　N276 电路图

经测量，所有喷油器及其电路的总阻值为 2~3Ω，属于正常范围。

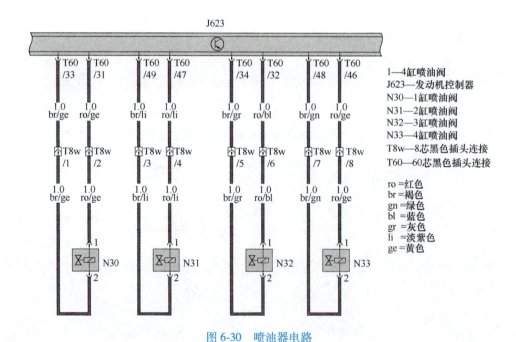

图 6-30　喷油器电路

4. 喷油波形检测、分析

起动发动机并使其怠速运转，检测喷油器喷油波形。检测的喷油波形如图 6-31 所示，喷油开启电压约 65V，喷油波形未发现异常，说明喷油控制正常，怀疑可能是喷油器、高压油泵及传动机构内部损坏。

因为拆装检查高压油泵较方便，所以下一步进行高压油泵的拆装检查。

任务6 发动机起动困难故障的诊断与维修

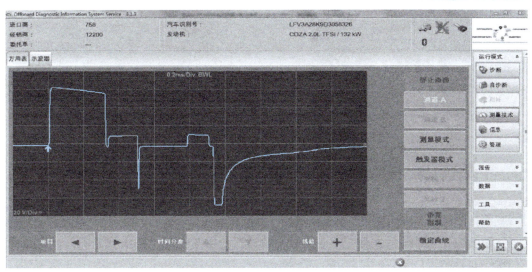

图 6-31 喷油波形

6.5 更换缸内直喷系统故障部件

1. 高压油泵的拆装检查

1）查询 ELsa 维修手册中高压燃油泵的拆卸和安装步骤以及注意事项。

2）由于燃油系统有高压，打开系统前必须使燃油压力降下来，释放燃油系统压力。

① 连接车辆诊断、测量和信息系统 VAS5051B。

② 起动发动机并使其怠速运转。

③ 在自诊断中选择"发动机电控系统"，然后选择"测量值"，在选择列表里选择"燃油压力"，发动机怠速运转时，显示的燃油压力在 30~40bar（1bar=0.1MPa）之间。

④ 在发动机怠速运转的情况下，拔下油泵控制单元 J538 的熔丝（ST2 SC3 25A）。

⑤ 跟踪显示区中的燃油压力，燃油压力迅速降低，因为电动燃油泵 G6 不再向高压油泵供油；燃油压力降低到约 8bar 时关闭点火开关。燃油压力不得降低到 6bar 以下，否则发动机会熄火（有损坏三元催化转化器的危险）。

3）泄掉燃油压力后，拆下发动罩；拔下燃油压力调节阀 N276 上的电插头；在高压油泵高、低压管路接口处围上一块干净的抹布，拆卸高低压管接头，接住泄漏的燃油，做好管路接口的密封。

注意：要在发动机处于冷态时，才能拆装高压油泵；热机时，由于受热气化，管路的油压会上升；打开燃油系统时需佩戴防护眼镜和穿防护服，以避免人身伤害和燃油接触皮肤。

4）拧出高压油泵上的 2 个螺栓，小心地拉出高压油泵。

5）对拆卸下来的高压油泵进行检查，发现高压油泵凸轮没有磨损（图 6-32），但滚子轴（滚子推杆）的轴承有松旷、发卡现象（图 6-33）。滚子轴的轴承松旷、发卡会造成车辆在起动时驱动高压油泵的行程变短，导致高压系统的油压短时间供油不足，所以发动机难以起动。

6）检查出故障部件后，安装新的高压油泵；更换高压油泵上的 O 形环；转动曲轴，直到滚子轴处于最深处的位置为止，装入高压油泵。

图 6-32　高压油泵凸轮

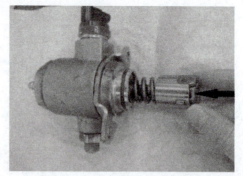

图 6-33　高压油泵滚子轴损坏

7）先用手拧紧高压油泵的 2 个紧固螺栓，然后按必需的力矩（20N·m）交叉拧紧螺栓。

8）更换高压供油管的连接套管，用手拧紧管路的锁紧螺母，校准到无应力，按标准力矩（18N·m）拧紧。

注意：安装高压油泵时，不要让污物进入燃油系统内。

9）插上燃油压力调节阀 N276 上的电插头和 J538 的熔丝。

10）检测燃油系统的密封性。

2. 高压油泵的更换

拆卸旧高压油泵，安装同型号的新高压油泵，更换完新的高压燃油泵后检测燃油系统的密封性。

起动车辆，观察车辆运行的情况，发现车辆正常起动且加速正常。用诊断仪 VAS6150B 删除因更换高压油泵产生的相关故障码，再次查询故障码，没有发现故障码。读取起动瞬间燃油压力的数据流，压力迅速升高到 44.5bar（图 6-34），燃油油压恢复正常，故障排除。

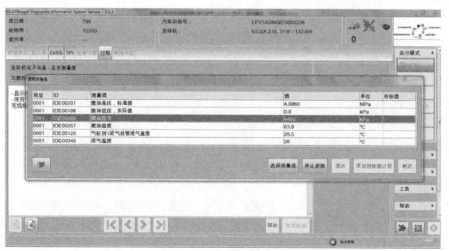

图 6-34　燃油压力

作　业

完成学习工作页任务 6　发动机起动困难故障的诊断与维修。

模块 4　发动机点火控制系统

任务 7　发动机运转不平稳且故障指示灯亮起故障的诊断与维修

1) 能够说出点火系统的功能。
2) 能够描述点火系统的组成及工作原理。
3) 能够解释点火正时的控制原理。
4) 能够正确更换火花塞，检测点火电路，测量点火波形，分析点火提前角。
5) 培养对常见故障的分析能力与规范作业的职业素质。

任务接受

客户报修：2011 年款奥迪 Q5 轿车，发动机型号为 CADA 2.0T，行驶里程 120000km，发动机怠速不稳，油耗高，加速不良，发动机故障灯亮起。

任务准备

7.1　发动机点火系统的信息收集

1. 点火系统的功能

点火系统的好坏会影响发动机的做功能力，同时还会影响三元催化转化器的转化效率。点火不良会造成未燃气体进入三元催化转化器，这些气体会在催化器中继续燃烧并产生大量热量，可能使催化器因过热而损坏。

（1）点火系统的功能　点火系统能够产生足够高电压和能量的电火花，在合适的时刻点燃可燃混合气体，使发动机实现最佳的燃烧效率（图 7-1）。

（2）点火系统的要求　对于传统进气道燃油喷射系统，由于燃烧室内为理论空燃比，容易点燃。当前乘用车的汽油发动机多采用缸内直喷外加涡轮增压系统，由于混合气可能更稀，压缩压力更高，对点火系统提出了更高的要求。

1）足够高的击穿电压。火花塞两电极间加上直流电压，电极间的气体会发生电离，电压增大到一定值时，火花塞两极间的间隙会被击穿而产生电火花，释放能量，点燃缸内压缩

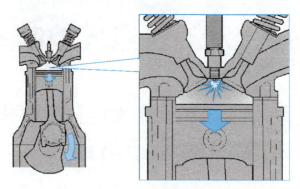

图 7-1 点火系统的功能

后的混合气。火花塞两电极间产生电火花所需要的电压，称为击穿电压。

火花塞击穿电压的大小与电极间的距离（火花塞间隙）、气缸内的压力和温度、电极的温度、发动机的工作状况等因素有关。电极间距越大、缸内气体压力越大、温度越低，则击穿电压越大。缸外喷射的发动机一般要求为火花塞提供15000~20000V的电压。如今，缸内直喷的击穿电压要求能达到30000V以上。在外观上，新型发动机的点火线圈更大、线圈匝数更多。

2）更高的点火能量。点火能量体现在点火电压与点火持续时间。火花塞产生电火花应具备一定的能量。发动机工作时，由于混合气压缩时的温度接近自燃温度，所需的火花能量较小（1~5mJ）。传统点火系统的火花能量为15~50mJ，足以点燃混合气。在起动、怠速以及急加速时需要较高的点火能量，为保证可靠点火，起动时应能产生大于100mJ的点火能量。对于缸内直喷系统，需要的点火能量可达140mJ。

发动机工作时，火花塞的中心电极较侧电极温度高，电子容易从中心电极向侧电极发射，产生跳火。此种情况下，击穿电压低。因此，无论点火线圈采用内部连接还是外部接线，均应保证点火瞬间火花塞中心电极为负，即火花电流应始终从火花塞的侧电极流向中心电极。

3）优化的点火提前角控制。点火时曲轴的曲拐位置与上止点时曲拐位置之间的夹角，为点火提前角或点火正时。能使发动机获得最佳动力性、经济性和排放性能的点火提前角称为最佳点火提角。

点火时刻对发动机工作性能的影响很大：若点火过早，则燃烧完全在压缩过程中进行，气缸内压力急剧上升，在活塞到达上止点前即达到最大压力，给正在上升的活塞一个很大的阻力，不仅使发动机功率下降、油耗增加，还会引起爆燃；若点火过晚，则活塞下行时混合气才燃烧，即燃烧是在容积增大的情况下进行，从而使气缸压力降低，发动机功率下降，同时由于炽热的气体与气缸壁接触面积增大，热损失增大，导致发动机过热，油耗增大。

最佳点火提前角受很多因素的影响，点火系统要根据发动机的实际工作条件，在最佳时刻点燃混合气。

在传统的进气道喷射系统中，多采用推迟点火提前角来稳定发动机转速，而现在的发动机由于高的排气再循环率和稀空燃比，采用推迟点火提前角后可能出现转速波动，甚至出现失火现象。特别是分层充气模式，要求特定的点火提前角才能燃烧，要求在更宽广的空燃比

任务7 发动机运转不平稳且故障指示灯亮起故障的诊断与维修

范围内可靠点火,并要求火花塞的发火性要更好,对液态汽油、沉积物不敏感,且抗气流冲击。在这种严格的要求下,现在直喷发动机的火花塞已经由传统的镍合金火花塞更新到双贵金属-铱与铂金属电极火花塞。

2. 点火系统的组成及工作原理

点火系统通常由火花塞、点火线圈、爆燃传感器、曲轴位置传感器(CKP)、凸轮轴位置传感器(CMP)等元件组成(图7-2)。其中 CKP 与 CMP 主要起到判缸及控制点火正时的作用。

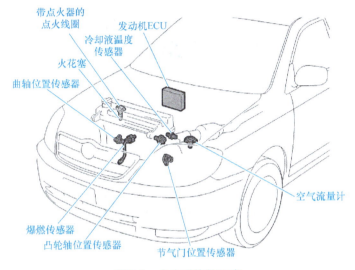

图7-2 点火系统的组成

发动机点火系统

(1)火花塞 火花塞的功用是将万伏以上的高压电引入燃烧室,并产生电火花点燃混合气,与点火系统和供油系统配合,使发动机做功。

1)火花塞的构造。火花塞的结构包括:连接插头、绝缘体、壳体、热收缩区、导电体、中心电极和侧电极(图7-3)。

火花塞的工作条件十分恶劣,它承受高压、高温及燃烧产物的强烈腐蚀。因此,火花塞必须具有足够的强度,能承受温度的强烈变化,应有良好的热特性,火花塞的电极应采用难熔、耐腐蚀的材料制成。中心电极的材质经历了铁、镍、镍基合金、镍-铜复合材料以及贵金属几个演化过程。

目前铜芯电极火花塞的覆盖率已经达到95%。铜芯电极具有良好的导热性,不容易产生炽热点火,急速、低负荷也不容易产生积炭,拥有较好的点火性能。纯金属容易氧化和产生化学腐蚀作用,因而在铜芯外表包裹一层耐腐蚀性能较

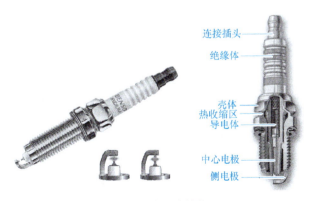

图7-3 火花塞结构

好的镍基合金能够使火花塞拥有良好的抗腐蚀能力，同时有较好的散热性能。

现在主流的发动机都采用了涡轮增压、缸内直喷等增强动力的技术，升功率、压缩比、最高转速都不断攀升。为适应高转速、高压缩比、高升功率的汽油发动机的需求，火花塞开始使用熔点较高的铂（熔点1772℃）、铱（熔点2410±40℃）作为电极材料（图7-4）。这类采用了贵金属电极的火花塞具有极高的抗化学腐蚀能力，在使用寿命上有了长足进步。不同电极材料的火花塞，其性能和使用寿命有明显区别，如图7-5所示。

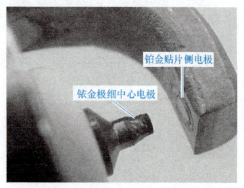

图7-4　铂金、铱金电极火花塞

2）火花塞的热值。火花塞散出的热量因其形状和材料的不同而不同。火花塞的散热量称为热值。根据火花塞热值的不同，可将其分为冷型火花塞和热型火花塞。火花塞能散出较多热量的称之为"冷型"，因为火花塞自身保持较冷。散热量较少的称之为"热型"，因为自身保持较多的热量。如图7-6所示，冷型火花塞的中心电极长度短受热面积小、传热路径短散热面积大、中心电极温度不易上升，这种火花塞一般应用于大功率、高转速发动机，其缺点是越偏向于冷型的火花塞，越容易产生积炭。热型火花塞的中心电极长度长受热面积大、传热路径长散热面积小、中心电极温度上升较高，容易产生炽热点火或爆燃的情况，这种火花塞多应用于在城市内行驶的低转速发动机。所以，低压缩比、低转速、小功率的发动机应选用热型火花塞，防止产生火花塞积炭；高压缩比、高转速、大功率的发动机应选用冷型火花塞，防止电极早燃、燃烧室产生过多的热量。

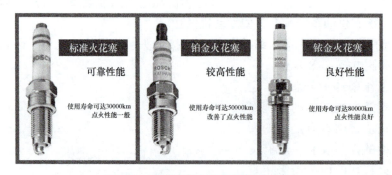

图7-5　不同材料火花塞的使用寿命

火花塞中心电极温度在自洁温度450℃和自燃温度950℃之间时性能最佳。

当火花塞达到一定温度后，它能烧掉聚集在点火区域内的积炭，以保持点火区域的清洁，此温度称为自洁温度。若电极温度低于450℃，积炭会聚集在点火区域，导致火花塞缺火。

如果火花塞自身成为热源，不用火花就点燃了空气-燃油混合气，此时的温度称为自燃温度。当火花塞电极温度达到950℃时会发生自燃。如果发生这种现象，不正确的点火正时会导致发动机功率下降，同时火花塞电极或活塞可能会熔化。

任务7 发动机运转不平稳且故障指示灯亮起故障的诊断与维修

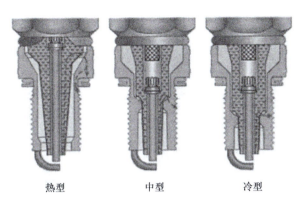

热型　　　　　中型　　　　　冷型

图 7-6　火花塞热值类型

3）火花塞的型号。不同品牌火花塞的型号不同，主要的火花塞品牌有 BOSCH（博世-德国）、DENSO（电装-日本）、NGK（永木精械-日本）、CHAMPION（冠军-美国）等。

不同品牌火花塞热值参数不同，见表 7-1。

表 7-1　火花塞热值对比

品牌	热值						
博世（BOSCH）	9	8	7	6	5	4	3
永木精械（NGK）	4	5	6	6	7	8	9
电装（DENSO）	14	16	20	20	22	24	27
冠军（CHAMPION）	16，14	12，11	10	9	8，7	6，63	4，59

博世火花塞是最典型的品牌，以此为例，可了解火花塞型号。

例如，博世火花塞型号 "FR5KPP332S" 参数含义：F-螺母 16mm、螺纹 M14×1.25，R-抑噪电阻型，5-热值5，K-螺纹长度 19mm、电极高度 4mm，PP-中央电极和侧电极双铂金，332-电极焊接方式代号（博世最新激光焊接），S-电极间隙 0.7mm。

（2）点火线圈

1）点火线圈的结构。点火线圈实际为一个变压器，用来把车载低压电源升压，满足火花塞对电压和点火能量的要求（图 7-7a）。

点火线圈由一次线圈、二次线圈和铁心等组成（图 7-7b），现在大多数车型将点火控制器与点火线圈集成在一起（又称为"点火模块"）（图 7-7c）。点火线圈的一次线圈与二次线圈缠绕在铁心的外面，一次线圈与二次线圈之间使用树脂材料进行绝缘。一次线圈与二次线圈的匝数比一般为 1:100 左右，匝数越多，点火能量越高。点火线圈高压插头下端有弹簧保证点火线圈与火花塞保持合适的接触。

2）点火线圈的电路。如图 7-8 所示，大众奥迪汽车的点火线圈连接有 4 条线，分别为：1 条电源线、2 条搭铁线、1 条点火控制信号线。

点火线圈内部集成了点火控制器，点火控制器受控于发动机控制单元 J623，其用来切断或接通点火线圈一次线圈的电路，使一次线圈电路不断接通或断开，从而产生电流变

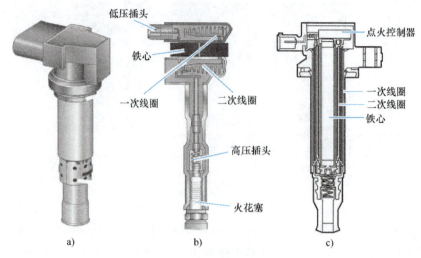

图 7-7 点火线圈的结构

化。一次线圈断开时,二次线圈产生高的感应电压,高电压经内部电路及高压插头传到火花塞,火花塞放电产生电火花。

虽然线圈在刚接通时会产生反向自感电动势,但此时的电压较低,高压二极管进行截止,避免了误点火。

3) 点火控制信号。图 7-9 所示为点火控制信号波形图,可以看到两个点火信号波形,点火电压信号幅值为 5V。当有 5V 电压时,一次线圈通电;当 5V 断开时,二次线圈开始跳火。

(3) 爆燃传感器 爆燃传感器安装在缸体的侧壁上,用于监测燃烧室内的爆燃情况。在安装时,要求使用标准的力矩,因为力矩过大或过小都会影响感知的灵敏度。

图 7-10 所示为奥迪 Q7 3.0 TFSI 发动机的爆燃传感器及信号波形。由于采用 V 形发动机,采用了两个爆燃传感器,分别监测两列气缸的爆燃情况。

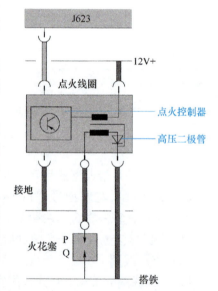

图 7-8 点火线圈的电路

该传感器由压电晶体构成,如果有发动机爆燃,在爆燃传感器中会产生一个电压信号,信号对应于声波的频率和振幅,发动机控制单元根据这个信号可以确定发动机是否有爆燃。曲轴位置传感器用于确定发动机的工作周期,确定哪个气缸有爆燃,从而实现逐缸爆燃控制。需要注意的是,对于点火失火的计算并不是依靠爆燃传感器。

(4) 曲轴位置传感器 早期发动机的曲轴位置传感器多采用磁感应式,传感器用于感应曲轴的位置与曲轴的转速,这种传感器现在已经不再使用。当曲轴位置传感器失效时,发动机控制单元将会采用凸轮轴位置传感器的信号替代其信号。

任务 7 发动机运转不平稳且故障指示灯亮起故障的诊断与维修

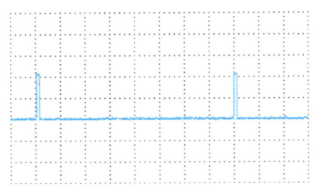

图 7-9 点火控制信号波形图

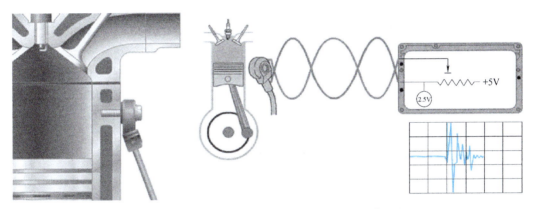

图 7-10 奥迪 Q7 3.0TFSI 发动机的爆燃传感器及信号波形

现在,在奥迪的一些发动机上,采用了新一代曲轴位置传感器,称为集成轴封传感器,如图 7-11 所示。

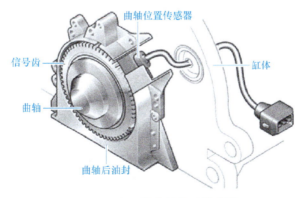

图 7-11 新一代曲轴位置传感器

图 7-12 所示为奥迪 Q7 3.0TFSI 发动机的曲轴位置传感器电路与信号。该传感器为霍尔式传感器,内部集成永久磁铁与霍尔传感器芯片。这种霍尔式传感器的特点是信号不受转速的影响,低速时信号精确度高。传感器有 3 条连接线,1 号针脚为 5V 电源,2 号针脚为信

号线,3 号针脚为信号地。

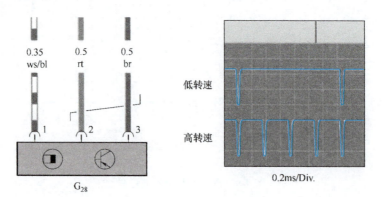

图 7-12　奥迪 Q7 3.0TFSI 发动机的曲轴位置传感器电路与信号

霍尔式传感器在工作时会产生一个方形信号,信号电压为 0 到 12V;当传感器与齿盘凸齿接近时产生低电压,当凸齿离开传感器时信号电压为 12V。

(5) 凸轮轴位置传感器　凸轮轴位置传感器安装在气缸盖上部,用于监测凸轮轴的位置。带有可变气门正时的发动机带有两个凸轮轴位置传感器,用于反馈可变气门正时的控制,如图 7-13 所示。

凸轮轴位置传感器为霍尔式传感器,当磁场发生变化时,信号电压会产生变化。发动机控制单元利用凸轮轴位置传感器的信号,实现判缸、进行点火正时控制。如果凸轮轴位置传感器失效,会导致可变气门正时功能失效,动力下降。

凸轮轴位置传感器电路中,传感器有 3 条连接线,1 号针脚为 5V 电源线,2 号针脚为信号线,3 号针脚为搭铁线。

凸轮轴位置传感器有 4 个凸起的信号,信号电压为 0~12V 变化,如图 7-14 所示。当凸起对着传感器时,传感器产生低电位信号。其中,两个宽低电位信号凸起 1 与 4 是相同宽度的,两个窄低电位

图 7-13　凸轮轴位置传感器

信号凸起 2 与 3 是相同宽度的。如果信号轮裂开,低电压信号就变成 5 个信号;如果传感器受到二次电路干扰,高电位会变长;从中可以分析出信号是否正常。

3. 点火正时的控制

当活塞接近压缩行程上止点时,气缸内的可燃混合气受到压缩,点火线圈的一次线圈断开时,火花塞开始跳火,混合气被点燃后,产生的推力推动发动机的活塞下行,实现转矩输出。不同的点火时刻会产生不同的转矩输出。点火正时对优化发动机的转矩、提高燃油经济性、降低污染物排放、减轻发动机的磨损有着非常重要的作用。

(1) 点火正时对转矩的影响　在每一个固定的工况下,都有一个最大转矩的点火提前角;但在发动机运行时,越接近最大转矩点的点火提前角越可能导致爆燃的产生,所以选择最接近于最大转矩点的点火提前角是点火提前角的控制目标。

任务7 发动机运转不平稳且故障指示灯亮起故障的诊断与维修

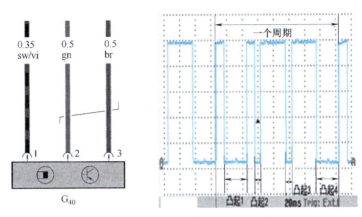

图 7-14　凸轮轴位置传感器电路与信号

从图 7-15 中可以看到，点火提前角变化会导致发动机转矩变化很多，当点火提前角小于 −5°时，会产生负转矩。随着点火提前角的增大，发动机转矩不断增大，但超过最大转矩点时转矩开始缓慢下降。当发动机需要改变转矩时，调整点火提前角是响应最快的方法。例如，当怠速降低时，先提前点火角，等转速稳定后，再调整进气量。

（2）点火正时的计算　试验表明，在燃烧过程中，当最高燃烧压力出现在上止点后 10°时，发动机输出的功率最大，效率最高。

1）点火提前角的确定。为了保证最大的输出功率，点火应该提前一定的角度。如图 7-16 所示，不同工况下精确计算的点火时刻 A 与 B，燃烧的最高压力可能都出现在上止点后 10°左右，这是因为 B 点的燃烧速率大于 A 点的燃烧速率。

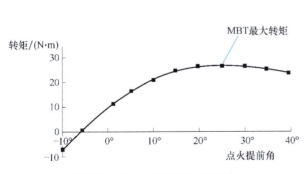

图 7-15　点火正时对转矩的影响

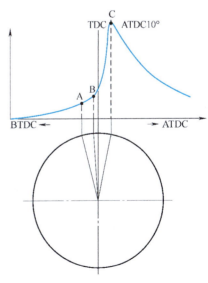

图 7-16　点火提前角的确定

最佳点火提前角受很多因素的影响，包括发动机转速、负荷、混合气的成分、发动机的结构（燃烧室形状和压缩比等）及其他一些因素有关，最主要的影响因素是发动机转速和

115

负荷。

当发动机转速一定时,随着负荷的加大(节气门开度增大),进入气缸的可燃混合气增多,压缩终了时的压力和温度升高,同时残余废气在缸内混合气中所占的百分数下降,混合气燃烧速度增大,点火提前角应适当减小。反之,发动机负荷减小时点火提前角应适当加大。

当节气门开度一定时,发动机转速升高,燃烧过程所占曲轴转角增大,应适当加大点火提前角,否则燃烧会延续到膨胀过程,造成功率和经济性下降。

最佳点火提前角还与汽油的抗爆性有关,使用辛烷值较高(即抗爆性较好)的汽油时,所许用的点火提前角较大。当发动机换用不同牌号的汽油时,点火提前角必须作相应的调节,这个调节过程由发动机控制单元自动完成。

2)点火提前角的计算。起动时,由于发动机转速变化大,空气流量不稳定,对点火提前角难以进行精确控制,多采用一个固定的点火提前角。

急速时,根据发动机额外负荷、发动机转速计算点火提前角。当负荷增加时,如开空调、打开灯光等,应增大点火提前角,保证急速的稳定性。

非急速时的点火提前角,根据实验数据形成各种转速、进气量(判断负荷大小的主要参数)下的最佳点火提前角作为基本点火提前(图7-17),然后结合空燃比、冷却液温度等因素修正得出最终的点火提前角。总体上看,发动机转速越高,点火提前角越大;进气量越大,点火提前角越小。

3)点火提前角的修正。空燃比反馈修正:发动机控制单元根据氧传感器反馈的信号进行点火提前角的修正。由于燃油修正值的变化,发动机的转速在一定范围内波动,为了提高发动机转速的稳定性,在反馈燃油减少时,也就是混合气浓时,点火提前角减小;在反馈燃油增加时,也就是混合气稀时,点火提前角增大。

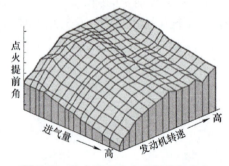

图7-17 非急速基本点火提前角确定

暖机修正:急速时,随着冷却液温度的升高,逐渐减小点火提前角。当冷却液温度很低时,点火提前角固定在一个数值,当温度上升后,逐渐下降。

急速稳定性修正:发动机在急速工况运行时,由于负荷的变化,发动机的转速会发生变化,发动机控制单元通过调整点火提前角稳定急速。当发动机急速低于目标急速时,增大点火提前角;当发动机急速高于目标急速时,减小点火提前角。

4)点火闭合角控制。由于点火线圈电流从接通到达到工作要求需要一定的时间,所以点火控制不仅考虑燃烧时间,还要考虑点火线圈的充电时间,该充电时间对应的曲轴转角被称为点火闭合角。点火闭合角控制不仅可提高点火性能,还能降低点火线圈的发热量和电能的无效损耗。

为了达到不同转速、不同蓄电池电压时,不同点火线圈都能达到最大限流值(5~10A),点火控制系统要求在低速时减小闭合角,在高速时增大闭合角;高蓄电池电压时缩短闭合时间,低蓄电池电压时加长闭合时间。这样能够保证即使突然转换为高转速时,也能保证足够的点火能量储备。

任务7　发动机运转不平稳且故障指示灯亮起故障的诊断与维修

（3）点火正时的爆燃控制　点火正时的控制可以非常精确地根据发动机转速、温度和负荷调整点火提前角，同时必须保证离爆燃极限有一个安全余量，但由于某些危险因素（如发动机间隙增大、外界条件和燃油品质的变化）会导致爆燃可能性大增。发动机控制单元应该保证发动机不会爆燃，在点火系统中使用爆燃传感器来监测爆燃现象。

1）爆燃开环控制与闭环控制。当发动机的负荷低于一定值时，一般不会发生爆燃，此时发动机控制单元对点火提前角实行开环控制。在这种情况下，发动机控制单元不对爆燃传感器的信号做判别分析；发动机控制单元对反映发动机负荷的传感器进行分析，判断是否进入爆燃闭环控制。

2）爆燃控制。发动机控制单元应用一个专用的算法来确定气缸中任何燃烧循环中爆燃刚开始发生的状态。当系统识别到这种状况时，点火提前角会随着程序的调控不断减小，如图7-18所示，当爆燃危险消除后，该气缸的点火提前角便慢慢地恢复到默认的设置点。通过爆燃的识别和爆燃控制，可防止导致发动机损害和可听见爆燃声的爆燃发生。奥迪发动机现在可实现逐缸爆燃控制，各个缸有不同的爆燃极限，为了修正各缸不同的变化，各缸不同的点火延迟角增量储存在RAM储存器中，这保证在没有爆燃的情况下，发动机以最佳效率工作。

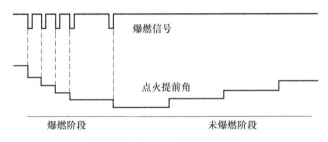

图7-18　点火正时的爆燃控制

4. 点火系统的诊断

利用诊断仪进行诊断的主要方法有数据流分析、执行元件测试、故障码诊断、波形分析等。下面介绍对点火系统的点火正时及点火线圈的诊断。

（1）点火正时的诊断　通过诊断仪读取点火提前角的数据流，对比正常值范围，验证数据是否正常。热机后，保持怠速，点火提前角在0°左右。如果点火提前角不正确，注意观察发动机转速变化、空调等负荷信号输入、节气门位置、空气流量等其他信号，从而进行综合判断。

（2）点火线圈的诊断　点火线圈可以通过故障码与波形分析进行相关故障诊断。

点火线圈一般有一个故障码，为点火线圈一次/二次线圈故障。点火线圈信号线不工作时电压为0V，如果监测到持续高电压生成该故障码，可能信号线对电源短路；当点火线圈一次电路闭合时，信号线电压应为5V，如果没有监测到生成该故障码，可能信号线对搭铁短路。

当点火线圈不能跳火时，需要检查点火线圈的控制信号。如果没有点火5V的跳火波形，说明发动机控制单元没有提供信号或者点火信号线断路、点火信号线与地短路。如果点火信号持续5V电压，可能ECU故障或与其他电路短路，当点火线圈二次线圈与一次线圈绝

117

缘不良短路时，可能导致 ECU 损坏而出现这种情况。

点火线圈的一次和二次线圈均有充电和放电的过程。由于现在都采用集成的点火模块，无法直接检测点火一次线圈和二次线圈的波形，但是可以通过检测点火模块上面的感应电压波形来判断是否正常点火。标准的点火感应波形如图 7-19 所示。

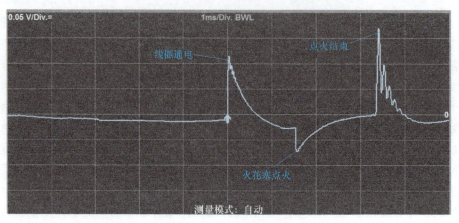

图 7-19　标准的点火感应波形

7.2　发动机运转不平稳且故障指示灯亮起的故障分析

1. 故障现象

一辆 2011 款的奥迪 Q5 轿车，发动机型号为 CADA 2.0T，行驶里程为 120000km，每次正常起动后，发动机运转不平稳且发动机故障指示灯亮起。

2. 故障原因分析

根据故障现象，可能的故障原因（图 7-20）：

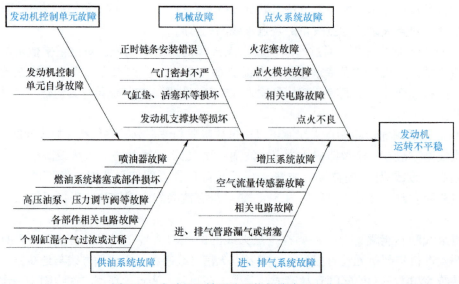

图 7-20　发动机运转不稳可能的故障原因分析

任务 7　发动机运转不平稳且故障指示灯亮起故障的诊断与维修

1) 供油系统故障：燃油系统堵塞或部件损坏，造成油压偏低；高压油泵、压力调节阀等损坏或控制电路故障；喷油器滴漏或堵塞，电路接触不良等故障；个别气缸混合气过浓或过稀。

2) 点火系统故障：点火控制模块、火花塞及相关电路故障，积炭造成点火不良等。

3) 进、排气系统故障：空气流量传感器或者绝对压力传感器或相关电路故障，进气漏气或堵塞、排气管路堵塞，增压压力控制电磁阀或增压空气循环阀损坏。

4) 发动机控制单元故障。

5) 机械故障：正时链条安装位置错误、气门密封不严、气缸垫烧蚀或损坏、活塞环断裂、转动部件不平衡以及发动机支撑块损坏等。

7.3　点火系统维修计划与设备、材料准备

1. 维修计划

通过上述理论知识的学习以及对故障的初步分析，制订如下维修计划：

1) 外部直观检查。
2) 借助诊断仪 VAS6150B 进行故障诊断。
3) 确定故障原因和零部件。
4) 针对故障部件进行拆装、更换或维修。

2. 维修设备与材料准备

车辆进行检查前应做好如下准备：

1) 放置好车身挡块。
2) 连接好尾气接管。
3) 打开车门并降下车窗玻璃。
4) 正确安装七件套：左、右翼子板垫，前杠防护垫，座椅垫，脚垫，转向盘套，变速杆套。
5) 准备好维修设备、工具（表 7-2）及必要材料。
6) 检查车辆机油油位、冷却液液位、电源电压，应均为正常状态，连接好充电器。

表 7-2　维修设备与工具

名称	数量	名称	数量
奥迪专用诊断仪 VAS6150B	1 台	示波器 VAS6356	1 台
转换接头 VAG1598/39	1 套	测试盒 VAG1598/42	1 套
奥迪 ELsa 系统	1 套	充电器 VAS5903	1 个
测量接线 VAG1594D	1 套	常规工具及设备	1 套
拔出器 T40039	1 个		

发动机管理系统故障诊断与维修

任务实施

7.4 点火系统故障检查

1. 故障码诊断

连接好诊断仪 VAS6150B，将蓝牙接口连接车内诊断接口，将车辆点火开关置于 ON 位置，进入诊断界面选择好车型信息后进行车辆自诊断。

由于诊断仪 VAS6150B 与发动机控制模块的通信情况正常且能读出故障码，说明发动机控制单元 J623 供电与搭铁正常。通过诊断仪读出的故障码对应的部件或系统无法导致发动机运转不平稳这一现象，说明这些故障码都为无关故障码，下一步将通过分析相关数据流来继续寻找故障原因。

2. 测量值分析

起动发动机，让发动机怠速运转，进入诊断仪 VAS6150B，选择发动机单元的"引导型功能"，选择"测量值"。

选择的测量值有：

1）4 个气缸的燃烧中断数。
2）4 个气缸的每 1000 转的燃烧中断次数。
3）不发火累加器。
4）失火检测状态。

读取点火相关数据流并截图，如图 7-21 所示。

地址	ID	测量值	值	单位	目标值
0001	IDE01975	燃烧中断数，1缸	20349		
0001	IDE01976	燃烧中断数，2缸	8792		
0001	IDE01977	燃烧中断数，3缸	60893		
0001	IDE01978	燃烧中断数，4缸	59069		
0001	IDE01775	每1000转的燃烧中断次数，1缸	0		
0001	IDE01776	每1000转的燃烧中断次数，2缸	193		
0001	IDE01777	每1000转的燃烧中断次数，3缸	0		
0001	IDE01778	每1000转的燃烧中断次数，4缸	0		
0001	IDE01773	不发火累加器	196		
0001	IDE01774	失火检测状态	激活		

图 7-21 点火系统相关数据流

通过读取测量值发现失火检测状态已激活，不发火累加器为 196，2 缸每 1000 转的燃烧中断次数为 193 次，而其他气缸没有中断，由此可以说明是 2 缸不点火导致发动机运转不平稳，可能是点火系统故障，于是进一步检查电路。

3. 点火系统部件及电路检查

分析点火线圈相关电路（图 7-22），根据点火线圈电路分析 2 缸不点火的原因可能是：

1）点火模块或其相关电路故障。
2）火花塞故障。

任务7　发动机运转不平稳且故障指示灯亮起故障的诊断与维修

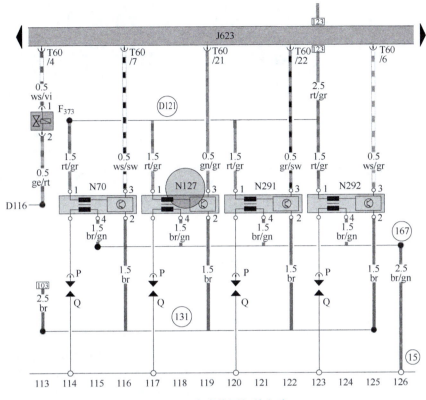

图7-22　点火线圈相关电路

3) 发动机控制单元 J623 局部电路故障。

首先检查 N127 供电电路。拔下 N127 插头，车辆点火开关置于 ON 位置，测量 N127 供电端 N127 插头 1 号针脚对搭铁电压（借助测量接线 VAG1594D 的合适接线引出插头进行测量）。将万用表红表笔插在插头 1 号针脚引线，黑表笔搭铁，如图 7-23 所示。实测电压值为 13.6V，因连接了充电器，电压比蓄电池高，说明 N127 供电端正常。

然后进一步测量 N127 插头搭铁线是否正常。将万用表红表笔插在插头 1 号针脚，黑表笔分别插在 2 或 4 号针脚，测得的数值都是 13.6V，则说明 N127 插头搭铁正常。

4. 点火波形检测分析

（1）测量点火信号波形　进入诊断仪 VAS6150B，选择"测量工具"测量波形，测量 N127 信号端对搭铁电压波形（借助转换接头 VAG1598/39 和测试盒 VAG1598/42 测量 T60/21 对搭铁波形）。实测点火信号波形如图 7-24 所示。

波形正常，说明发动机控制单元 J623 的点火控制信号正常。然后测量 T60/21 到 N127 插头 3 号针脚的

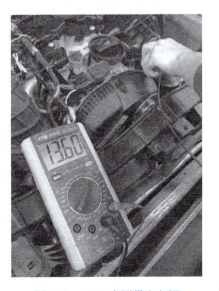

图7-23　N127 实测供电电压

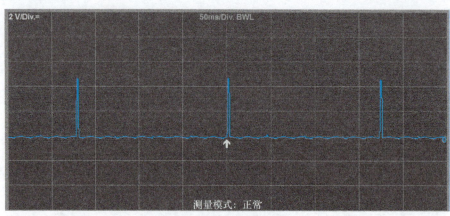

图 7-24　实测点火信号波形

电路，电路导通性也正常，排除了点火模块相关电路和 J623 的原因，接下来检查点火模块。

（2）检测二次线圈点火波形　将黑表笔按在点火模块上，红表笔悬空，检测 2 缸点火感应波形，如 7-25 所示。波形异常，判断 2 缸点火模块或火花塞损坏。

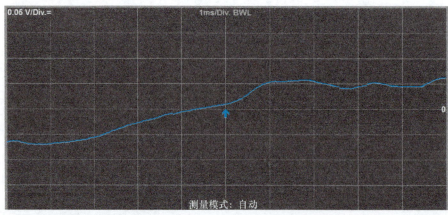

图 7-25　实测 2 缸点火感应波形

将 1 缸的点火线圈与 2 缸的点火线圈互换，再次测量波形，实测波形如图 7-26 所示。实际测量波形与标准点火感应波形对比，大致吻合，可以判断 2 缸的点火模块有故障。

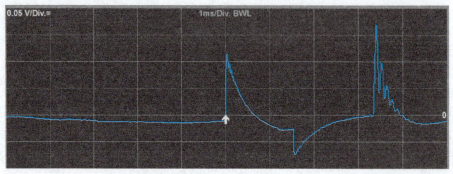

图 7-26　交换点火模块后测得的波形

任务 7　发动机运转不平稳且故障指示灯亮起故障的诊断与维修

更换一个新的点火模块后，发动机正常运转，故障排除。

7.5　更换点火系统故障部件

1. 点火模块的拆装

1）拆下发动机盖板。

2）拧下插头板的螺栓。

3）拔出火花塞时，将拔出器 T40039 置于点火模块的上部厚筋片上（注意：如果使用的是下部筋片，则其可能被损坏），如图 7-27 所示，点火模块从火花塞插口中拉出约 30mm，同时从点火模块上拔下所有插头，最后拔出点火模块。

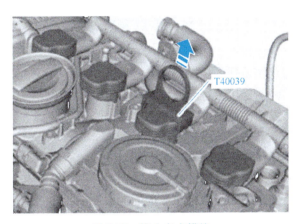

图 7-27　拔出点火模块

4）以倒序的方式安装新点火模块，将点火模块松松地插到火花塞插口内；将点火模块对准插头，同时将插头插到点火模块上；用手将点火模块均匀地压到火花塞上，不要使用敲打工具。

5）用标准力矩拧紧插头板的螺栓，安装发动机盖板。

2. 点火模块的更换

更换好新的点火模块后，起动发动机，确认故障已排除，最后清除故障码。

作　业

完成学习工作页任务 7　发动机运转不平稳且故障指示灯亮起故障的诊断与维修。

模块 5　发动机排放控制系统

任务 8　汽油发动机尾气排放异常故障的诊断与维修

1) 能够说出汽油机排放特点。
2) 能够描述三元催化转换器的结构和功能。
3) 能够描述曲轴箱强制通风系统的结构和功能。
4) 能够描述燃油蒸发控制系统的结构和功能。
5) 能够描述排气再循环系统的结构和功能。
6) 能够描述二次空气喷射系统的结构和功能。
7) 能够诊断并排除排放控制系统的故障。
8) 培养环保意识、安全意识与规范作业的职业素质。

任务接受

客户报修：一辆 2011 年款奥迪 Q5 轿车，发动机型号为 CADA 2.0T，行驶里程为 10.1 万 km，尾气排放异常，且发动机怠速运转时，听到发动机发出"嗞嗞"声音，发动机偶有怠速不稳现象。

任务准备

8.1　发动机排放控制系统的信息收集

1. 汽油机排放特点

汽油机中的燃油燃烧靠火花塞进行外源点火，火核形成后，以火焰传播为特征，其可燃混合气的浓度范围比较窄，而且在一些工况下（如怠速、加速、全负荷等）为浓混合气，因而混合气成分是影响排放的最主要的因素。汽油机从排气管排出的气体除原来空气中所包含的 N_2 外，大部分是完全燃烧的产物（CO_2 和 H_2O），还包括一些污染物，主要有 CO、HC 和 NO_x 等。

一氧化碳 CO：混合气的燃烧过程非常复杂，通常化学反应分为若干步骤完成，CO 便是

任务 8 汽油发动机尾气排放异常故障的诊断与维修

这些化学反应的中间过程产物。如果混合气中的氧气含量不足，CO 无法完成正常的燃烧过程，会随着废气被排出发动机；混合气中的氧气含量越高（稀混合气），燃烧生成的废气中 CO 的含量就越少。

碳氢化合物 HC：很多因素都会影响燃烧过程的正常进行，例如过浓/过稀的混合气、点火不良、混合气压缩不足等，这些因素都会使废气中 HC 的含量升高；即使是正常的燃烧过程中，因为各种各样的原因，总会有少部分燃油没有燃烧而被直接排出发动机。在正常使用条件下，燃油系统也会挥发出一定量的燃油蒸气。

氮氧化合物 NO_x：氮气在常温下很稳定，当温度升高到约 1372℃ 时，氮和氧开始发生化学反应，生成氮氧化合物 NO_x。影响 NO_x 含量的主要因素是燃烧温度，温度越高，NO_x 越多。

为了减少污染物的排放，汽车上的排放控制装置越来越多。排放控制装置如果工作不正常，会导致汽车的运行不正常及排放中污染物增加。通常采用的控制方法有采用三元催化转化器（TWC）、曲轴箱强制通风系统（PCV）、燃油蒸发控制系统（EVAP）、排气再循环系统（EGR）与二次空气喷射系统（AI）等。

2. 三元催化转化器

汽车上采用的三元催化转化器通过加热与化学反应可以减少 HC、CO 和 NO_x 排放。三元催化转化器具有控制 HC 与 CO 的氧化功能和控制 NO_x 的还原功能，以排气中的 HC 与 CO 作为还原剂，把 NO_x 还原为 N_2 和 O_2，同时 HC 与 CO 被氧化为 H_2O 和 CO_2。三元催化转化器可以转化 3 种受控排放成分，现在几乎所有的汽油机都使用三元催化转化器。

（1）三元催化转化器的结构 三元催化转化器的结构主要由壳体、减振层、载体、催化器等部分组成（图 8-1）。壳体由不锈钢板材料制成，外面装有隔热罩，防止高温对外辐射和外部撞击或溅水造成的损坏。减振层是壳体与载体之间的减振密封垫，主要起减振、缓解热应力、保温和密封的作用。载体一般用金属陶瓷或金属板制成，其结构一般为蜂窝状，以加大催化面积。在蜂窝状载体孔道的壁面上涂有一层多孔的活性层，其粗糙多孔的表面可使载体壁面的实际催化反应面积大大增加；涂层表面分布有贵金属（主要有铂、钯、铑等，三者用于催化作用，不参与化学反应）。

（2）三元催化转化器的转换效率 转换效率影响因素有混合气空燃比、工作温度和催化剂。为实现高转换效率，三元催化转化器要求 14.7∶1 的理论空燃比，为实现这个高效率，必须使用窄窗口理想配比来严格控制空燃比，偏离超出该窗口会严重降低转换效率（图 8-2）。例如，混合气浓会降低 HC 和 CO 的转换效率，混合气稀则会降低 NO_x 转换效率。转换效率超过 50% 时的温度称为催化器起燃温度，大多数催化器的这一温度在 246~301℃ 范围内，催化剂起燃后，可以使催化器迅速达到最大转换效率。

（3）三元催化转化器的加热策略 三元催化转化器的净化率随温度变化而变化，催化转化器温度达到 400℃ 以上时，净化率接近 100%，废气将得到有效净化。若混合气过浓会使催化转化器负担过重，温度升高。若高温（1000~1400℃）持续时间过长，会损坏催化转化器，导致排气不畅。

三元催化转化器的加热策略（图 8-3）是催化转化器要尽可能地靠近排气侧，这样可以使催化转化器在工作的初始阶段能够快速地升温。双段喷射与推迟点火是用于缸内直喷汽油机催化转化器的一种著名的加热策略。将部分燃油于进气冲程喷射，其余燃油在压缩行程喷射，通过将第二段喷射与点火时刻直接关联，实现了混合气着火的显著改善，因此，为了提高废气温度可以推迟点火。

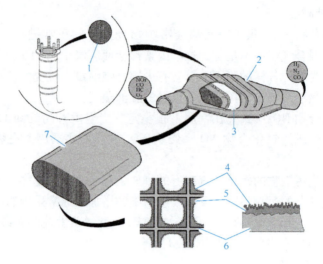

三元催化转化器

图 8-1 三元催化转化器的结构
1—催化转化器 2—双层壳板不锈钢外壳 3—绝缘和支撑垫 4—反应表面的贵金属
5—粗铝氧化物涂层 6—陶瓷或金属蜂窝 7—陶瓷或金属塑胶制品

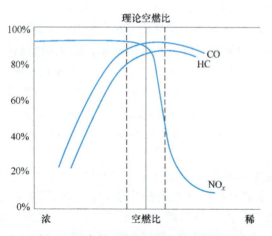

图 8-2 混合气空燃比对转换效率的影响

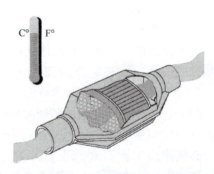

图 8-3 三元催化转化器的加热策略

（4）三元催化转化器的监控（图 8-4） 由于混合气在理论空燃比附近时，三元催化转化器的效率最高，因此需要空燃比反馈控制系统把空燃比保持在理论空燃比附近。空燃比反馈控制系统使用插入三元催化转化器之前排气管内的氧传感器（前氧传感器）监测废气中氧的含量，进而判断混合气的空燃比，然后发动机控制单元通过调整燃油喷油量控制空燃比，使三元催化转化器的转化效率达到最高。后氧传感器用于监测三元催化转化器的功能是否正常。

曲轴箱强制通风装置

3. 曲轴箱强制通风系统

曲轴箱强制通风系统也称为 PCV 系统，利用曲轴箱与进气道中的压差实

任务8 汽油发动机尾气排放异常故障的诊断与维修

现通风。

（1）曲轴箱强制通风系统的功能 在发动机工作时，会有部分燃烧室的高压可燃混合气和已燃气体通过活塞组与气缸之间的间隙漏入曲轴箱内，造成窜气。窜气的成分为未燃的燃油混合气、水蒸气和废气等，这会稀释机油，降低机油的使用性能，加速机油的氧化、变质。水汽凝结在机油中会形成油泥，阻塞油路；废气中的酸性气体混入润滑系统会导致发动机零件的腐蚀和加速磨损；窜气会使曲轴箱的压力过高而破坏曲轴箱的密封，使机油渗漏流失。

图8-4 三元催化转化器的监控
1—前氧传感器 2—三元催化转化器 3—后氧传感器

曲轴箱强制通风系统将这些窜气和新鲜空气混合后送入进气歧管，使其燃烧，这样能更加环保、安全。其作用包括：

1）平衡曲轴箱内外的压力，防止压力过高破坏曲轴箱的密封。
2）排除曲轴箱内的潮气和腐蚀物质，最大限度提高机油的清洁度。
3）实现机油的气液分离，防止造成机油的过度消耗。
4）根据发动机工况要求，自动调节进入发动机进气系统的曲轴箱蒸气流量。

由于增压发动机进气道中的压力有时会高于曲轴箱内的压力，所以增压发动机曲轴箱通风系统与非增压发动机在结构上有些不同。

（2）非增压型发动机曲轴箱通风系统的工作原理 如图8-5所示，非增压型发动机曲轴箱通风系统的通风管用于曲轴箱内的新鲜空气的补充，当曲轴箱强制通风时，曲轴箱内产生负压，空气滤清器后方与曲轴箱间产生压差，实现气体流动。PCV阀用于控制从曲轴箱到进气系统的通风量，当真空度过大或进气道中压力接近于大气压时，PCV阀关闭；当中等负荷时，PCV阀开度最大，达到清洁曲轴箱的目的。油气分离器用于分离机油与汽油，避免造成过量的机油消耗。

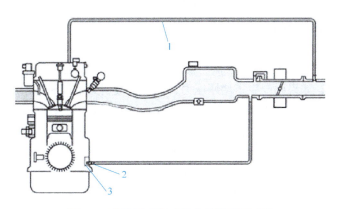

图8-5 非增压型发动机曲轴箱通风系统
1—通风管 2—PCV阀 3—油气分离器

(3) 增压型发动机曲轴箱通风系统的工作原理 以大众奥迪第二代 EA888 发动机为例，它的曲轴箱强制通风系统主要由压力调节阀、废气涡轮增压器侧的窜气管、机油粗分离器、进气歧管侧的窜气管、曲轴箱强制通风阀、机油细分离器、单向阀等组成，如图 8-6 所示。

曲轴箱内稳定而适当的真空是通过分离的缸体和缸盖通风装置来保持的。曲轴箱内的窜气通过机油粗分离器及窜气管被引入到气缸盖罩。机油粗分离器是按照隔板原理分两步来分离机油的，被分离出的机油经机油回流管进入到油底壳内的动态机油面下。机油粗分离器预净化后的气体经一个大横截面的管子（窜气管）被送往发动机罩盖，管子的大横截面可以使气体的流速非常低，从而可以防止机油顺着管壁前进。这根软管外面裹有绝缘层，这样可防止在天气寒冷且经常进行短途行车的情况下系统结冻（指窜气中水分含量较高时）。

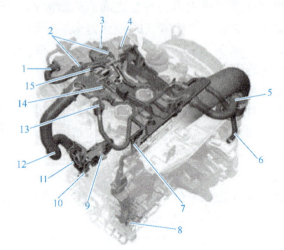

图 8-6 曲轴箱强制通风系统的结构
1—进气歧管侧的窜气管（吸气模式） 2—单向阀 3—压力调节阀
4—连接活性炭罐 5—废气涡轮增压器侧的窜气管 6—连接活性炭罐
7—机油回流 8—单向阀 9—来自气缸体曲轴箱的窜气
10—机油回流 11—机油粗分离器 12—窜气管
13—曲轴箱强制通风阀 14—机油细分离器
15—诊断通道

机油细分离器在发动机罩盖内，该分离器是单级旋流式分离器，它带有并联的旁通阀。该分离器对剩余的极其细小的机油微粒进行过滤分离，分离出的机油经气缸盖罩上的一个开口进入到气缸盖内，这些机油经发动机上的机油回流通道流入到油底壳内的机油油面下。为了避免在负压（真空）很大时抽出发动机机油，在机油回流通道端部安装了一个单向阀，该单向阀安装在油底壳的蜂窝式插件内。

被净化的窜气经发动机盖罩内的一个通道进入到双级压力调节阀内。这个压力调节阀用来防止曲轴箱内产生过大负压（真空），而且这个压力调节阀与两个单向阀一起安装在一个壳体内。单向阀根据发动机进气压力情况来调节被净化的窜气的抽取，如果进气歧管内产生了负压（真空），也就是在发动机转速很低、废气涡轮增压器还没有产生增压压力时，窜气会被直接抽到进气歧管内；如果已产生了增压压力，窜气就被引到废气涡轮增压器的进气侧。

为了确认压力调节阀是否安装正确，安装了一个诊断通道，在压力调节阀安装错误时，未被测量的调节气体通过压力阀的的密封部分进入缸盖罩，氧传感器检测到异常反应，得知有未被测量的气体进入，于是在故障存储器中储存相关故障。

(4) 曲轴箱强制通风系统的诊断 曲轴箱强制通风系统常见故障有以下两种。

1）曲轴箱压力异常。调节曲轴箱压力是曲轴箱强制通风系统的重要功能，通常曲轴箱压力处于设计范围内。异常情况下，曲轴箱压力过高将导致油气分离效率变差，还会导致发动机曲轴后曲轴油封、凸轮轴油封失效，发动机漏油等；曲轴箱压力过低会导致机油消耗量过大及噪声问题。

任务8 汽油发动机尾气排放异常故障的诊断与维修

把真空表安装在机油尺孔上或其他管路中测量系统压力,正常状态下怠速时曲轴箱的压力略低于大气压压力;如果压力过高,说明系统相关管路堵塞或单向阀安装错误;如果压力过低,说明 PCV 阀、压力调节阀或相关单向阀损坏。

2)油气分离系统分离效率异常。油气分离效率变差会导致过量机油通过油气分离系统进入进气系统参与燃烧,车辆出现"烧机油"现象。车辆烧机油会导致燃烧室积炭增加、怠速不稳、油耗上升、尾气排放超标等不良后果,严重的会导致润滑不良,使发动机报废。油气分离器回油孔的单向阀膜片破裂,发动机曲轴箱与油气分离器分离后的腔体连通,油雾未经油气分离单元直接进入进气系统,都会造成"烧机油",需要更换单向阀。

4. 燃油蒸发控制系统

在发动机运行中,燃油箱内的汽油会产生蒸气,当温度过高时,可能导致压力过高,气体溢出,污染环境;温度下降时,可能导致压力过低,燃油箱变形。

燃油蒸发控制系统的功能是保证燃油箱内的气压平衡,防止燃油蒸气溢出到空气中,污染大气环境。应对活性炭罐进行定期清洗,防止其过度饱和。

(1)燃油蒸发控制系统的基本组成 燃油蒸发控制系统主要由燃油箱、活性炭罐电磁阀、活性炭罐等组成,如图 8-7 所示。

1)燃油箱。燃油箱总成包括双向导通阀、浮子重力阀、加油补偿罐、工作补偿罐等,如图 8-8 所示。双向导通阀的作用是当燃油箱内压力高于一个限值时,使燃油蒸气流出到活性炭罐;当燃油箱内压力低于一个限值时,使来自于活性炭罐的空气进入燃油箱,保持燃油箱内的平衡(此压力限值低于燃油箱盖的打开阈值)。浮子重力阀的作用是防止在翻车时,燃油箱中的油流经活性炭罐溢出,造成火灾。加油补偿罐的作用是在加油,使燃油箱内空气从这里流出到燃油箱外面,防止加油时产生气阻,降低加油速度。工作补偿罐的作用是使燃油箱内部产生的蒸气汇集到加注管的上部,再通过浮力重力阀流向活性炭罐。

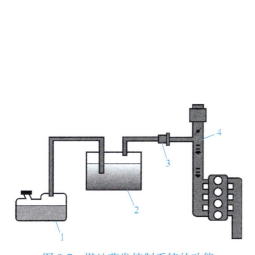

图 8-7 燃油蒸发控制系统的功能

1—燃油箱 2—活性炭罐 3—活性炭罐电磁阀 4—进气道

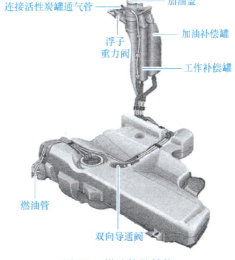

图 8-8 燃油箱的结构

2)燃油箱盖。燃油箱盖(图 8-9)内有正压阀和负压阀,当燃油蒸气使燃油箱内产生正压时，燃油蒸气从燃油箱盖被排放到大气中；当产生负压时，空气从燃油箱盖被引入燃油箱中。正压阀和负压阀的开启压力高于/低于双向导通阀，在正常情况下，正压阀和负压阀不打开。

3）活性炭罐电磁阀。图8-10所示为活性炭罐电磁阀的结构。电磁阀内部有一个线圈与一个柱塞，当电磁阀产生吸力后，柱塞打开通道；当断电后，柱塞在弹簧的作用下关闭通道。

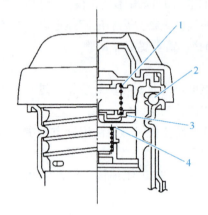

图8-9 燃油箱盖的结构

1—弹簧 2—密封圈 3—正压阀 4—负压阀

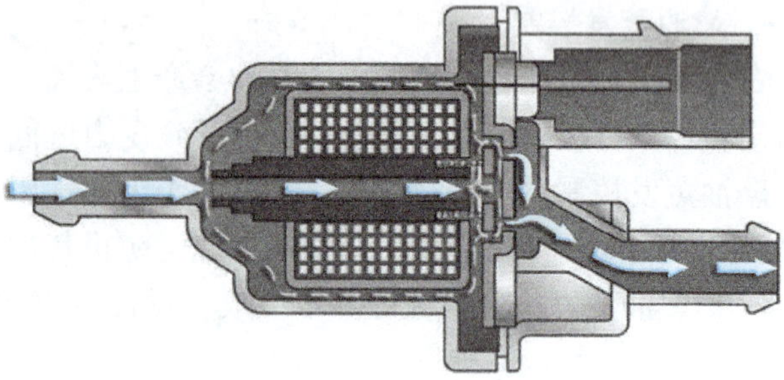

图8-10 活性炭罐电磁阀的结构

4）活性炭罐。活性炭罐连接有3条管路，分别通往大气、燃油箱和进气道，如图8-11所示。活性炭罐内部装有活性炭，当燃油蒸气流过时，活性炭吸附蒸气中的燃油；当活性炭罐电磁阀工作时，空气流过活性炭，带走其吸附的燃油，完成清洗作用。

（2）燃油蒸发控制系统的工作原理 由于增压发动机在增压时无法实现蒸气自动进入到进气道，所以在结构上与非增压发动机系统有些不同。

1）非增压发动机燃油蒸发控制系统。如图8-12所示，车辆停止运行时，外界环境温度的升高会导致燃油箱内的燃油蒸发，燃油箱内压力逐渐升高，使双向导通阀打开，燃油蒸气流过活性炭罐，经过滤的燃油蒸气从活性炭罐的通气口释放到大气中；当外界环境温度降低或燃油箱内燃油平面降低时，燃油箱中的压力逐渐下降，大气通过活性炭罐的通气口穿过双向导通阀进入到燃油箱中，实现燃油箱中的压力平衡。

当发动机运转时，如图8-13所示，活性炭罐电磁阀工作，大气会流过活性炭，带起吸附在其表面上的燃油，通过活性炭罐电磁阀，进入到进气歧管中，参与燃烧。如果活性炭罐电磁阀损坏而长期未工作，可能导致活性炭过

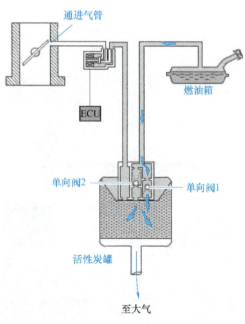

图8-11 活性炭罐的结构

任务8 汽油发动机尾气排放异常故障的诊断与维修

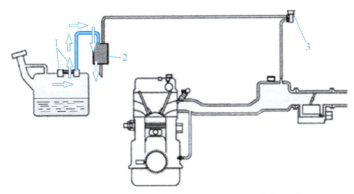

图8-12 活性炭罐电磁阀未工作时燃油蒸气流向
1—双向导通阀 2—活性炭罐 3—活性炭罐电磁阀

度饱和,活性炭罐失去作用,此时车厢内可能会闻到燃油气味。

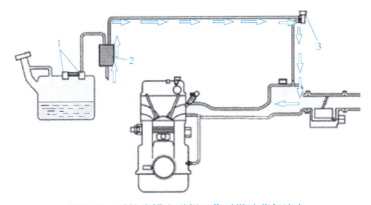

图8-13 活性炭罐电磁阀工作时燃油蒸气流向
1—双向导通阀 2—活性炭罐 3—活性炭罐电磁阀

2)增压发动机燃油蒸发控制系统。增压发动机燃油蒸发控制系统的蒸气流向有非增压状态和增压状态两种。

① 非增压状态下燃油蒸气流向。增压发动机燃油蒸发控制系统与非增压发动机燃油蒸发控制系统的区别是增加了一个单向阀,增加了一条通往空气滤清器后方的管路,如图8-14所示。在非增压状态时,在真空的作用下,溢流蒸气通过单向阀进入到进气歧管。单向阀的作用是防止在增压状态时空气倒流入活性炭罐。通往空气滤清器后方的管路由于压差较低,几乎没有气流产生。

② 增压状态下燃油蒸气流向。如图8-15所示,在增压情况下,由于进气

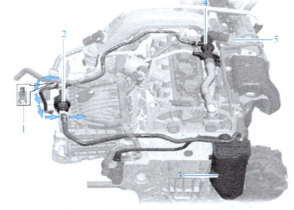

图8-14 非增压状态下燃油蒸气流向
1—单向阀 2—炭罐电磁阀 3—炭罐
4—文丘里管 5—空气滤清器后方

发动机管理系统故障诊断与维修

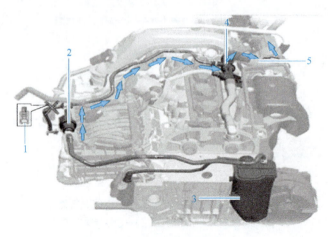

图 8-15 增压状态下燃油蒸气流向

1—单向阀 2—炭罐电磁阀 3—炭罐 4—文丘里管 5—空气滤清器后方

歧管中的气压高于管路中的气压,所以单向阀截止。在高转速与高负荷时,曲轴箱通风系统中的文丘里管产生一定的真空度,燃油蒸气流往空气滤清器的后方,活性炭罐完成清洗作用。

③ 活性炭罐电磁阀控制信号波形。活性炭罐电磁阀采用占空比控制,占空比越大,开度越大,流量越高。由于发动机控制单元控制的是电磁阀的负极,所以波形电压范围为 0V 到蓄电池电压之间,如图 8-16 所示。

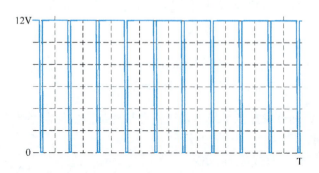

图 8-16 活性炭罐电磁阀控制信号波形

④ 活性炭罐电磁阀清洗流量计算与修正。基本清洗流量是发动机控制单元通过清洗质量乘以进气温度修正值计算出来的。清洗质量通过进气质量乘以基本清洗率来计算,它随着发动机状况的变化而变化。

当氧传感器得到的空燃比不稳定时,应减小活性炭罐清洗率。为了防止开始清洗时对空燃比产生突然影响,开始工作时采用逐渐增加占空比的方式控制。

⑤ 活性炭罐电磁阀工作条件。活性炭罐电磁阀的工作条件:氧传感器进入到闭环反馈状态;冷却液温度达到阈值;冷却液温度低时不参与工作。

(3)燃油蒸发控制系统的诊断 当客户抱怨汽油味大或者燃油消耗率高时,需要进行燃油蒸发控制系统的检查。燃油蒸发控制系统在实际中常见的故障包括炭罐堵塞、电磁阀堵

任务8 汽油发动机尾气排放异常故障的诊断与维修

塞或损坏以及单向阀卡滞等故障。

当怀疑系统有故障时,拔下活性炭罐通往燃油箱的气管,在满足工作条件时感知电磁阀侧的管子是否有真空,如果没有,说明电磁阀没有工作或活性炭罐堵塞。如果怀疑活性炭罐有故障,拔下活性炭罐的气管,在电磁阀工作的条件下感知是否有真空吸力,如果没有真空吸力,可能活性炭罐堵塞。

5. 排气再循环(EGR)系统

当发动机达到正常工作温度时,燃烧室温度接近1372℃时,氮气与氧气开始化合生成氮氧化物(NO_x),为了减少NO_x的生成,必须降低燃烧温度。

EGR(Exhaust Gas Recirculation)系统的主要功能是将不参与燃烧的排气引进燃烧室,降低燃烧温度,达到减少NO_x排放的目的。

早期的大部分车型都装配了EGR阀,而现在新款发动机都带有可变气门正时控制系统。可变气门正时控制系统利用气门的重叠角实现内部废气循环,取代了外部EGR阀。

(1)排气再循环系统的结构 排气再循环(EGR)系统有电磁阀控制机械阀方式和直流电动机直接控制方式。

1)电磁阀控制机械阀方式。这种结构方式用于早期的一些车型上,发动机控制单元控制电磁阀的开度,电磁阀控制进入到机械EGR阀的真空度,真空度控制机械EGR阀的打开程度,当机械EGR阀打开时,排气进入到进气道,实现排气再循环。

2)直流电动机直接控制方式。如图8-17所示,排气再循环系统由排气再循环阀(EGR阀)来控制从排气管进入进气管的排气量。排气再循环阀内部包括一个电动机、一个位置传感器,电动机带动机械阀打开与关闭通道;发动机控制单元控制直流电动机的动作,同时位置传感器把位置信息传给发动机控制单元,实现目标开度控制。

排气再循环阀有5条线路(图8-18):两条用于电动机控制,发动机控制单元控制单元,控制电动机的搭铁端;3条线用于传感器信号,分别为5V电源、信号、搭铁。如果阀卡滞在打开位置,发动机可能在怠速时熄火,而且不能再次起动;如果卡滞在关闭位置,在发动机运行状态时,可能会导致排放超标,同时会存有相应的故障码。

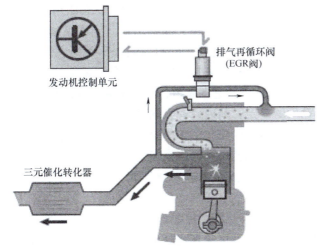

图8-17 排气再循环系统示意图

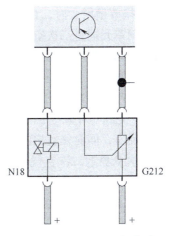

图8-18 排气再循环阀线路

（2）排气再循环系统的工作原理

排气再循环系统将部分排气引入进气系统，因为排气大部分为惰性（不可燃）气体，将排气混入可燃混合气后，燃烧过程中火焰传播速度减慢，而且，由于惰性气体吸收燃烧产生的热量使燃烧温度降低，从而减少了氮氧化物的产生。

排气再循环量的多少用 EGR 率表示。EGR 率是再循环排气的量占整个进气量的百分比。EGR 率过高，则油耗增加、HC 排量增加、缺火率增加，使燃烧变得不稳定，发动机性能下降；EGR 率过低，则氮氧化物排放控制效果不好。EGR 率控制范围一般在 6%～23% 变化。一般发动机处于冷机或怠速运行时，燃烧温度较低，同时为了怠速稳定，EGR 阀关闭；发动机全负荷工作时，需要最大的功率输出，EGR 阀暂时关闭。

当前，大部分发动机利用可变气门正时机构来实现内部的 EGR 功能，如大众奥迪、丰田的 VVT 系统。在进气行程中，通过较早地开启进气门，使进气门和排气门有较大的气门重叠角，让部分废气回流至进气侧，随着进气行程继续进行，将回流的排气和可燃混合气吸入气缸内，得到了 EGR 效应。通过控制配气正时，可以主动地控制 EGR 率。

（3）排气再循环系统诊断与维修　排气再循环系统常见的故障是 EGR 阀卡滞导致的怠速抖动或者发动机失火。当怀疑 EGR 阀卡滞时，可以通过读取数据流（位置传感器信息）的方法判断其位置；如果不能确认，拆下 EGR 阀，目视观察其是否卡滞。

EGR 阀损坏后的影响：如果该阀在打开的状态损坏了，那么发动机在怠速时会发抖甚至熄火而无法起动；如果该阀保持在关闭状态，则对行驶状况无影响，但这个故障会被识别并存储起来。

6. 二次空气喷射系统

二次空气喷射系统的实质是将一定量的新鲜空气引入排气管或三元催化转化器中，使排气中的有害气体与空气进一步燃烧，从而降低 HC 和 CO 的排放量，同时缩短氧传感器的加热时间，使发动机控制模块尽快进入空燃比闭环控制过程。

（1）二次空气喷射系统的结构与工作原理　二次空气喷射系统一般由发动机控制单元、二次空气泵继电器、二次空气泵、真空控制电磁阀、组合阀等组成，如图 8-19 所示。

二次空气喷射系统由发动机控制单元控制，一般只有在发动机冷机状态或车辆减速而使 HC 和 CO 排放量增大时，该系统才工作，其他运行条件下都不工作。当满足运行条件时，发动机控制单元通过二次空气泵继电器控制二次空气泵（电动空气泵）运行，同时控制真空控制电磁阀工作，以使进气歧管真空接通组合阀，来自二次空气泵的压缩空气喷入排气歧管的通道。发动机 ECU 依据空气流量传感器传来的进气参数，计算喷射空气总量。

二次空气喷射系统在发动机冷起动后的一定时间内，一直向排气门后面的排气歧管中吹入空气，于是排气中所含的和三元催化转化器中所聚积的未燃烧 HC 和 CO 就会与空气中的氧气发生反应，同时释放出的热量使得三元催化转化器可以快速达到其起燃温度。

（2）大众奥迪二次空气喷射系统的结构　以大众奥迪 EA837 第三代发动机为例，介绍其二次空气喷射系统的结构（图 8-20）。

EA837 发动机的二次空气喷射系统使用了两个真空控制电磁阀，它们位于发动机的背面，两个真空控制电磁阀由发动机控制单元来控制接通真空源，真空力分别控制同侧的组合阀开启，真空源由机械驱动的真空泵提供。

二次空气泵位于发动机右前侧的前照灯下面、前保险杠后侧。发动机控制单元通过二次

任务 8　汽油发动机尾气排放异常故障的诊断与维修

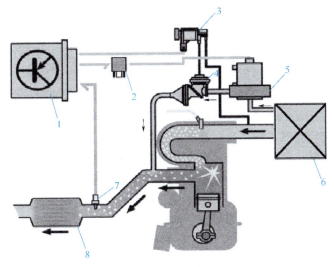

图 8-19　二次空气喷射系统的示意图

1—发动机控制单元　2—二次空气泵继电器　3—真空控制电磁阀　4—组合阀
5—二次空气泵　6—空气滤清器　7—氧传感器　8—三元催化转化器

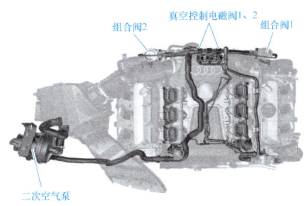

图 8-20　二次空气喷射系统的结构（EA837 发动机）

空气泵继电器控制二次空气泵电动机的电源，电动机的负极直接搭铁，搭铁点位于前围板上。发动机控制单元并不能直接监控二次空气泵的工作状态。发动机控制单元根据 λ 差值（在二次空气喷射系统工作过程中，三元催化转化器前的 λ 值）就可计算并检查实际供应的空气质量，同样可以监控系统是否正常工作。

现在二次空气的吸入根据车型的不同而有所变化，有些车辆的二次空气是从空气滤清器箱中吸入的，有些则是通过安装在二次进气泵上的空气滤清器吸取的，这样可以降低二次空气喷射系统的空气流量，减少发动机在暖机阶段的能量消耗。

8.2　汽油发动机尾气排放异常的故障分析

1. 故障现象

一辆 2011 年款奥迪 Q5 轿车，发动机型号为 CADA 2.0TTFSI，行驶里程为 10.1 万 km，尾气排放异常，且发动机怠速运转时会听到发动机发出"嗞嗞"声音，发动机偶有怠速不稳现象。

2. 故障原因分析

根据故障现象，分析故障原因如下：

1) CO超标。一氧化碳（CO）超标，说明混合气过浓，燃油供给过多，空气偏少；或者混合气偏稀，造成三元催化转化器的转化效率下降。其可能的原因包括油压过高、进气受阻、喷油器滴漏、氧传感器工作不良、冷却液温度传感器不良导致的修正过大、空气流量传感器计量不准、三元催化转化器故障、曲轴箱强制通风系统故障等。

2) HC超标。碳氢化合物（HC）超标，说明有未燃烧的燃油存在尾气中。其可能的原因包括气缸压缩压力不足、点火系统工作不良、配气正时不正确或混合气过稀与过浓导致的无法充分燃烧故障、三元催化转化器故障、曲轴箱强制通风系统故障等。

3) NO_x 超标。氮氧化合物（NO_x）是由于燃烧室温度过高，导致过多氧气与氮气产生化学反应生成的。氮氧化合物超标可能的原因包括燃烧室内温度过高、燃烧室内有积炭、混合气过稀、排气再循环系统（可变气门正时系统）工作不良、三元催化转化器故障等。

与排放控制系统有关的故障原因如图8-21所示。

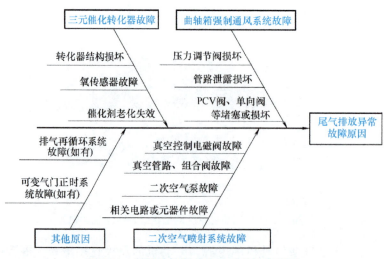

图8-21 与排放控制系统有关的故障原因

1) 三元催化转化器故障：氧传感器故障；转化器结构损坏，如陶瓷件损坏、涂层脱落等；催化剂老化失效等。

2) 曲轴箱强制通风系统故障：压力调节阀损坏，管路泄漏损坏，PCV阀、单向阀等堵塞或损坏等。

3) 二次空气喷射系统故障：真空控制电磁阀故障，组合阀堵塞，真空管路泄漏，二次空气泵故障，相关电路或元器件故障等。上述案例的发动机没有配置二次空气喷射系统。

4) 排气再循环系统故障：EGR阀故障，相关电路或元器件损坏。上述案例的发动机没有配置排气再循环系统，但有可变气门正时系统。可变气门正时系统工作不良会导致发动机动力及排放的异常。

任务 8 汽油发动机尾气排放异常故障的诊断与维修

8.3 排放控制系统维修计划与设备、材料准备

1. 维修计划

通过上述理论知识的学习以及对故障的初步分析，制订如下维修计划：

1）用博世尾气分析仪 BEA350 进行尾气检测。
2）借助诊断仪 VAS6150B 进行故障诊断。
3）对相关部件进行检测分析。
4）确定故障原因和零部件。
5）针对故障部件进行拆装、更换或维修。

2. 维修设备与材料准备

车辆进行检查前应做好如下准备：

1）放置好车身挡块。
2）连接好尾气接管。
3）打开车门并降下车窗。
4）正确安装七件套：左、右翼子板垫，前杠防护垫，座椅垫，脚垫，转向盘套，变速杆套。
5）准备好维修设备、工具（表 8-1）及必要材料。
6）检查车辆机油油位、冷却液液位、电源电压，应均为正常状态，连接好充电器。

表 8-1 维修设备与工具

名称	数量	名称	数量
奥迪专用诊断仪 VAS6150B	1 台	博世尾气分析仪 BEA350	1 台
奥迪 ELsa 系统	1 套	充电器 VAS5903	1 个
真空表	1 个	火花塞专用工具 T40039	1 个
常规工具及设备	1 套		

任务实施

8.4 排放控制系统故障检查

1. 尾气检测诊断

使用博世尾气分析仪 BEA350（图 8-22）测量奥迪 Q5 汽车的尾气排放情况。博世尾气分析仪 BEA350 可用于汽油汽车和柴油汽车尾气的检测，预热时间短，可快速测量出 CO、CO_2、HC、O_2、NO、λ 数据；CO、CO_2、HC 采用红外线测量方法，测量量可保持长久稳定；O_2 采用电化学测量方法，定期更换传感器可保证测量精度。

图 8-22 博世尾气分析仪 BEA350

起动奥迪 Q5 发动机并使发动机怠速运转，转速约为 700r/min，测得尾气中各成分的数值见表 8-2。由表中数据可以看出该发动机 HC、O_2、CO 三种成分含量明显增加，而 NO 明显减少，过量空气系数 λ 大于 1，说明混合气为稀。

表 8-2　各尾气成分排放检测数据表

测量尾气中的成分	正常值	故障值
一氧化碳 CO（%）	0.05	0.11
二氧化碳 CO_2（%）	15.33	15.17
碳氢化合物 HC（$*10^{-6}$）	34	1280
氧气 O_2（%）	0.07	3.89
一氧化氮 NO（$*10^{-6}$）	1.00	0
过量空气系数 λ	1.00	1.12

由于排放异常，先对汽车发动机的各部件及管路进行外观检查，主要检查排气管、进气管、排放控制系统部件以及管路、机油油道、冷却液液道等是否泄漏、腐蚀、损坏等。经检查，未发现异常。

2. 故障码诊断

使用诊断仪 VAS6150B，打开 Off-board Diagnostic 软件，进行全车诊断，读取故障码，发现发动机控制单元中无相关故障码。

3. 测量值分析

起动发动机，听到发动机舱内发出"嗞嗞"声音，怀疑是曲轴箱强制通风系统里的压力调节阀出现问题。仔细观察，发现压力调节阀上部有空气流动现象，并伴有"嗞嗞"声；用手置于压力调节阀的上部小孔位置，感觉到有真空吸力（外面的空气被吸入里面）。

在发动机控制单元里，读取相关测量值，测量值如图 8-23 所示。

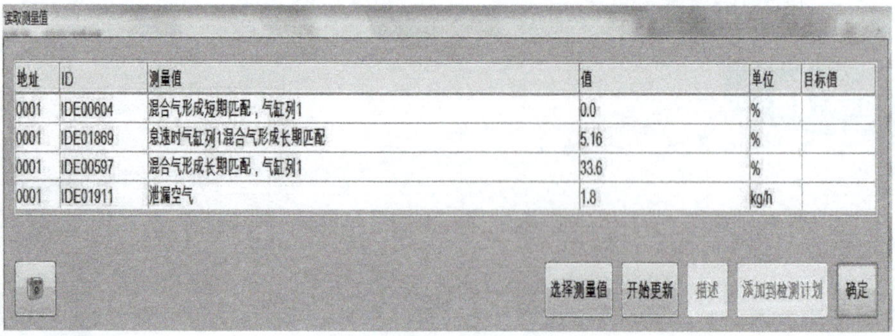

图 8-23　混合气相关测量值

由图中数据可以看出，发动机存在泄漏空气情况，混合气形成长期匹配值为 33.6%（正常应为 0 附近），说明混合气偏稀，而且压力调节阀是存在空气泄漏的首要原因。

任务 8　汽油发动机尾气排放异常故障的诊断与维修

4. 曲轴箱真空度检查

为了判断压力调节阀的泄露情况,接下来对曲轴箱的真空度进行检查。在发动机冷机的情况下,打开机油尺孔盖,连接真空表,起动发动机,急速运行 2~3min,读取真空表数据(图 8-24),为 37cmHg,即约为 493mbar 真空度偏大。经检查,无其他管路故障,确认为曲轴箱强制通风系统的压力调节阀出现故障。

图 8-24　真空度检查

8.5　更换排放控制系统故障部件

1. 曲轴箱通风压力调节阀的拆卸

在发动机冷机的状态,将压力调节阀旁的进气空气软管接口拆下(图 8-25 中的位置 1)。用六角旋矩套筒对角拧松压力调节阀周围的螺栓,共有 9 颗,由于有点火系统的线路干扰,所以需要火花塞专用工具 T40039 取出 3 缸、4 缸的点火线圈后才可拆下油气通道(图 8-25 中的位置 2)。

2. 曲轴箱通风压力调节阀的安装和更换

拆卸故障的曲轴箱通风压力调节阀后,更换新的同型号曲轴箱通风压力调节阀。安装顺序与拆卸顺序相反,安装时先对角预紧,再以 9N·m 标准力矩拧紧螺栓。

图 8-25　压力调节阀

起动车辆,观察车辆运行的情况,发现车辆正常起动且工作正常;再次检测尾气排放情况,以及在诊断仪上读取相关测量值情况,数据均正常,故障排除。

作　业

完成学习工作页任务 8　汽油发动机尾气排放异常故障的诊断与维修。

模块 6　柴油发动机供油控制系统

任务 9　柴油发动机起动困难故障的诊断与维修

学习目标

1）能够解释柴油机的特点、类型及与汽油机的区别。
2）能够描述共轨柴油喷射系统的组成及工作原理。
3）能够描述共轨柴油喷射系统的高、低压部件及工作原理。
4）能够解释共轨柴油发动机管理系统的组成及功能。
5）能够诊断并排除柴油机燃油喷射系统的故障。
6）培养环保意识、严谨诊断思维与规范作业的职业素质。

任务接受

客户报修：一辆 2012 年款奥迪 Q7 轿车，发动机型号为 3.0L TDI，行驶里程为 20 万 km，发动机起动困难。

任务准备

9.1　共轨柴油发动机喷射系统的信息收集

1. 柴油发动机简介

（1）柴油机与汽油机的比较　一直以来人们认为柴油机振动和噪声大，不适合用于轿车，但自 20 世纪 90 年代以来情况发生了变化，新型高压柴油喷射技术的应用，使得柴油机在轿车上的应用取得突破性进展。柴油机不仅在动力性能、排放性能上可以与汽油机媲美，而且柴油机效率高、燃油经济性好，在低转速时的转矩大、行驶性能好。

柴油机与汽油机的特征对比见表 9-1。汽油的自燃点在 400~500℃，使其自燃是相当困难的，所以汽油机一般采用点燃式；而柴油的自燃点比汽油低，约在 300℃，而且随着压力的增加而降低，所以通过提高柴油机的压缩比来降低自燃点，从而迫使柴油自燃，所以柴油机采用压燃式，因此也省去了复杂的点火系统。由于采用高的压缩比，柴油机比汽油机有更高的热效率和更低的耗油率。近十年汽油机也像柴油机一样，逐渐采用缸内喷射技术，提高

任务9　柴油发动机起动困难故障的诊断与维修

压缩比，甚至达到40%的热效率。反之，由于各国政府都制定了日趋严格排放法规以限制汽车尾气排放，NO_x在柴油机中的排放量比较大，因为NO_x是在高温富氧条件下生成的，生成量随温度升高而升高，所以除了采取其他措施降低NO_x的生成外，尤其是轻型柴油车，降低压缩比也是一种有效的方法。

表9-1　柴油机和汽油机的特征对比

特征项目	汽油机	柴油机
混合气形成方式	缸外或缸内	缸内
混合气点燃方式	点燃	压燃
动力调节方式	进气量或喷油量	喷油量
燃烧室内混合气	均质；稀薄（缸内喷射）	不均质
最大功率对应转速范围	4000~10000r/min	1500~5000r/min
过量空气系数	0.4~1.4（缸外喷射） 0.4~3（缸内喷射）	总是大于1
压缩比	9~14	14~24
压缩终了时压力	10~16bar（1bar=0.1MPa）	25~45bar
压缩终了时温度	350~450℃	750~900℃
燃烧最高压力	30~60bar	60~180bar
燃烧最高温度	约2500℃	约2500℃
排气温度	600~800℃	550~750℃
比油耗（耗油率）	200~350g/(kW·h)	150~300g/(kW·h)
最高热效率	约40%	约50%

柴油机通过控制喷油量实现动力调节，燃油喷射系统起着极其关键的作用，喷油过程组织得好坏直接影响混合气的形成过程及混合质量，进而影响燃烧过程的组织与燃烧效果，最终决定发动机的整体性能。

（2）柴油的性能　车用柴油机均为高速柴油机，使用轻柴油。车用轻柴油的性质主要包括发火性、凝点、蒸发性和低温流动性、黏度等。

发火性是指燃油的自燃能力，用十六烷值表示。十六烷值越高发火性越好，自燃温度越低。柴油被喷入燃烧室后，并非立即着火，而是需要经过一段时间进行燃烧前的物理和化学准备，这个准备时间称为着火延迟期或备燃期。若备燃期过长，则燃烧开始前燃烧室内的柴油就多，燃烧开始后气缸内压力升高过快，曲柄连杆机构承受很大冲击，会加速磨损，且气缸内发出很大的敲击声，发动机工作粗暴。发火性好的柴油备燃期短，工作柔和，在较低的温度下发火，利于起动。车用轻柴油的十六烷值一般在45~55。

凝点即柴油失去流动性开始凝固的温度。柴油的凝点应比最低工作温度低3~5℃。柴油的牌号即为柴油的凝点，如10号柴油的凝点为10℃，-10号柴油的凝点为-10℃。在不同地区和不同季节，应根据当地环境温度选用合适牌号的柴油。

（3）柴油机混合气形成要求　柴油的黏度大、蒸发性和流动性差，不可能在气缸外部与空气形成均匀的混合气，故采用高压喷射的方法，在压缩行程接近终了时以油束的形式把柴油喷入燃烧室，并雾化成小油滴。柴油油滴经受热、蒸发、扩散并与空气直接在燃烧室内部形成可燃混合气，达到自燃温度后自行着火燃烧。

为改善混合气的形成条件，不致出现太长的备燃期，保证柴油机工作柔和，多选用十六烷值较高的柴油、采用较高的压缩比，以提高燃烧室内空气温度，促进柴油蒸发，并采用较大过量空气系数。因此，对柴油机的燃油供给系统提出如下要求：

① 采用高压喷油，以利于柴油雾化。
② 各缸按做功次序喷油，各缸的供油量一致，且能随负荷的不同而改变供油量。
③ 各缸有相同的喷油正时，且能根据发动机工况变化统一精准调节。
④ 在燃烧室内产生强烈的空气运动，促进柴油与空气的均匀混合。
⑤ 喷油特性应与气流运动和燃烧室形状相适应。

（4）柴油机电控喷射技术的发展及类型　柴油机与柴油机控制系统的发展可以简单地划分为以下几个阶段：1893年—1927年，柴油机属于探索阶段，相应出现了机械式燃油系统；1927年—1970年，柴油机技术处于发展与成熟的阶段，机械式燃油系统得以大力发展；1970年至今，由于出现了能源危机与环保排放的挑战，相应出现了电控式燃油系统的研制、开发与定型。柴油机电控喷射技术是为了适应对发动机排放越来越严格、对油耗越来越低的要求，它对喷油量和喷油正时更加精确地控制，使柴油机的性能有了进一步优化和提高。

柴油机电控喷射技术的发展主要经历了电控直列式喷油泵、电控分配泵、电控泵喷嘴系统和电控共轨燃油系统几个阶段。

1）电控直列式喷油泵。电控直列式喷油泵是在直列泵基础上发展起来的电控燃油喷射装置，它具有喷油量与喷油定时控制功能或只具备其中一种功能，有些控制系统还具有喷油压力和喷油速率等控制功能。

电控直列式喷油泵的喷油量控制装置为电控调速器。电控调速器使喷油量随转速变化的控制易于实现，而且其响应速度比机械式或机械液压式调速器快得多，因此，适用范围非常广泛。电控调速器按执行机构的不同可分为电子调速器，如日本DKK公司的RED-型电子调速器、德国Heinzmann公司的E型电子调速器及美国BarberColmann公司的电子调速器等；电子液压式调速器，如德国博世公司的EDR型调速器等。

电控直列式喷油泵的喷油定时装置一般采用电子液压式执行器，如德国MTU公司880系列柴油机的ECS系统、电装公司的ECD—四型电液正时器及美国卡特彼勒公司的PEEC系统等。日本ZEXEL公司的TICS系统采用柱塞滑套式定时调节机构，通过控制定时滑套的位置改变柱塞供油的预行程，从而调整供油定时，同时与升速式凸轮相配合来控制喷油速率和喷油压力。日本小松公司开发了采用独特的组合式柱塞的可变预行程的KF2—1型喷油泵，德国Bosch公司研制了RP39、RP43型可变喷油速率、喷油定时和喷油量控制的控制滑套式喷油泵，其工作原理和结构与日本ZEXEL公司的TICS系统相似，也属于一种可变预行程直列式喷油泵。

2）电控分配泵。柴油机电控分配泵的喷油量及喷油定时的控制一般采用高速电磁阀。电磁阀的闭合时刻对应着喷油定时，电磁阀从闭合到开启的时间确定了喷油量，如日本丰田

任务9 柴油发动机起动困难故障的诊断与维修

公司的 ECD-2 型电控 VE 泵、德国奥迪公司轿车用柴油机采用的电控分配泵。

3) 电控泵喷嘴系统。电控泵喷嘴系统可分为机械驱动式和蓄压式两种,目前发展最完善的是机械驱动式电控泵喷嘴系统,如美国底特律柴油机公司的 DDEC 型电控泵喷嘴、德国博世公司的 PDE27 和 PDE28 型电控泵喷嘴、英国 Lucas CAV 公司的 EUI 型电控泵喷嘴等。现有产品的喷油压力已高达 200MPa。机械驱动式电控泵喷嘴系统已获得充分发展,从单缸排量不足 1L 的小型柴油机到单缸排量大到几升的重型柴油机都获得了令人满意的使用效果。

我国一汽-大众公司生产的宝来柴油车就采用了电控泵喷嘴技术,其电控泵喷嘴结构如图 9-1 所示。

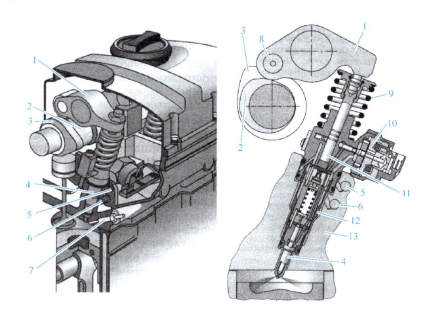

图 9-1 宝来柴油车电控泵喷嘴结构

1—滚柱摇臂 2—喷油凸轮 3—气门凸轮 4—喷嘴 5—燃油回油道 6—供油道 7—预热塞
8—滚轮轴 9—回位弹簧 10—高压电磁阀 11—油泵活塞 12—喷油支座 13—气缸盖

泵喷嘴就是将泵油柱塞和喷油器合成一体,安装在缸盖上。泵喷嘴由于无高压油管,所以可消除长的高压油管中压力波和燃油压缩的影响,高压容积大大减少,同时减少了密封表面和密封接头,因此喷射压力可很高,电控泵喷嘴压力目前可达 200MPa。它的驱动机构比较特殊,必须是顶置式凸轮驱动机构。电控泵喷嘴像电控单体泵一样,也是采用一个两位两通的高速电磁开关阀。当泵油柱塞在顶置凸轮的驱动下向下运动压油时,若此时菌状的高压电磁阀开启,则柱塞下腔并不能建立起高压。当电磁阀通电,高压电磁阀关闭,柱塞下腔的油压才能升高,从而实现喷油。显然,这里电磁阀关闭的时刻就是喷油的开始时刻。电磁阀关闭时间的长短决定了喷油量的多少,用一个两位两通电磁开关阀就实现了喷油定时与喷油量的联合控制,因此,控制自由度很大,同时泵喷嘴机械部分可大大简化。

4) 电控共轨燃油系统。20 世纪 90 年代研制出了一种全新的燃油喷射系统——电控共轨燃油喷射系统,该系统一问世就显示出巨大的优越性,它是目前高速轿车直喷柴油机使用最广泛的喷油系统。图 9-2 所示为大众奥迪公司的 3.0L V6 TDI 高压共轨柴油发动机。之所以称为"高压共轨",是因为在直列发动机中,所有的喷油器都连接到一根共同的高压燃油储存器上；在V形发动机中，每侧缸体的所有喷油器都使用一根共同的高压燃油储存器。

电控共轨燃油喷射系统摒弃了以往传统使用的泵、管、嘴脉动供油的形式，取而代之的是用一个高压油泵在柴油机的驱动下，以一定的速比连续将高压燃油输送到高压共轨油道中，再由高压共轨将高压燃油送入各缸喷油器。在这里，高压油泵并不直接控制喷油，而仅仅是向共轨供油以维持所需的共轨压力，并通过连续调节共轨压力来控制喷射压力，采用压力-时间式燃油计量原理，用高速电磁阀或压电元件控制喷射过程。喷油压力、喷油量及喷油定时由发动机电控单元（ECU）控制。

图9-2 大众奥迪公司的 3.0L V6 TDI发动机

在泵喷嘴电控燃油系统中，喷油压力与发动机的转速和负荷有关，不是一个独立变量。在电控共轨燃油系统中，喷油压力（共轨压力）与发动机的转速和负荷无关，是可以独立控制的。共轨柴油喷射系统将喷射压力的产生和喷射过程彼此完全分开，使发动机设计人员在研究燃烧和喷油过程时获得了更大的自由。

共轨柴油喷射系统有以下突出特点：

① 更高的喷油压力，目前已达到1800bar（1bar=0.1MPa）。

② 可根据发动机工况的要求从200bar到1800bar调节喷油压力。

③ 可以灵活控制喷射正时（喷油起、止时刻），使发动机在低速工况下实现完全燃烧，在很低的转速也能获得大转矩。

④ 能够实现预喷射和多次喷射，从而在提高动力性能，降低能耗、排放和噪声等方面有很大的优势。

2. 共轨柴油喷射系统的组成及工作原理

（1）系统组成 以大众3.0L V6 TDI高压共轨柴油机为例，如图9-3所示，共轨柴油喷射系统主要由低压油路部件（燃油预供油泵、燃油滤清器、燃油冷却器、压力保持阀及相关管路）、高压供油部件（高压油泵、高压共轨、喷油器、高压油管）和管理系统（控制器、传感器、执行器）等组成。其中，关键的部件是电控喷油器，目前使用的主要有电磁式和压电晶体式两种。

供油时，燃油被燃油预供油泵从燃油箱中吸出，通过燃油滤清器经机械式齿轮泵送往高压油泵。高压油泵产生高压燃油，并输送到左/右侧高压共轨，燃油压力调节阀根据系统需要调节燃油压力，多余的燃油与高压油泵多余的燃油汇合经燃油滤清器、燃油冷却器回到燃油箱。喷油器通过高压油管与同侧高压共轨连接，喷油器将燃油喷入燃烧室。为使压电式喷油器正常工作，压力保持阀将喷油器的回流压力保持在10bar。整个燃油系统分成3个压力区：高压区（压力为230~1600bar）、喷油器的回流压力区（压力为10bar）、低压区（包括供油压力和回流压力）。

（2）工作原理 在共轨柴油喷射系统中，燃油压力的产生和燃油喷射被分离开来，发动机控制单元（ECU）对各部件单独进行控制。

任务 9 柴油发动机起动困难故障的诊断与维修

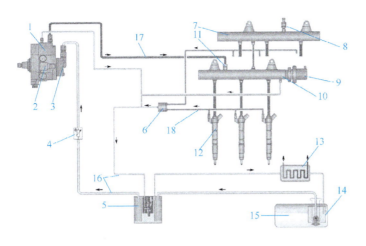

图 9-3 共轨柴油喷射系统

高压共轨柴油喷射系统

1—高压油泵 2—油量控制装置 3—机械式齿轮泵 4—燃油温度传感器
5—燃油滤清器 6—压力保持阀 7—左侧高压共轨 8—燃油压力传感器
9—燃油压力调节阀 10—右侧高压共轨 11—节流阀 12—喷油器
13—燃油冷却器 14—燃油预供油泵 15—燃油箱 16—供油及回油管路
17—高压油管 18—喷油器回油管路

1) 燃油压力的产生。燃油压力的产生和燃油喷射分离是借助于一定的蓄压容积（即高压共轨）来实现的。由发动机驱动、连续不断工作的高压油泵把燃油压力提高到所设定的喷油压力，并把压力油储存在高压共轨里，由燃油压力调节阀准确调节燃油压力，以供喷油时使用。高压油泵一般采用径向柱塞泵，也有些商用车采用直列泵。

2) 燃油压力调节。根据不同的系统有 3 种燃油压力调节方式，如图 9-4 所示：

① 压力调节阀方式（图 9-4a）。当共轨油压超过压力阀设定压力时，安装在共轨上的压力调节阀 4 打开，将多余的压力油排放到低压回路。这种油压调节方式能快速实现共轨油压的变化，但是它不管燃油需求量是多少，总是输出最大供油量，增加了高压油泵动力消耗，并使回流燃油温度升高。这种压力调节方式用在第一代共轨柴油喷射系统中。

② 油量控制调节方式。油量控制通过安装在高压油泵上的油量控制装置 10（图 9-4b）在低压端限制供油量，使高压油泵只输送发动机所需要的燃油量到共轨里，以保持共轨中的喷油压力。在这种系统中还装有一个限压阀 9，以防止出故障时共轨里油压过高。采用油量控制调节方式时，高压油泵功率消耗小，同时流回燃油箱的燃油温度比压力调节方式低，但这种方式采用低压端供油量控制来调节油压，当发动机负荷变化时，油压调节所需时间长，压力调节适应负荷变化的动态响应慢。这种方式用在第二代共轨柴油喷射系统中。

③ 压力调节阀和油量控制方式并用（图 9-4c）。上述两种调节方式的优缺点具有互补性，为了利用两者的优点、克服其缺点，所以将二者结合起来使用。这种方式用在第三代共轨柴油喷射系统中，大众奥迪 3.0TDI 高压共轨柴油机采用这种方式。

3) 燃油喷射。喷油器把燃油直接喷入发动机燃烧室，高压油来自高压共轨。发动机 ECU 控制集成在喷油器中的开关阀，使喷油器开启和关闭。喷油器开启时间和系统油压决定喷油量，在油压一定的条件下，喷油量与开关阀的开启时间成比例，而与发动机和油泵转

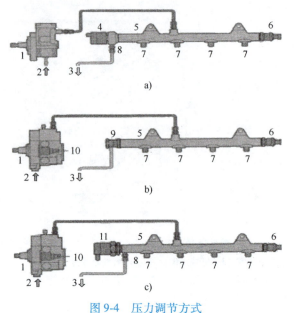

图9-4 压力调节方式

a）压力调节阀方式 b）油量控制调节方式 c）压力调节阀和油量控制方式并用
1—高压油泵 2—进油口 3—回油管 4—压力调节阀 5—高压共轨
6—共轨压力传感器 7—连接喷油器油管接口 8—回油管接口
9—限压阀 10—油量控制装置 11—压力调节阀

速无关，即所谓时间控制喷射方式。

3. 共轨柴油喷射系统的低压部件及工作原理

（1）燃油预供油泵和燃油泵 如图9-5所示，燃油箱都分成左、右各一个腔，燃油预供油泵G6和燃油泵G23分别安装在燃油箱左、右腔，它们都是作为机械式齿轮泵的预供油泵来使用。

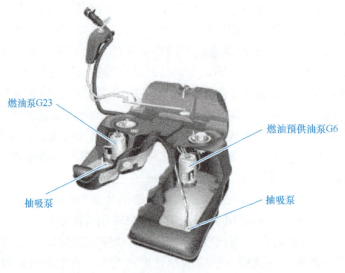

图9-5 燃油箱及燃油泵

任务9 柴油发动机起动困难故障的诊断与维修

当点火开关接通且发动机转速超过40r/min时，这两个电动燃油泵由柴油直喷控制单元通过燃油泵继电器来接通并产生一个预压力。一旦发动机工作起来，这两个泵就会开始向燃油供给系统内连续供油。右腔中的抽吸泵将燃油抽到燃油预供油泵G6的预供油室；左腔中的抽吸泵将燃油抽到燃油泵G23的预供油室，这两个抽吸泵由电动燃油泵来驱动。

（2）燃油滤清器 燃油滤清器可使喷油系统免受微粒和水引起的脏污和磨损。在燃油滤清器中间管内有一个预热阀，该预热阀由膨胀单元和一个弹簧加载的柱塞构成。这个预热阀根据燃油温度情况，将从高压泵、高压储存器以及喷油器回流的燃油引入到燃油滤清器或者燃油箱内，这样就可防止燃油滤清器在外部温度很低时被析出的石蜡所阻塞，影响发动机正常工作。

如果燃油的温度低于5℃，那么膨胀元件就会完全收缩，柱塞在弹簧力的作用下将流回燃油箱的通道封闭，于是从高压泵、高压储存器以及喷油器回流的暖燃油就被引至燃油滤清器，把其中的燃油加热，如图9-6所示。

如果燃油的温度高于35℃，那么预热阀内的膨胀元件就会完全打开，通向燃油箱的回流管路接通，回流的暖燃油直接流进燃油箱，如图9-7所示。

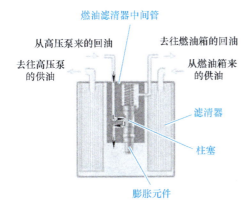

图9-6 回流的暖燃油加热燃油

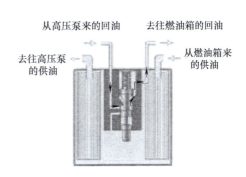

图9-7 回流的暖燃油直接流进燃油箱

4. 共轨柴油喷射系统的高压部件及工作原理

共轨系统高压部分由高压产生、高压储存和喷油量控制三部分组成。高压产生由高压油泵完成，高压储存由高压油轨（包括压力传感器、压力调压阀或限压阀、节流阀）完成，喷油量的计量和喷油时刻的控制由喷油器完成。

（1）喷油器 共轨系统的突出特点是喷油压力的产生与发动机转速和喷油量无关。喷油器的开始喷油时刻和喷油量由发动机ECU控制。为了减少排放、降低噪声，需要对混合气形成过程进行优化控制，例如微量的预喷射和多次喷射。目前使用的喷油器有3个系列，单衔铁电磁阀式喷油器、双衔铁电磁阀式喷油器和压电晶体调节式喷油器。

1）电磁阀式喷油器。如图9-8所示，电磁阀式喷油器由孔式喷嘴、液压伺服系统和电磁阀三部分组成。从高压油入口13来的高压燃油直接进入油腔9，并通过流入节流阀14进入控制腔6。控制腔通过流出节流阀12与回油口1相通，流出节流阀的开闭由电磁阀控制。喷油器有3种状态：静止状态、开启状态和关闭状态。

① 喷油器静止状态（图9-8a）。当没有控制信号时，电磁阀弹簧11把球阀5压紧在流

出节流阀 12 的阀座上,控制腔 6 中的油压与共轨中的油压相同,油腔 9 中也是共轨油压。此时,作用在控制活塞 15 上端平面上的油压力和喷嘴弹簧 7 的弹力之和大于作用在针阀轴肩 8 上向上的推力,喷嘴处于关闭状态。

② 喷油器开启状态(图 9-8b)。当电磁阀受到开启电流作用,电磁线圈 2 产生的吸力大于电磁阀弹簧 11 的弹力时,衔铁 4 带着球阀 5 离开阀座,打开流出节流阀 12,控制腔 6 中的高压燃油从流出节流阀 12 经回油口 1 流回燃油箱。由于流入节流阀 14 的节流作用,控制腔 6 中的油压低于共轨油压,而针阀油腔 9 中仍然是共轨油压。这时作用在控制活塞 15 上端平面上的油压力减小,作用在针阀轴肩 8 上的向上推力大于控制活塞 15 上端面上的油压力和喷嘴弹簧 7 的弹力之和,针阀向上移动,喷嘴打开,喷油开始。在一定的喷油压力作用下,喷油量与电磁阀通电时间成正比,而与发动机和油泵转速无关(即所谓时间控制燃油喷射)。

③ 喷油器关闭状态(图 9-8c)。当控制电磁阀的信号消失,电磁阀弹簧 11 把衔铁 4 向下推,球阀 5 使流出节流阀 12 关闭。压力油经流入节流阀 14 流进控制腔 6,控制腔油压回升到共轨压油,作用在控制活塞上端平面上的油压力增大,使针阀落入阀座,喷嘴关闭,喷油过程结束。针阀 16 的开启和关闭速度与流出节流阀 12、流入节流阀 14 节流口的大小有关。一般采用液压增力系统间接控制针阀的开闭,这是因为快速开启针阀所需的力较大,电磁力直接驱动作用力不够。

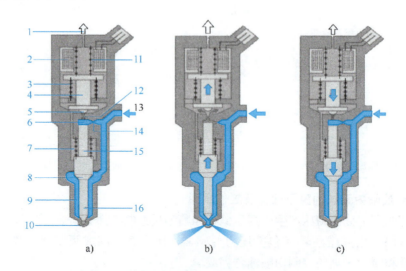

图 9-8 电磁阀式喷油器的结构及工作原理
a)喷油器静止状态 b)喷油器开启 c)喷油器关闭
1—回油口 2—电磁线圈 3—上推弹簧 4—衔铁 5—球阀 6—控制腔 7—喷嘴弹簧
8—针阀轴肩 9—油腔 10—喷油孔 11—电磁阀弹簧 12—流出节流阀 13—高压油入口
14—流入节流阀 15—控制活塞 16—针阀

2)压电式喷油器。

① 优点及组成。与电磁阀控制的喷油器相比,压电式喷油器有明显优势:采用压电控制技术可以使喷油器针阀的移动质量降低约 75%,摩擦阻力也显著减小,压电执行元件的切换速度比电磁阀快 4 倍,能够在一个喷油周期里进行多达 5 次喷油,且喷油开始时刻、喷

任务 9 柴油发动机起动困难故障的诊断与维修

油间隔时间能够柔性调节，喷油量计量非常精确，提高了发动机的动力性，同时降低了油耗、排放以及噪声。

压电式喷油器由压电作动器 3、液压连接器 4、伺服控制阀 5 和喷嘴模块 6 组成，如图 9-9 所示。

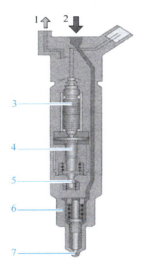

图 9-9 压电式喷油器

1—回油口 2—高压油入口 3—压电作动器 4—液压连接器
5—伺服控制阀 6—喷嘴模块（带针阀） 7—喷孔

② 压电式喷油器伺服控制阀的工作过程。压电式喷油器的针阀是通过伺服控制阀间接控制的，所需喷油量通过伺服阀作用时间来控制。

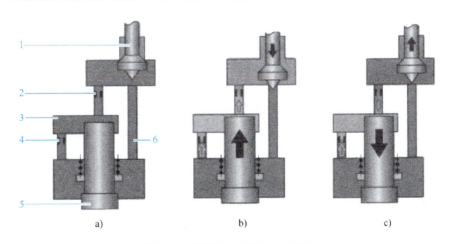

图 9-10 伺服控制阀的工作过程

a）初始状态 b）针阀开启状态 c）针阀关闭状态
1—伺服控制阀 2—出油节流口 3—控制腔 4—进油节流口 5—阀针 6—旁通通道

a）如图 9-10a 所示，在没有控制信号时，伺服控制阀 1 关闭，高、低压油区域被隔离开。此时在控制腔 3 中共轨油压的作用下，喷油器处于关闭状态。

b）当压电作动器作用伺服控制阀向下移动时，旁通通道 6 被关闭，如图 9-10b 所示。此时由于进油节流口 4、出油节流口 2 的节流作用，控制腔 3 中油压下降，针阀向上运动，喷嘴打开，喷油开始。

c）当压电作动器放电时，伺服阀打开旁通通道 6，高压油通过进、出油节流口同时流向控制腔（图 9-10c），控制腔油压升高到一定水平时，阀针向下移动，关闭喷油孔，喷油过程结束。

③ 液压连接器的作用。压电式喷油器的一个重要部件是液压连接器 3，如图 9-11 所示。液压连接器的作用是传递和放大压电作动器 2 的行程，平衡压电作动器和伺服阀之间间隙的变化（例如热胀冷缩引起）和失效时的安全保护作用。当压电作动器没有控制信号时，在压电作动器、液压连接器和伺服阀中的压力处于平衡状态。

为了喷油，给压电作动器一个 110～150V 的电压信号，压电作动器受逆压电效应的作用伸长一定行程，使连接器中的压力升高，压电作动器与伺服阀之间的力平衡被打破，伺服阀向下移动，控制喷油器开始喷油。

④ 压电式喷油器的控制。喷油器由发动机 ECU 控制，由于压电式喷油器的切换非常快，所以可以灵活而精确地控制喷油时间和喷油量，就可以按照发动机各种工况的不同要求来实施喷油。每个喷油过程可实现 5 次喷油（图 9-12），喷油过程如下：

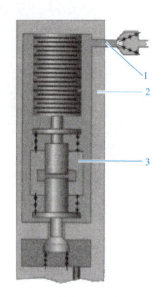

图 9-11　液压连接器
1—低压油轨（带单向阀）
2—压电作动器　3—液压连接器

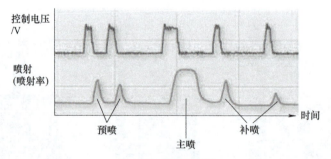

图 9-12　喷油过程

a）预喷：在主喷开始前，将少量燃油喷入燃烧室，使燃烧室的温度和压力上升，可以缩短主喷的点火延迟，降低燃烧室压力的增大速度和最大压力，从而降低了燃烧噪声和废气排放。预喷油的次数、时刻和喷油量取决于发动机的工况。在发动机冷机且转速较低时，预喷油是两次（出于声响方面的原因）。在负荷较大且转速较高时，预喷油是 1 次，以便降低废气排放。在全负荷且高转速时，无预喷油，因为必须喷很多油才能满足这时的高要求。

b）主喷：在预喷后会出现短时停止喷油的过程，然后就是主喷油过程了，在整个主喷油过程中，喷油压力几乎是保持不变的。

任务9 柴油发动机起动困难故障的诊断与维修

c）补喷：为了完成柴油微粒过滤器的还原过程，采用补喷两次燃油的方式，通过补喷燃油可以提高废气的温度，这样就可以烧掉柴油微粒过滤器中的炭烟颗粒。

（2）高压油泵　高压油泵的作用是向系统（共轨）提供足够量的高压油（燃油压力高达1600bar或更高）。共轨系统高压油泵连续不断地泵油，大众奥迪3.0TDI发动机的高压油泵还内置有低压输油泵（机械式齿轮泵），高压油泵与齿轮泵一起由发动机的凸轮轴经驱动轴来驱动。轿车上用的高压油泵多为三缸径向柱塞泵，商用车上也有采用直列泵的，三缸径向柱塞泵呈120°布置，这使得泵工作时的负载分布均匀，高压储存器内的压力波动非常小。

图9-13所示是三缸径向柱塞式高压油泵剖视图，它主要由驱动轮1、偏心轮2、泵油柱塞3、进油阀4、出油阀5和燃油入口6组成。

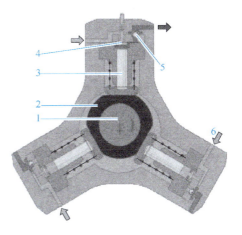

图9-13　三缸径向柱塞式高压油泵剖视图
1—驱动轴　2—偏心轮　3—泵油柱塞
4—进油阀　5—出油阀　6—燃油入口

低压输油泵（机械式齿轮泵）把燃油经过燃油滤清器（带油水分离器）输送到高压油泵燃油入口6，驱动轴1连同偏心轮2推动泵油柱塞3往复运动。当柱塞向内运动（吸油行程）时，燃油从进油阀4进入高压油泵。柱塞到达下止点时，进油阀关闭。偏心轮推动柱塞向外运动，缸内燃油被压缩，当缸内压力升高到共轨压力时，出油阀打开，压力油进入高压共轨，直到柱塞到达上止点，泵油行程结束。这种高压油泵驱动轴每转1圈输送3次高压油，所以驱动转矩较小（只有同功率发动机所用分配式喷油泵的转矩的1/9），负荷较稳定。

对泵油量的要求有两个方面：一方面在发动机满负荷运行要有足够的油量供应；另一方面在部分负荷时多余的油量不能太多。早期的CP1型高压油泵采用压力调节阀来调节共轨油压，输出油量大，多余的高压油经共轨端部的调压阀流回燃油箱，这样导致泵油能量损失，并使燃油发热。所以在CP1H和CP3型高压油泵上进行了改进，在高压油泵进油口安装了油量控制装置——一个无级调节电磁阀。该阀根据共轨系统的需要输送适量的高压油到共轨，这样不仅使高压油泵消耗功率减少，而且使燃油箱中油温降低。油量控制装置（在大众奥迪TDI发动机上称为燃油计量阀N290）安装在高压油泵上，其结构如图9-14所示。柴油直喷控制单元J248采用脉冲宽度调制

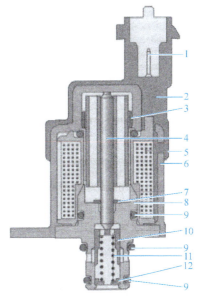

图9-14　油量控制装置的结构
1—控制信号线插座　2—磁铁壳体　3—支座
4—衔铁　5—线圈　6—端盖　7—残余空气排放片
8—磁铁心　9—O形密封圈
10—带节流槽的活塞　11—弹簧　12—卡簧

（PWM）信号来控制线圈产生电磁力，电磁力使带节流槽的活塞10处在某一位置，控制流通截面积的大小从而控制油量。

（3）高压油轨（高压存储器） 高压油轨的作用是储存高压油和向喷油器分配燃油，同时尽量减小由于高压油泵周期性输出和喷油器喷油所引起的系统油压波动，因此要求油轨要有足够的储油量。

图9-15所示是大众奥迪3.0TDI发动机的高压油轨结构。发动机的两侧缸体上各有1个高压油轨，高压油轨是锻钢制成的管子。两个高压油轨相互之间是用管子连接起来的，右侧缸体的高压油轨上有来自高压油泵的燃油入口、通向喷油器的接口和燃油压力调节阀N276；左侧缸体的高压油轨上有来自连接管的燃油入口、通向喷油器的接口和燃油压力传感器G247。

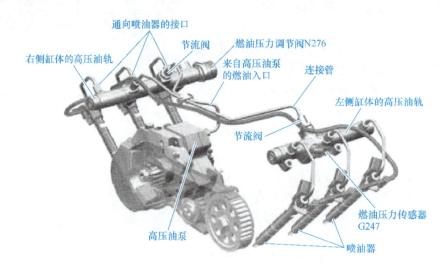

图9-15 大众奥迪3.0TDI发动机的高压油轨结构

高压油轨内的燃油始终处于高压状态，高压油轨的大容积和它进油口的节流阀会消除油轨内的压力波动。

（4）燃油压力调节阀

1）功能。燃油压力调节阀的作用是根据发动机负荷调节和保持高压油轨的油压。燃油压力调节阀一般安装在油轨上或者在高压油泵的出油口处。

图9-15所示的燃油压力调节阀N276装在右侧缸体的高压油轨上，由柴油直喷控制单元J248来控制，根据发动机工况的不同，对压力在230~1600bar进行调节。如果高压区的燃油压力过大了，该阀就打开，一部分燃油从高压油轨经燃油回流管进入燃油箱；如果高压区的燃油压力过低了，那么该阀就关闭，防止高压区的燃油回流。

2）工作原理。

① 调节阀在静止位置。如图9-16所示，当发动机关闭时，高压油泵停止向高压油轨输送燃油，燃油压力调节阀未被激活，电磁线圈没有电流，也没有电磁力作用，阀针只是被阀弹簧的力压靠在阀座内，高压区与燃油回流是分开的，高压油轨内的燃油压力保持在约80bar。

任务9 柴油发动机起动困难故障的诊断与维修

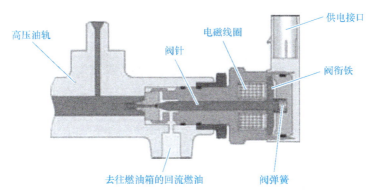

图 9-16 燃油压力调节阀 N276

② 调节阀以机械方式被打开。当发动机工作时，高压油泵向高压油轨输送燃油，高压油轨内的燃油压力大于阀弹簧的力，阀针被推开，燃油经过燃油回流管流回燃油箱，高压油轨内的燃油压力基本保持不变。

③ 调节阀被激活。如图 9-17 所示，如果要提高系统油压，给电磁线圈控制信号，电磁线圈产生电磁力，此时高压油压力与电磁力和阀弹簧力之和相平衡，油压稳定在一个新的水平。

电磁力的大小与控制电流成正比，柴油直喷控制单元 J248 用脉宽调制信号（PWM 信号）来控制电流的变化，采用 1kHz 控制信号频率，可以使衔铁的运动以及油轨压力波动达到比较理想的水平。

如果燃油压力调节阀出现问题，就无法建立起喷射系统所需要的燃油压力，那么发动机就无法正常工作，甚至无法起动。

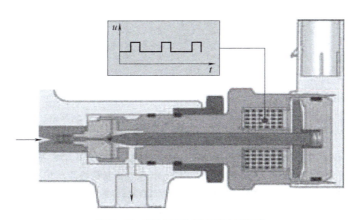

图 9-17 燃油压力调节阀被激活

（5）压力保持阀 压力保持阀用于将喷油器回油压力保持在约 10bar，以使喷油器正常工作。如图 9-18 所示，压力保持阀是个纯机械阀，它装在喷油器回油管和燃油系统回流管之间。在发动机工作时，燃油经回油管从喷油器流向压力保持阀；如果燃油压力高于 10bar，就会克服弹簧力将球阀压离球座，多余的燃油就会通过这个打开的球阀流入通向燃油箱的回流管。

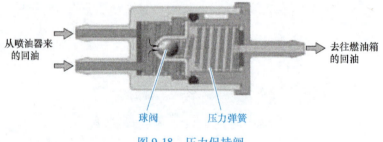

图 9-18 压力保持阀

5. 共轨柴油发动机管理系统

下面以大众 3.0L V6 TDI 发动机为例,介绍共轨柴油发动机管理系统。如图 9-19 所示,发动机管理系统包括柴油直喷控制单元、一系列的传感器和执行器等。

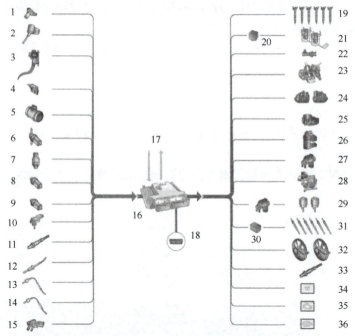

图 9-19 3.0 TDI 发动机管理系统

1—发动机转速传感器 G28 2—凸轮轴位置传感器 G40 3—加速踏板位置传感器 G79、加速踏板位置传感器 G185、强制降档开关 F8 4—制动灯开关 F、制动踏板开关 F47 5—空气流量传感器 G70 6—燃油温度传感器 G81 7—燃油压力传感器 G247 8—冷却液温度传感器 G62 9—冷却液温度传感器(散热器出口)G83 10—增压压力传感器 G31、进气温度传感器 G42 11—氧传感器 G39 12—废气温度传感器 G235 13—催化净化器温度传感器 G20 14—右侧的废气温度传感器 G448 15—废气压力传感器 1G750 16—柴油直喷控制单元 J248 17—驱动 CAN 总线 18—诊断接口 19—喷油器 N30~N33、N83 和 N84 20—燃油泵继电器 J17 21—燃油预供油泵 G6、燃油泵 G23 22—燃油压力调节阀 N276 23—燃油计量阀 N290 24—进气歧管翻板电动机 V157、V275 25—节气门控制单元 J338 26—排气再循环阀 N18 27—排气再循环冷却器切换阀 N345 28—涡轮增压器控制单元 J724 29—左侧电动液压式发动机悬置电磁阀 N144 30—自动预热时间控制单元 J179 31—预热塞 Q10~Q15 32—散热器风扇控制单元 J293、J671、散热器风扇 V7、V177 33—氧传感器加热器 Z19 34—预热时间指示灯 K29 35—废气警告灯 K83 36—柴油颗粒过滤器警告灯 K231

任务9　柴油发动机起动困难故障的诊断与维修

(1) 传感器

1) 燃油压力传感器 G247。燃油压力传感器在左侧缸体的高压油轨上，它用于检测高压区当前的燃油压力，信号反馈给柴油直喷控制单元 J248。如果燃油压力传感器失效了，J248 会采用一个固定的替代值来计算，发动机功率会下降。

2) 发动机转速传感器 G28。发动机转速传感器（曲轴位置传感器）固定在变速器的壳体上，它用于检测发动机转速和曲轴位置信息，柴油直喷控制单元 J248 使用该信息来计算喷油时刻和喷油量。如果这个传感器信号出了问题，那么发动机就会被关闭，且无法再次起动。

3) 凸轮轴位置传感器 G40。凸轮轴位置传感器（霍尔传感器）固定在右侧缸盖的梯形框架内，它用于识别凸轮轴的位置。在发动机起动时，柴油直喷控制单元 J248 使用该传感器的信号来识别 1 缸。如果这个信号出了问题，发动机就无法起动了。

4) 加速踏板位置传感器 G79 和 G185。加速踏板位置传感器 G79 和 G185 合成为一个部件，并集成在加速踏板模块内。两个传感器用于在整个调节范围内识别加速踏板的位置，柴油直喷控制单元 J248 用这两个传感器的信号来计算喷油量。

如果 G79 和 G185 中的一个出现了问题，那么系统首先进入怠速运行状态；如果在规定的期限内识别出了另一个传感器的信号，那么车辆可以行驶，但是如果希望全负荷工作时，转速上升会较慢；如果这两个传感器都有问题了，那么发动机只能以较高的怠速转速工作，且不再对加速踏板做出任何反应。

5) 强制降档开关 F8。有些车型的强制降档开关是个独立部件，安装在加速踏板模块下的车底板上，有些车型的强制降档开关功能集成在加速踏板模块内。发动机控制单元用强制降档开关信号（包括加速踏板位置传感器信号）来识别强制降档点，这个信号经驱动 CAN 总线送往自动变速器控制单元，来执行强制降档功能。如果强制降档开关出现问题，那么发动机控制单元使用加速踏板位置传感器的信号值来工作。

6) 燃油温度传感器 G81。燃油温度传感器在接高压油泵的燃油供油管中，它用来测定当前的燃油温度。柴油直喷控制单元 J248 根据燃油温度传感器的信号计算出燃油密度，这个密度值是个校正量，它用于计算喷油量、调节高压油轨内的燃油压力以及调节去往高压油泵的燃油量。为了防止高压油泵的燃油温度过高，将燃油温度传感器布置在燃油供油管上。如果燃油供油管内的温度过高，控制单元就会降低发动机功率，以保护高压油泵，这样就间接地减少了高压油泵将要输出的燃油量，从而降低了燃油温度。如果这个温度传感器出现问题，那么柴油直喷控制单元 J248 会采用一个固定的替代值来进行计算。

(2) 执行器

1) 进气歧管翻板电动机 V157 和 V275。在 3.0LV6TDI 发动机上，每侧缸体上都有一个进气歧管翻板电动机，电动机位于相应侧缸体的进气歧管下部。缸体两侧的进气歧管下部都有无级可调式涡旋翻板，根据发动机转速和负荷情况，通过变动涡旋翻板的位置来调节吸入空气的涡旋。进气歧管翻板电动机的任务是通过一根推杆来改变进气通道的涡旋翻板的位置，由柴油直喷控制单元 J248 负责控制进气歧管翻板电动机。如果进气歧管翻板电动机失效，那么涡旋翻板就保持在打开的状态。

2) 节气门控制单元 J338。节气门控制单元位于进气歧管上部的进气道内，柴油直喷控制单元 J248 通过控制节气门控制单元内的一个伺服电动机来操纵节气门。柴油直喷控制单元 J248 使用这个无级调节式节气门,在某些工况时,在进气歧管内产生规定的真空度,从而使排气再循环能有效地工作;当发动机关机时,节气门关闭,切断了空气供应,于是吸入并压缩的空气就少了,因此发动机可以平稳地停止工作。如果节气门控制单元失效了,节气门保持打开状态,导致发动机无法正确调节排气再循环率。

3)排气再循环阀 N18。排气再循环阀 N18 是一个电、气动阀,它接通控制压力来操纵机械式排气再循环阀。排气再循环阀由柴油直喷控制单元 J248 来操纵,通过占空比信号控制压力,进而打开机械式排气再循环阀。如果该部件或控制信号失效,就无法保证排气再循环功能了。

9.2 柴油发动机起动困难的故障分析

1. 故障现象

一辆 2012 年款奥迪 Q7 TDI 轿车,发动机为 3.0L V6 CRCA 柴油发动机,行驶里程为 23 万 km,发动机起动困难,起动时,起动机运转正常;尝试从进气系统喷入柴油发动机专用起动液,发动机能起动运转,但怠速抖动,加速容易熄火,预热指示灯亮起,熄火后仍旧起动困难,甚至无法起动。

2. 故障原因分析

根据故障现象,分析故障原因(图 9-20):

1)供油系统故障:燃油不足,油品质量差,燃油系统油路堵塞;燃油预供油泵故障或控制电路故障;高压油泵、压力调节阀等损坏或控制电路故障;压力保持阀故障;燃油压力传感器故障;喷油器或相关电路故障等。

2)进、排气系统故障:进气管路漏气;空气滤清器堵塞;排气管路堵塞等。

3)发动机管理系统其他故障:转速传感器故障;凸轮轴位置传感器故障;冷却液温度传感器故障;发动机控制单元局部电路故障;相关电路故障等。

4)机械故障:配气机构、曲柄连杆机构故障造成气缸压力不足、气缸积炭、气缸内部渗水或渗油等。

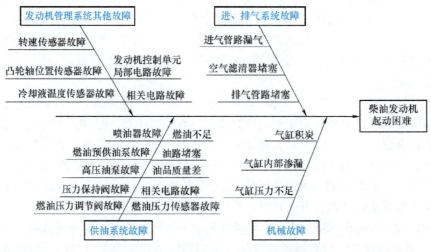

图 9-20 柴油发动机起动困难可能故障原因

任务 9 柴油发动机起动困难故障的诊断与维修

9.3 共轨柴油发动机喷射系统维修计划与设备、材料准备

1. 维修计划

1）直观检查与试车检查。
2）借助诊断仪 VAS6150B 进行故障诊断。
3）确定故障原因和零部件。
4）针对故障部件进行拆装、更换或维修。

2. 维修设备与材料准备

车辆进行检查前应做好如下准备：

1）放置好车身挡块。
2）连接好尾气接管。
3）打开车门并降下车窗玻璃。
4）正确安装七件套：左、右翼子板垫，前杠防护垫，座椅垫，脚垫，转向盘套，变速杆套。
5）准备好维修设备、工具（表 9-2）及必要材料。
6）检查车辆机油油位、冷却液液位、电源电压，应均为正常状态，连接好充电器。

表 9-2 维修设备与工具

名称	数量	名称	数量
奥迪专用诊断仪 VAS6150B	1 台	分线盒 VAG6606	1 套
奥迪 ELsa 系统	1 套	充电器 VAS5903	1 个
常规工具及设备	1 套	软管夹 3094	1 套
压力测试仪（柴油机）VAS6551 中的辅助软管	2 条	回流量测量仪 VAS6684	1 套
测量容器	1 个	防护手套与防护眼镜	1 套

任务实施

9.4 共轨柴油发动机喷射系统故障检查

1. 故障码诊断

将诊断仪蓝牙接口连接车内诊断接口，打开车辆点火开关，进入诊断仪 VAS6150B 诊断界面，选择好车型信息，进行车辆诊断。查询故障码，发现故障存储器记录："P0087 燃油油轨/系统压力过低"故障信息。

根据奥迪厂家诊断车辆故障出的解决方案（TPI）提示：P0087 通常是由于燃油系统低压或燃油箱加注油位过低造成的；少数情况下，故障存储器记录 P0087 是由于颗粒引起的，因发动机高压油泵凸轮磨损,从而导致燃油系统中混入碎屑,造成油路堵塞及部件损坏,以致油压过低。

检查燃油箱油位,油量正常;检查燃油管道,未发现管道泄漏;检查燃油滤清器,未发现燃油堵塞。

接着检查高压系统是否有金属碎屑。考虑拆装高压油泵难度比较大,于是先从容易检查的部件查起。拆下燃油压力调节阀(N276)与燃油压力传感器(G247),进行检查,同时检查高压油轨及管路,没有发现金属碎屑,说明高压油泵没有出现磨损、损坏油路情况。

2. 测量值分析

设法起动发动机后,进入发动机控制单元的"引导型功能"读取相关数据流。读取高压系统数据流,在怠速时,高压油轨压力在230bar左右,基本处于正常值。对车辆进行试车,在车辆缓慢均匀加速时,发动机未见异常,但急加速时,仪表板上的预热警告灯就会亮起,发动机无法加速;如果是上坡行驶时,发动机急加速时熄火。读取故障码,依旧记录"P0087 燃油油轨/系统压力过低"故障信息。

车辆能快速行驶,故障发生在起动或急加速等情况下,经分析,低压燃油系统出现故障的可能性不大,故障出现在影响高压快速建立的相关部件或喷油器喷油执行故障的可能性较大。

3. 测量喷油器的回流量

通过测量每一个喷油器的回流量来判断喷油器是否有内部故障。在怠速时,正常每个喷油器有较少回流,如果回流量较大(与其他喷油器的回流量相比),那么该喷油器可能损坏。

用直径最大至25mm的软管夹3094夹住节流阀后面的燃油回流管路;分别拔下气缸1列、气缸2列6个 喷油器上的燃油回流软管(向下按压两个接片,同时向上拉中间件以便松开回流软管);将回流量测量仪 VAS6684 的软管插在6个喷油器的所有回流接口上(图9-21)。

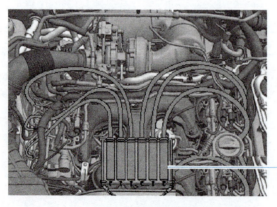

图 9-21 测量喷油器回油量

起动发动机并怠速运转几分钟,当发动机达到工作温度时,观察6个喷油器的回流量,每个喷油器只有少量回油,而且只有很小的差别,说明各喷油器工作正常。

注意:因为回流没有经过压力保持阀,所以测量喷油器回油量时,发动机必须始终怠速运转,否则有造成喷油器损坏的危险。如果某个喷油器的回流量明显较高,回流量

任务 9 柴油发动机起动困难故障的诊断与维修

大于已测得的最小回流量的 3 倍或以上,则喷油器上出现了内部机械故障,需更换该喷油器。

4. 检测燃油压力调节阀

检测燃油压力调节阀的回油量,用连接管 VAS6551/5-2 和直径不小于 25mm 的软管夹 3094 封住敞开的回流管接口（燃油箱一侧）,将连接管 VAS6551/5-3 连接到燃油回流软管上（回流燃油包括喷油器和压力调节阀 N276 的回流燃油）,连接管另一端放在一个测量容器内,如图 9-22 所示。

起动发动机并怠速运转 1min,起动过程中发现有少量回流燃油（正常回流量为 0mL）。让发动机继续在怠速下运转,发动机运转时,排空测量容器,然后开始测量。让发动机怠速运转 2min,测量回流量,回流量超过 100mL,正常 2min 后的回流量在 0~60mL。

因为喷油器的回流量正常,所以应该是燃油压力调节阀 N276 故障,因为 N276 负责高压油轨的压力调节,而且在发动机冷态起动时能迅速建立油压,如果出现故障,会直接导致发动机起动困难或无法起动以及加速不良等,因此需更换 N276。

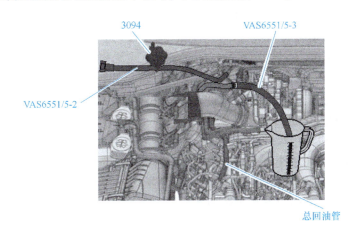

图 9-22 检测燃油压力调节阀回油量

9.5 更换共轨柴油发动机喷射系统故障部件

1. 燃油压力调节阀的拆装

在高压共轨发动机的车辆上,处于高压下的燃油有造成人身伤害的危险,为安全起见,在打开燃油系统之前需断开蓄电池的负极接线或去除燃油泵控制单元 J538 的熔丝,防止燃油泵通过驾驶人车门的车门接触开关激活。另外,极端情况下的燃油管路或燃油的温度最高可能达到 100℃,所以打开管路连接前,需让燃油冷却下来,否则有严重烫伤人员的危险。

戴上防护手套与防护眼镜,拧出燃油压力调节阀 N276（图 9-23）旁边的燃油回流软管的带孔螺栓,松开燃油管路前,用干净的抹布围住连接位置,然后小心地松开连接处来减小压力。

脱开燃油压力调节阀 N276 上的电插头。

松开燃油压力调节阀 N276 上的锁紧螺母，同时固定住高压油轨，然后手动拧下燃油压力调节阀 N276。

清除高压油轨螺纹和密封面上的污物，用发动机或制动器清洁剂清洁螺纹部分并干燥（不能使用任何机械式工具，以免损坏螺纹），用合适的封盖堵住高压油轨孔，以避免污物进入。

2. 燃油压力调节阀的更换

更换新的燃油压力调节阀 N276，安装时按与拆卸相反的顺序进行。

1）燃油压力调节阀 N276 的螺纹凸台、咬边和 O 形环要用柴油浸润。

2）校准好燃油压力调节阀 N276，使其连接插头后，导线无应力地敷设。

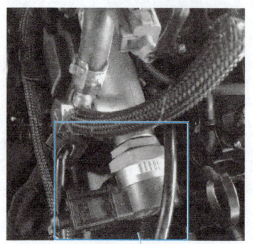

燃油压力调节阀N276

图 9-23　燃油压力调节阀 N276

3）分 4 步拧紧 N276 上的锁紧螺母：①手动拧入至贴紧；②拧至 60N·m；③转回 90°；④拧至 85N·m。

4）以 25N·m 的力矩拧紧带新密封件的燃油回流管路的带孔螺栓。

5）给燃油系统排气并进行密封性检测：

① 安装后让发动机以中等转速运转几分钟，然后关闭发动机。

② 排气时不得打开高压接口，燃油系统自行排气。

③ 查询事件存储器的故障记忆，必要时进行删除。

④ 关闭点火开关，仔细检查整个燃油系统是否密封，如果拧紧力矩正确但是仍有泄漏，则更换相应部件。

⑤ 更换燃油压力调节阀 N276 后，必须进行匹配。匹配操作在车辆诊断仪 VAS6150B 里进行。

⑥ 进行试车（至少有一次全功率加速），然后再次检查高压区域的密封性。

经检查，燃油系统密封性良好，故障现象消失，故障排除。

作　业

完成学习工作页任务 9　柴油发动机起动困难故障的诊断与维修。

模块 7　车载自诊断（OBD）系统

任务 10　发动机偶尔出现多缸失火故障的诊断与维修

学习目标

1) 掌握车载自诊断系统的功能及工作原理。
2) 掌握车载自诊断系统的组成。
3) 掌握车载自诊断系统的监测原理。
4) 能够综合应用各种方法检测、诊断发动机故障。
5) 培养综合故障的诊断分析能力与规范作业的职业素质。

任务接受

客户报修：一辆 2011 年款的奥迪 A6 轿车，发动机型号为 BDW，变速器型号为 HSX，行驶里程为 8 万 km，该车起动时发动机运行良好，但 2min 后游车严重，转速表示值忽上忽下。

任务准备

10.1　车载自诊断系统的信息收集

1. 车载自诊断系统简介

车载自诊断（OBD）系统是保证排气净化系统有效和完好地运行的一种实时随车监测系统。该系统能帮助驾驶人和汽车维修技师及时发现并修复车辆排放系统的故障，使车辆始终保持最佳排放控制水平。

（1）OBD 系统的功能　OBD 系统监测多个系统和部件，包括发动机、催化转化器、颗粒捕集器、氧传感器、排放控制系统、燃油系统、EGR 等。汽车行驶时，OBD 监测所有各个系统相关部件和系统的性能，检测到排放控制系统相关故障时，OBD 系统利用仪表板上的尾气排放故障警告灯（MIL 灯）给驾驶人报警，并在 OBD 系统中储存识别故障件、故障系统和故障原因的重要信息，使故障车辆得以及时、准确地修理，减少车辆排放。

（2）OBD 系统的工作原理　汽车在正常运行时，汽车的电子控制系统输入和输出的信号（电压或电流）会在一定的范围内有一定规律的变化。当电子控制系统电路的信号出现异常且超出了正常的变化范围，并且这一异常现象在一定时间（如 3 个连续行程）内不会消失时，ECU 判断为这一部分出现故障，故障警告灯亮起，同时监测器把这一故障以代码的形式存入内部 RAM（随机存储器），被存储的故障码在检修时可以通过故障显示灯或 OBD 诊断仪来读取。

（3）OBD 技术的发展历史和各阶段的特点　OBD 技术最早起源于 20 世纪 80 年代的美国，它的出现是因为环保机构要求用更精确的方法探测造成排放量上升的发动机性能问题。OBD 技术的发展主要经历 OBD-Ⅰ、OBD-Ⅱ两个阶段，目前大部分国家要求上市车型配备 OBD-Ⅱ（OBD-Ⅱ的欧盟版称为 EOBD），个别国家在推行 OBD-Ⅲ。OBD-Ⅰ与 OBD-Ⅱ的特点见表 10-1。

表 10-1　OBD-Ⅰ与 OBD-Ⅱ的特点

阶段	OBD-Ⅰ	OBD-Ⅱ
特点	1. OBD-Ⅰ是美国加州空气能源委员会（CARB）在 1988 年提出的诊断标准 2. 当车辆元件出现故障时，要求控制模块能够检测到故障，但可能出现故障之前，尾气已经超标很长时间了 3. 警告灯以红色为主，提醒系统出现故障 4. OBD-Ⅰ没有统一要求接口的位置与形状，导致各个车型的接口不一致，给维修诊断带来一定的困难	1. OBD-Ⅱ是美国加州空气能源委员会（CARB）从 1996 年起实施的一项要求 2. 系统要求不仅监测部件的好坏，也对元件工作的合理性进行判断 3. 要求对三元催化转化器、氧传感器、燃油系统、失火、EGR 等的工作情况进行监测 4. 统一诊断座接口形状为 16PIN OBD-Ⅱ标准接口（见图 10-1） 5. 要求汽车厂的故障码标准化，便于诊断设备通信 6. 诊断信息多样化，除可获得故障码外，OBD-Ⅱ还可提供传感器检测数值、控制状态、控制参数和执行器通/断等信息

16PIN OBD-Ⅱ标准接口（图 10-1）又称为诊断插接器（DLC——Data Link Connector），是一个符合 ISO 标准的车载诊断接头，插头由 16 个针脚组成，每一个针脚均按照 ISO 标准用于特定用途（表 10-2）。各厂家可以根据需要定义诊断插接器中的"厂家自定义"的针脚，如：大众奥迪定义针脚 1 为"15 供电"，针脚 3/11 为"FlexRay 总线"，针脚 12/13 为"以太网"，针脚 8 为"连接 J533"。

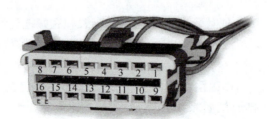

图 10-1　16PIN OBD-Ⅱ标准接口

OBD-Ⅱ故障码是按照 SAE（美国汽车工程师学会）的标准制定的，所有生产厂家都必须统一采用这个标准。这种故障码必须是一个包括文字和数字的五位数，如图 10-2 所示。

任务 10 发动机偶尔出现多缸失火故障的诊断与维修

表 10-2 16PIN OBD-Ⅱ标准接口针脚含义

针脚号	功能描述	针脚号	功能描述
1	厂家自定义	9	厂家自定义
2	J1850 BUS+	10	J1850 BUS-
3	厂家自定义	11	厂家自定义
4	车身搭铁	12	厂家自定义
5	信号搭铁	13	厂家自定义
6	CAN（J-2284）高	14	CAN（J-2284）低
7	ISO 9141-2 K 线	15	ISO 9141-2 L 线
8	厂家自定义	16	电源供电

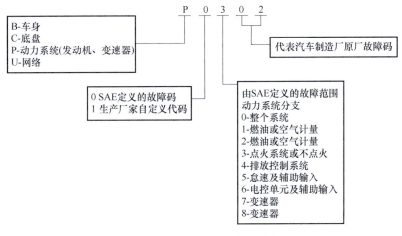

图 10-2 OBD-Ⅱ故障码的含义

OBD-Ⅲ系统可使汽车的检测、维护和管理合为一体，以满足环境保护的要求。OBD-Ⅲ系统会分别进入发动机、变速器、ABS 等系统 ECU（电脑）中去读取故障码和其他相关数据，并利用小型车载通信系统，例如 GPS 导航系统或无线通信方式将车辆的身份代码、故障码及所在位置等信息自动通告管理部门，管理部门根据该车辆排放问题的等级对其发出指令，包括去哪里维修的建议、解决排放问题的时限等，还可对超出时限的违规者的车辆发出禁行指令。OBD-Ⅲ系统不仅能对车辆排放问题向驾驶者发出警告，而且能对违规者进行惩罚。

（4）OBD 系统的组成 如图 10-3 所示，OBD 系统主要由发动机控制单元、氧传感器、排放警告灯以及各受监测系统（如燃油箱蒸发控制系统、燃油系统、二次空气系统、排气再循环、点火系统等）的相关部件组成。

2. 氧传感器监测

氧传感器监测是一种随车诊断策略，用来监测氧传感器有无故障或有无可能影响排放性能的老化问题。该检测重点检查氧传感器能否快速地进行反应，以及电压的变化幅度是否正常，如图10-4所示。

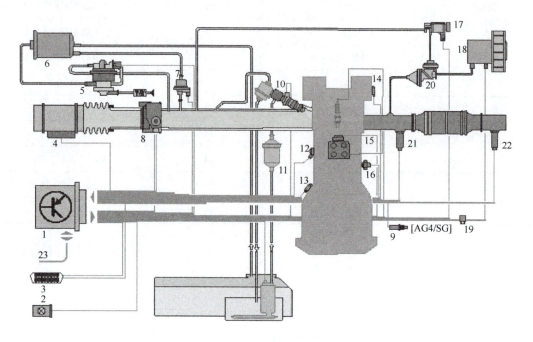

图 10-3　OBD 系统的组成

1—发动机控制单元　2—排放警告灯　3—诊断接头　4—空气流量传感器　5—燃油系统诊断泵　6—活性炭罐　7—活性炭罐电磁阀　8—节气门体　9—车速传感器　10—喷油器　11—燃油滤清器　12—爆燃传感器　13—发动机转速传感器　14—凸轮轴位置传感器　15—点火模块　16—冷却液温度传感器　17—二次空气电磁阀　18—二次空气泵　19—二次空气泵继电器　20—二次空气组合阀　21—氧传感器（催化转化器前）　22—氧传感器（催化转化器后）　23—CAN 总线

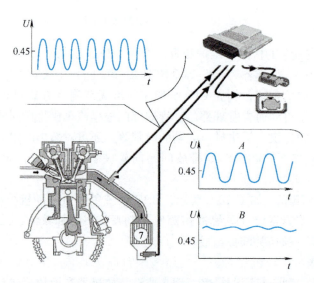

图 10-4　氧传感器监测

任务 10　发动机偶尔出现多缸失火故障的诊断与维修

（1）开关式前氧传感器监测　开关式前氧传感器监测指在三元催化转化器前安装有传统开关式氧传感器的监测方式。

当系统满足一定的条件时，氧传感器进入功能测试（图10-5）。功能测试时，进入一种特殊的1.5Hz方波燃油控制程序，燃料控制程序一般持续几秒左右。前氧传感器功能测试可以产生可预测的氧传感器信号的频率与幅值，反应迟钝的氧传感器会显示出切换幅度下降，而产生故障码。如果由于燃油蒸气的影响，没有得到目标频率，系统会重新进行测试，直到获得目标频率。

（2）宽频氧传感器监测　宽频前氧传感器的监测与上述开关式氧传感器的监测方式略有不同：采用0.5Hz的方波燃油控制程序，测试氧传感器的反应速度，要求正常延迟时间在0.2s内，如果超过0.6s，则产生氧传感器的故障码。

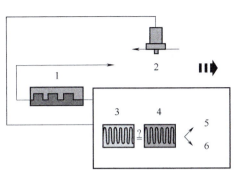

图10-5　开关式前氧传感器监测
1—1.5Hz燃油脉冲　2—燃油控制程序
3—实际氧传感器信号　4—目标氧传感器信号　5—有故障判定　6—无故障判定

（3）后氧传感器监测　后氧传感器在汽车正常工作期间连续监测最大空燃比浓稀电压。如果在氧传感器监测周期中未超过浓稀阈值，可强制使空燃比变浓或变稀来切换后氧传感器，如在强制变浓或变稀情况下传感器仍不能超过最大浓稀阈值，则表明有故障存在。只有在成功地完成前氧传感器的检测后，才能实施后氧传感器的检测；若氧传感器电压的最大值和最小值正常，则该传感器视为正常。

（4）氧传感器加热器监测　氧传感器加热器每工作1次，进行1次加热器测试。加热器进行电压与电流监测，在接通氧传感器的加热器后，驱动器的电压为低；若关闭加热氧传感器的加热器后，该电压则为高；若检测结果与上述电压不符合，则表明加热器存在故障。

在接通氧传感器的加热器后，电流值如果低于或超过目标值，则表明可能加热器老化或传感器故障。

3. 三元催化转化器监测

催化器监测器是利用在催化器蜂窝状稀有金属中的氧储存量来判断碳氢的转化效率的。在正常的闭环燃油控制条件下，高效能的催化转化器储存有大量的氧气，这使后氧传感器的频率变得很慢以及相对比较低的振幅。当催化转化器老化时，它的储氧能力就会下降，后氧传感器的信号频率就会上升，振幅也会变大，利用后氧传感器信号的变化情况，就能判断出催化转化器的转化效率。

4. 燃油系统监测

如图10-6所示，燃油监测系统用于调节混合气空燃比，使其保持在14.7∶1的理论空燃比范围内，这样能够减少碳氢、一氧化碳、氮氧化合物的排放量。如果空燃比出现了偏差，超出极限值，燃油监测系统就会生成故障码，故障灯亮起，提醒驾驶人及时维修。

（1）长、短期燃油修正值监测　当燃油系统正常时，氧传感器信号与长、短期燃油修正值正常上下变动。

当部件老化或有故障发生时，长期燃油修正值会抵达一个标定的上限或下限，如果此时短期燃油修正值也达到一个设定的限值，ECU就会指示一个混合气过浓或过稀的故障码。

例如：当氧传感器信号变成低电压信号（混合气稀），此时短期燃油修正会持续加浓操作，如果加浓操作后，氧传感器没有变化，长期燃油修正会随之进行加浓计算；长、短期燃油修正值都达到上限后，如果氧传感器信号电压没有变化，就会报混合气过稀的故障码。

（2）空燃比不平衡检测　由于宽频氧传感器控制精度较高，为了不产生错误的燃油调整，控制系统采用了空燃比不平衡监测。

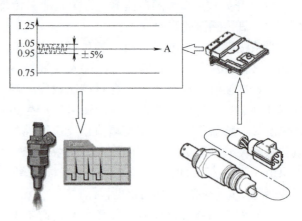

图 10-6　燃油系统监测

空燃比不平衡监测用于气缸与气缸间的空燃比不平衡的状况。当空燃比不平衡时，宽频前氧传感器的信号变得很杂乱，当杂乱的信号超过限定阈值时，就会设置一个故障码。图 10-7 所示为两个相邻工作的气缸导致的不同电压信号，可以看出混合气稀的气缸氧传感器信号出现杂波。

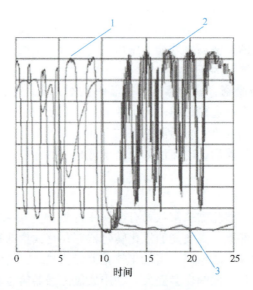

图 10-7　空燃比不平衡检测

1—正常气缸的前氧传感器波形　2—故障气缸的前氧传感器波形　3—后氧传感器信号

5. 失火监测

（1）失火监测原理　失火的定义是缸内没有燃烧。发生失火时，没有燃烧的燃油可能进入到三元催化转化器内，造成三元催化转化器的早期损坏及排放超标。失火监测器可以监测发动机的失火情况，提醒驾驶人及时维修。

失火监测主要是利用曲轴位置传感器的信号变化来监测的。当气缸点火时，曲轴加速，将各加速度与周围气缸曲轴加速度的平均数进行比较，缺火监测器便可以确定是否有气缸未

任务 10　发动机偶尔出现多缸失火故障的诊断与维修

产生应有的加速度，曲轴加速度低即被定为缺火。

图 10-8 所示为 4 缸发动机每个缸的做功时间示意图，每 90°监测一次做功时间，其中 3 个缸的做功时间都为 5ms，1 个缸的做功时间为 7.2ms，意味着此缸失火。5 缸或 6 缸等多缸发动机与此不同，监测的做功角度不同，如 6 缸的监测角度为 60°。

在一定时间内，如果失火率大于阈值，OBD 系统就会使 MIL 灯亮起或闪烁。

（2）失火的处理　按照失火造成的影响，失火分为两种：一种是导致三元催化转换器损坏的失火，这种失火指的是在连续的 200 圈中计算的缺火数目；另一种是会影响到排放的失火，这种失火指的是在连续的 1000 圈中计算的缺火数目。

1）200 圈失火监测与处理。这种失火按 200 圈计数，在 200 圈的终点，监测器比较实际的失火率与转速/负荷表上的百分比阈值，如果失火率高于阈值并且三元催化转化器温度模型显示转化器受到损坏，发生失火时，MIL 灯就会立即闪烁。

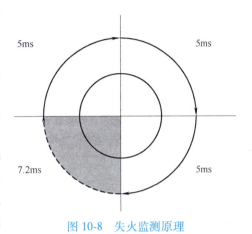

图 10-8　失火监测原理

2）1000 圈失火监测与处理。这种失火按 1000 圈计数，监测器将实际失火率与 OBD 阈值进行比较，这类失火主要影响排放性能，如果排放超标，故障灯马上亮起。

6. 排气再循环系统流量监测

排气再循环（EGR）系统监测器是一种用来测试 EGR 系统的完好性和流量特性的随车策略。当 EGR 系统工作不良或有故障时，产生相应的故障码及提示，使驾驶人及时发现问题，降低排放。

如图 10-9 所示，当排气进入到进气歧管时，进气道的真空度会下降，进气歧管的绝对压力就会上升。利用进气压力传感器与推测的压力值的两个参数就能估算出排气的流量。ECM 计算 EGR 阀打开与关闭时的压力差。当累积计算 EGR 阀打开与关闭时次数达到标定值时，计算平均的压力差值。如果压力差值小于一个阈值，就会产生 EGR 阀流量的相关故障码。

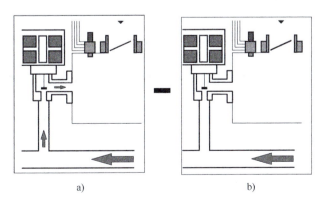

图 10-9　EGR 流量监测
a）EGR 打开状态　b）EGR 关闭状态

167

7. 综合部件监测

综合部件监测持续地对传感器和执行器进行监测,以确定其是否工作在规定的参数范围内。若传感器或执行器超出了规定的参数范围,监测系统在存储器中储存1个故障;若1个与尾气排放控制相关的部件发生故障,而且该故障在第2个行程中得到了确认,那么MIL灯将亮起。

(1) 电路监测　电路监测指控制器根据控制器端电压信号、电流信号的变化,对电路的连接情况做出判断,产生相关的故障码。

1) 参考电压式信号监测。控制器提供参考电压的传感器,监测系统利用信号电压与参考电压的关系判断传感器电路的正确性。图10-10为冷却液温度传感器的信号电压范围示意图。发动机控制单元提供5V的参考电压,当信号电压低于0.2V或高于4.8V时,认为电路有问题。位置型传感器、温度型传感器大多采用这种监测方式。

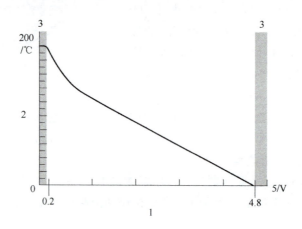

图 10-10　参考电压式信号监测

1—信号电压　2—温度　3—故障区

2) 自产生信号式传感器电路监测。对于自产生信号的传感器,如磁感应式曲轴位置传感器,发动机控制单元没有提供参考电压。

监测的方法如下:在确认应该有信号产生,但未接收到信号的情况下,监测系统就认定传感器损坏或电路短路、断路。

(2) 合理性监测　合理性监测指根据数据的变化情况,判断信号是否合理。合理性监测分为单一部件合理性监测与关联部件合理性监测。

1) 单一部件合理性监测。单一部件合理性监测指利用本身产生的信号,根据其理论特点判断是否合理。

以节气门位置传感器为例,为了提高节气门位置传感器的精确度,节气门位置传感器采用两个有内在联系的信号,如果在工作中发现两个信号不具有2倍关系,那说明其中一个有故障,系统进入跛行模式。

2) 关联部件合理性监测。关联部件合理性监测指利用几个部件的相互数据,判断各个部件的合理性。

例如:进气压力传感器、空气流量传感器、节气门位置传感器,这3个传感器相互确认

任务 10　发动机偶尔出现多缸失火故障的诊断与维修

在当前运行条件下数据的合理性。监测系统可以利用空气流量传感器计算 1 个负荷量，也可以利用进气压力计算 1 个负荷量，如果产生 1 个超过阈值的偏差，说明某个传感器信号不合理。

（3）功能性监测　功能性监测主要针对执行器进行监测，监测执行器的工作情况。如果没有执行到目标位置或目标参数，监测系统就会给出相应的故障码。

功能性监测指对执行元件的结果进行监测。例如：三元催化转化器前的宽频前氧传感器监测二次空气喷射系统供气时的 λ 信号，此时应该是稀混合气（$\lambda>1$），如果信号异常，则可能产生二次空气系统元件的相关故障码。

10.2　发动机偶尔出现多缸失火的故障分析

1. 故障现象

一辆 2011 款的奥迪 A6 轿车，发动机型号为 BDW，变速器型号为 HSX，行驶里程为 8 万 km，该车起动时发动机运行良好，但 2min 后游车严重，转速表示值忽上忽下，每次都如此。

2. 故障原因分析

根据故障现象，分析可能的故障原因（图 10-11）：

1）供油系统故障：燃油系统堵塞或部件损坏，造成油压偏低；喷油器滴漏或堵塞，电路接触不良等故障；个别气缸混合气过浓或过稀等。

2）点火系统故障：点火控制模块、火花塞及相关电路故障，积炭、油污造成点火不良等。

3）进、排气系统故障：进气绝对压力传感器或相关电路故障，进气管路漏气或堵塞、排气管路堵塞等。

4）发动机控制单元故障。

5）机械故障：正时链条安装位置错误、气门密封不严、气缸垫烧蚀或损坏、活塞环断裂、转动部件不平衡等。

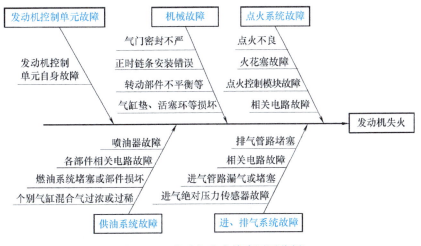

图 10-11　发动机失火故障原因分析

发动机管理系统故障诊断与维修

10.3 维修计划与设备、材料准备

1. 维修计划

通过上述理论知识的学习以及对故障的初步分析，制订如下维修计划：

1）外部直观检查。
2）借助诊断仪 VAS6150B 进行故障诊断。
3）确定故障原因和零部件。
4）针对存在问题进行拆装、更换或维修。

2. 维修设备与材料准备

车辆进行检查前应做好如下准备：

1）放置好车身挡块。
2）连接好尾气接管。
3）打开车门并降下车窗。
4）正确安装七件套：左、右翼子板垫，前杠防护垫，座椅垫，脚垫，转向盘套，变速杆套。
5）准备好维修设备、工具（表 10-3）及必要材料。
6）检查车辆机油油位、冷却液液位、电源电压，应均为正常状态，连接好充电器。

表 10-3 维修设备与工具

名称	数量	名称	数量
奥迪专用诊断仪	1 台	充电器 VAS5903	1 个
奥迪 ELsa 系统	1 套	常规工具及设备	1 套
测量接线 VAG1594D	1 套	氧传感器环形扳手套件 3337	1 套
气缸压力表	1 套	点火线圈拔出器 T40039	1 个
火花塞扳手 3122B	1 个		

任务实施

10.4 故障综合检查

1. 故障码诊断

连接好诊断仪 VAS6150B，将蓝牙接口连接车内诊断接口，打开诊断仪并将车辆点火开关置于 ON 位置，进入诊断界面选择好车型信息进行车辆自诊断。

经诊断仪检测，存在故障信息为"气缸 6：损害催化转化器的燃烧断火，约 28s 识别到断火"，即 6 缸有失火现象，但故障是偶发的，可以消除。

任务 10　发动机偶尔出现多缸失火故障的诊断与维修

2. 检查气缸压缩压力

使用气缸压力表（图 10-12）检测气缸压缩压力。

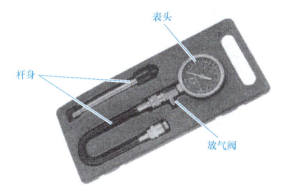

图 10-12　气缸压力表

检测气缸压力

起动发动机，预热至机油温度达 30℃ 以上，测量蓄电池电压，在 12.7V 以上。

松开发动机所有气缸的点火模块插头，拆下所有点火模块。拆卸被测气缸的火花塞，将气缸压力表安装于火花塞孔并拧紧。由于该车是 V 形发动机，把左、右侧气缸盖上后部连接喷油器的电插头松开，确保测试过程中发动机不喷油。

设备及准备工作完成后，两人配合，一人观察气缸压力表，另一人起动发动机并完全踩下加速踏板，直到压力值不再上升，便可松开加速踏板，此时最大压力值即为气缸的压缩压力。

用上述方法测量 6 个气缸压缩压力，测量值及标准值见表 10-4。

该车 6 个气缸的压缩压力在标准范围内，气缸之间的压力差最大为 0.5bar，小于标准值（3bar），说明气缸压缩压力正常，基本排除机械故障的可能性。

表 10-4　气缸压缩压力测量值

气缸	压力值/bar	车辆维修手册的标准值
1	12.5	1）气缸压力 10.0~14.0bar 2）最低不能低于 9.0bar 3）气缸之间的最大差值 3bar
2	13.0	
3	12.8	
4	12.5	
5	13.0	
6	12.8	

3. 检查火花塞燃烧情况

检查 6 个气缸的火花塞，发现火花塞灰褐色外观没有异常，如图 10-13 所示。测量火花塞电极间隙，如图 10-14 所示，均在 0.8mm 左右，间隙正常。最后做跳火试验，每个火花塞都有比较强的电火花，由此排除了点火线圈和火花塞自身有故障的可能。

4. 测量值诊断

读取发动机左、右两侧的氧传感器的空然比的数据流，如图 10-15 所示。气缸列 1 的氧

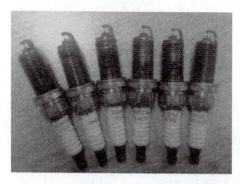

图 10-13　火花塞

图 10-14　测量火花塞电极间隙

传感器 1（前氧传感器）实际空燃比在 0.998~1.23 变动（空燃比规定值为 0.99），气缸列 2 氧传感器 1 实际空燃比在 0.998~1.65 变动（空燃比规定值为 0.99）。气缸列 2 氧传感器 1 的实际空燃比大于 1.5 时，发动机马上开始游车。发动机控制单元根据气缸列 2 氧传感器 1 的反馈信号来修正 4~6 缸的喷油脉宽。拔掉气缸列 2 氧传感器 1 的插头，进入固定值脉宽喷油控制调节，发动机游车故障现象消失。所以故障原因应该为：气缸列 2 氧传感器 1 损坏，导致混合气控制异常而引起气缸失火。

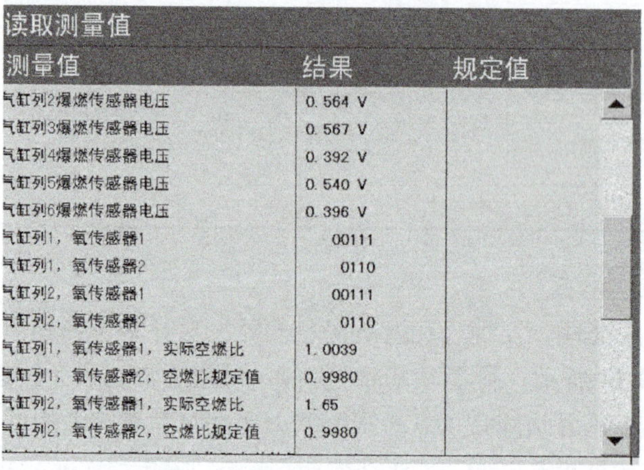

读取测量值		
测量值	结果	规定值
气缸列2爆燃传感器电压	0.564 V	
气缸列3爆燃传感器电压	0.567 V	
气缸列4爆燃传感器电压	0.392 V	
气缸列5爆燃传感器电压	0.540 V	
气缸列6爆燃传感器电压	0.396 V	
气缸列1，氧传感器1	00111	
气缸列1，氧传感器2	0110	
气缸列2，氧传感器1	00111	
气缸列2，氧传感器2	0110	
气缸列1，氧传感器1，实际空燃比	1.0039	
气缸列1，氧传感器2，空燃比规定值	0.9980	
气缸列2，氧传感器1，实际空燃比	1.65	
气缸列2，氧传感器2，空燃比规定值	0.9980	

图 10-15　氧传感器的空燃比的数据流

任务 10　发动机偶尔出现多缸失火故障的诊断与维修

10.5　更换故障部件

更换气缸列 2 氧传感器 1。拆装氧传感器需要用到专用工具氧传感器环形扳手套件 3337，如图 10-16 所示。

工作步骤如下：

1）拔下后部发动机盖板。

2）松开并拆下冷却液补偿罐，脱开冷却液补偿罐下面的冷却液不足显示开关 F66 的电插头，并将之和相连的冷却液软管放在一侧。

3）脱开氧传感器 G108 的电插头。

4）将氧传感器 G108 用氧传感器环形扳手套件 3337 中的一个合适工具拧出，如图 10-17 箭头位置。

5）更换新的氧传感器，以与拆卸相反的顺序安装相关部件。安装过程中要注意：

① 在新的氧传感器螺纹上抹了一层装配膏，装配膏不得进入氧传感器体的凹槽中。

② 安装时，氧传感器的导线必须重新固定到原来位置，以避免氧传感器导线接触排气管。

③ 按照标准拧紧力矩（55N·m）拧紧氧传感器。

经检查，发动机运行良好，故障现象消失，故障排除。

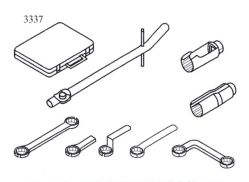

图 10-16　氧传感器环形扳手套件 3337

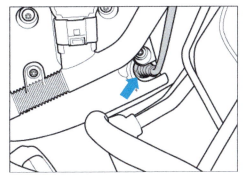

图 10-17　氧传感器的拆装

作　业

完成学习工作页任务 10　发动机偶尔出现多缸失火故障的诊断与维修。

参 考 文 献

[1] 曹红兵. 汽车发动机电控技术与维修 [M]. 北京：机械工业出版社，2014.
[2] 陈礼璠，杜爱民. 汽车构造（发动机分册）[M]. 北京：人民交通出版社，2010.
[3] 颜伏伍. 汽车发动机原理 [M]. 北京：机械工业出版社，2017.
[4] 贝绍轶. 汽车发动机管理系统 [M]. 北京：北京大学出版社，2016.
[5] 李伟. 新型直喷、混合动力发动机构造原理与故障排除 [M]. 北京：机械工业出版社，2014.
[6] WILFRIED STAUDT. 汽车机电技术（一）[M]. 华晨宝马汽车有限公司，组译. 北京：机械工业出版社，2011.
[7] 蔡兴旺. 汽车构造与原理：上册 发动机 [M]. 北京：机械工业出版社，2017.
[8] 林小荣. 汽车维修案例精选 [M]. 北京：机械工业出版社，2014.
[9] 杨杭旭，渠珍珍，周定武. 汽车发动机电控系统检修 [M]. 成都：电子科技大学出版社，2017.
[10] 冯益增. 汽车发动机检修 [M]. 北京：北京理工大学出版社，2015.

高职高专汽车三融合新型教材

发动机管理系统故障诊断与维修

学习工作页

姓　　名_____
专　　业_____
班　　级_____
任课教师_____
时　　间_____年___月~_____年___月

说　　明

1. 学习工作页配套相应领域主教材使用，每一个任务包括测试题和实训两部分。
2. 教师根据教学进度，布置学习工作页中相应任务，也可以变更补充。
3. 学习工作页由学生独立或集体完成。
4. 教师及时检查、批阅学生完成工作页的情况并评分。
5. 教师定期组织学生撰写海报，并进行交流。
6. 学习工作页题解参考见丛书教学资源，可扫码链接。

目 录

说明

任务 1　发动机无法起动故障的诊断与维修
　　测试题 ··· 1
　　实训 ·· 2

任务 2　发动机持续高速运转且无法加速故障的诊断与维修
　　测试题 ··· 5
　　实训 ·· 6

任务 3　发动机冷车起步易熄火故障的诊断与维修
　　测试题 ··· 9
　　实训 ··· 10

任务 4　发动机加速迟滞且有进气噪声故障的诊断与维修
　　测试题 ·· 13
　　实训 ··· 15

任务 5　发动机怠速运转不平稳且加速不良故障的诊断与维修
　　测试题 ·· 18
　　实训 ··· 19

任务 6　发动机起动困难故障的诊断与维修
　　测试题 ·· 22
　　实训 ··· 23

任务 7　发动机运转不平稳且故障指示灯亮起故障的诊断与维修
　　测试题 ·· 26
　　实训 ··· 27

任务 8　汽油发动机尾气排放异常故障的诊断与维修
　　测试题 ·· 30
　　实训 ··· 31

任务 9　柴油发动机起动困难故障的诊断与维修

　　测试题 ……………………………………………………………………………………… 35
　　实训 ………………………………………………………………………………………… 36

任务 10　发动机偶尔出现多缸失火故障的诊断与维修

　　测试题 ……………………………………………………………………………………… 39
　　实训 ………………………………………………………………………………………… 41

任务 1　发动机无法起动故障的诊断与维修

测试题

1. 填空题

1）发动机管理系统主要经历了 4 个主要变化：机械连续喷射、单点喷射、_____、_____，近几年产生了_____。

2）发动机管理系统由传感器、_____和执行器三部分构成。

3）失效保护指当某些传感器或执行器出现故障时，ECU 利用_____控制发动机运行，或停止供油使车辆停止运转（保护发动机），并发出故障告警信号。

4）后备功能指当 ECU 出现故障时，自动切换到简易控制的后备系统，喷油和点火正时控制在_____，使车辆能够继续行驶，又称回家模式。

5）现在的发动机 ECU 主要由_____、微处理器和_____组成。

2. 单项选择题

1）发动机管理系统的功能有（　　）。
A. 发动机热管理功能　　　　　　B. 空调出口温度
C. 机油温度警告　　　　　　　　D. 冷却液温度警告

2）（　　）不是发动机电控单元的功能。
A. 存储、计算、分析处理信息　　B. 输出执行命令
C. 感知发动机工作情况　　　　　D. 自我修正功能

3）下面关于发动机缸内直喷技术的描述错误的是（　　）。
A. 将燃油喷入气缸内与进气混合的技术
B. 采用一个凸轮轴驱动的机械高压泵以及一个共用的油轨
C. 能够降低进气温度，降低爆燃趋势，提高压缩比，提高功率
D. TFSI 缸内喷射控制系统与 FSI 的区别是是否有缸外喷射的功能

4）关于发动机控制单元供电描述正确的是（　　）。
A. 仅采用 15 供电　　　　　　　B. 仅采用 30 供电
C. 采用 30 和 15 供电　　　　　 D. 只有一根搭铁线

5）（　　）的搭铁不受控于发动机控制单元。
A. 端子 15 供电继电器 J329　　　B. 主继电器 J271
C. 部件继电器 J757　　　　　　　D. 起动继电器 J53/J695

3. 判断题

1）发动机管理系统的功能是对发动机进行综合控制，确保发动机在所有工况下处于最佳工作状态，从而净化排放、降低燃油消耗、提高功率、改善驾驶性。（　　）

2）双喷射系统的紧急模式：如果这两个系统中的一个出现故障了，另一个系统就会执行应急运行功能，这样就能保证车辆仍能继续行驶了。（　　）

3）带起停系统发动机的起动控制有全自动模式和半自动模式。（　　）

4)发动机控制单元的微处理器是发动机电控系统的"神经中枢",可以直接处理模拟信号。   ( )

5)传感器的功能是负责执行 ECU 发出的各项指令。   ( )

4. 简答题

1)简述发动机管理系统功能。

2)举例说出目前发动机管理系统的 6 个传感器。

3)举例说出目前发动机管理系统中的 6 个输出控制执行器。

实训

1. 观察小组所分配的发动机,结合维修手册,查找、认知并记录该发动机管理系统的传感器和执行器。

学习工作页

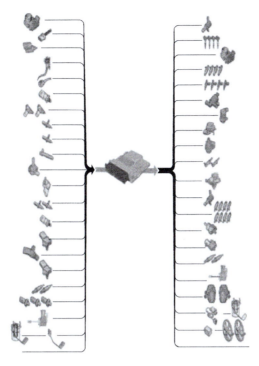

2. 查阅电路图,画出发动机控制单元供电电路简图。

3. 检测诊断及排除发动机管理系统故障。

1) 起动并验证发动机故障现象(验证起动、怠速、高速、加速及减速状态)。小组发动机的故障现象是:

2) 读取故障信息,该发动机的故障码是(如有):
_____;

发动机管理系统故障诊断与维修

含义是：_____
_____
_____ ;

  3）分析可能的原因。

  4）查阅电路图，绘制相关电路简图。

  5）诊断并排除发动机故障，写出故障诊断与排除步骤。
  ①

  ②

  ③

  4. 老师点评。

任务 2　发动机持续高速运转且无法加速故障的诊断与维修

测试题

1. 填空题

1）非增压发动机进气系统的基本组成一般包括_____、空气流量传感器、进气软管、_____、进气总管、进气歧管等。

2）电子节气门上有_____传感器，该传感器的信号能反映节气门开度的大小。

3）发动机控制模块通过_____传感器与车速信号来判断是否处于怠速工况。

4）_____（滑动电阻式/磁阻效应式）气门位置传感器采用非接触式传感器，被越来越多汽车厂家采用。

5）_____原则指当发动机控制单元检测到加速信号与制动信号同时输入时，忽略加速信号，采用制动信号，降低发动机功率。

2. 单项选择题

1）节气门关闭的位置是（　　）。
A. 应急运行位置　　　　　　　　B. 机械下止点
C. 电动下止点　　　　　　　　　D. 机械上止点

2）关于电子节气门系统的描述错误的是（　　）。
A. 故障指示灯为黄色 EPC 灯
B. 节气门当前位置值由加速踏板位置传感器反馈给发动机控制单元
C. 由电动机在整个调节范围内调节节气门的位置
D. 发动机控制单元分两路控制转矩输出

3）关于加速踏板位置传感器，叙述不正确的是（　　）。
A. 两个传感器信号电压一样高
B. 在相应的测量数据块中，传感器的信号是以百分比来显示的，也就是100%代表5V
C. 使用了两个传感器测量
D. 若两个传感器同时出现故障，则发动机高怠速运转

4）关于节气门位置传感器，叙述不正确的是（　　）。
A. 一个传感器信号失真或中断，发动机工作不受影响
B. 滑动电阻式节气门位置传感器的两个信号是相反的
C. 一般有滑动电阻式和磁阻效应式两种类型
D. 若两个传感器同时出现故障，则发动机高怠速运转

5）关于转矩控制过程，叙述不正确的是（　　）。
A. 发动机控制单元根据内部需求与外部需求计算一个需求的转矩
B. 一级调整控制指改变是调整节气门开度、增压度等方法，这种方法也称为长期转矩需求

C. 如果需求的转矩与实际转矩之间存在差别，发动机控制单元将报故障码

D. 二级调整控制指改变点火提前角、喷油时间以及气缸抑制等方法，其特点是响应快，这种方法也称为短期转矩需求

3. 判断题

1）进入气缸的气体量由节气门单元J338控制，目前奥迪全系列发动机都采用手动拉锁节气门。（　　）

2）进入到气缸内的空气量越多，发动机的功率越高，所以提高气缸的充气效率是一个在不改变排量的前提下提高功率的主要途径。（　　）

3）电子节气门的主要功能包括怠速控制、部分负荷与全负荷的进气量控制、失效模式及安全机制。（　　）

4）发动机控制模块通过占空比信号来控制节气门的开度。（　　）

5）当节气门体驱动失效时，发动机将熄火。（　　）

4. 简答题

简述电子节气门结构的工作过程。

实训

1. 操作测试节气门功能。

1）关闭点火开关，观察节气门的动作，是否有完全关闭动作？　　【是□　否□】

2）打开点火开关，但不着车，观察节气门的动作，是否有完全关闭动作？

【是□　否□】

3）在节气门蝶形片与壳体之间夹一张纸，完成打开点火开关5s与关闭5s操作后，拿掉纸张，直接起动，观察怠速是否会受到影响？　　【是□　否□】

2. 通过诊断仪，观察下列数据的数据流并记录。

测量条件	节气门开度	节气门角度	负荷率
怠速			
开空调			
打开前照灯后除霜			
急加油（记录最大值）			
断开1缸喷油器插头			

学习工作页

3. 急速时，在加速踏板踩到底的状态下，观察下表中所示数据的变化特点。

测量值	数值	单位
加速踏板位置 1		
加速踏板位置 2		
加速踏板，传感器电压 1		
加速踏板，传感器电压 2		
加速踏板，开关位置位 3		
加速踏板，开关位置位 4		

1）传感器 1 与传感器 2 的电压关系是什么？

2）开关位置位 3 与位 4 表达的含义是什么？

4. 填写节气门控制单元的各针脚功能，检测、记录相关电压。

针脚	功能	插头脱开时对搭铁电压
1	G187 信号线	
2	传感器供电	
3	电动机控制线	
4	G188 信号线	
5	电动机控制线	
6	传感器搭铁	-

7

5. 检测诊断及排除电子节气门故障。

1）起动并验证发动机故障现象（验证起动、怠速、高速、加速及减速状态）。小组发动机的故障现象是：

2）读取故障信息，该发动机的故障码是（如有）：
_____ ;
含义是：_____
_____
_____ ;

3）分析可能的原因。

4）查阅电路图，绘制相关电路简图。

5）诊断并排除发动机故障，写出故障诊断与排除步骤。
①

②

③

6. 老师点评。

任务3　发动机冷车起步易熄火故障的诊断与维修

测试题

1. 填空题

1）_____指在进气过程中有效利用进气管内压力波的往复振荡来增加进气量。
2）对于具有可变进气通道控制的发动机，低速时使进气通道细和（或）____。
3）进气谐振进气道在高转速、高负荷时，进气道为_____（功率腔/转矩腔）。
4）进气歧管翻板有针对稀薄燃烧的充气方式和针对_____的充气方式。
5）发动机进气涡流控制系统的翻板调节有____调节方式和____调节方式。

2. 单项选择题

1）关于可变进气歧管技术，叙述不正确的是（　　）。
A. 可以根据转速情况改变进气歧管长度
B. 利用谐振效应提高充气效率
C. 可以提高低速时的转矩和高速时的功率
D. 采用液压推动转换阀以改变进气歧管长度

2）下面不属于可变长度进气歧管控制系统组成的是（　　）。
A. 真空助力器　　　　　　　　B. 进气转换电磁阀
C. 转换阀　　　　　　　　　　D. 转换阀位置传感器

3）下面不属于奥迪进气歧管翻板系统（发动机进气涡流控制系统）的部件是（　　）。
A. 气歧管翻板电位计 G336　　　B. 进气歧管转换阀 N316
C. 进气温度传感器　　　　　　D. 真空执行单元

4）关于目前发动机的进气系统描述错误的是（　　）
A. 气体进入进气歧管后，根据车型不同安装有可变进气通道或进气翻板系统
B. 空气经过空气滤清器过滤后，部分车型在空气滤芯后安装有空气流量传感器
C. 可变进气通道一般安装在增压发动机上
D. 进气翻板系统可以与增压系统配合使用

3. 判断题

1）发动机的进气周期是随转速的变化而变化的，而固定的进气谐振系统的固有频率是固定的，因此只能增加特定转速下的进气量和发动机转矩。（　　）
2）进气歧管翻转阀 N156 有 3 条通道，分别与大气、真空执行器、真空罐相通。
（　　）
3）在奥迪的增压发动机上使用了进气歧管翻板，以改善内部混合气形成状况。（　　）
4）在低负荷、发动机中低转速时，进气翻板是打开的。（　　）
5）发动机控制单元根据翻板电位计的信号判断翻转板的位置。（　　）

4. 简答题

1）简述可变长度进气歧管的作用。

2）简述进气涡流控制的作用。

实训

1. 操作测试可变长度进气歧管功能。

1）在不着车时，进气道是短进气道还是长进气道？

【短进气道□　长进气道□】

2）在怠速时，进气道是短进气道还是长进气道？

【短进气道□　长进气道□】

3）在转速为 2000r/min 时，进气道是短进气道还是长进气道？

【短进气道□　长进气道□】

4）在转速为 4500r/min 时，进气道是短进气道还是长进气道？

【短进气道□　长进气道□】

5）在失速试验时，进气道是短进气道还是长进气道？

【短进气道□　长进气道□】

2. 操作测试进气歧管翻板功能。

1）在不着车时，进气歧管翻板是工作状态还是未工作状态？

【工作状态□　未工作状态□】

2）在怠速时，进气歧管翻板是工作状态还是未工作状态？

【工作状态□　未工作状态□】

3）在转速为 2000r/min 时，进气歧管翻板是工作状态还是未工作状态？

【工作状态□　未工作状态□】

4）在转速为 5000r/min 时，进气歧管翻板是工作状态还是未工作状态？

【工作状态□　未工作状态□】

5）在失速试验时，进气歧管翻板是工作状态还是未工作状态？

【工作状态□　未工作状态□】

3. 检测并记录可变长度进气歧管转换阀位置传感器各端子的功能。

针脚	功能	插头脱开时的对搭铁电压	手动真空泵转动转换阀
1	供电		—
2	信号线		
3	搭铁	—	—

4. 检测并记录进气转换电磁阀的性能。

序号	操作	现象/结果
1	通过诊断仪"最终控制诊断"功能让进气转换电磁阀动作	
2	检测进气转换电磁阀电阻值	
3	进气转换电磁阀的供电来源	
4	进气转换电磁阀由谁控制	

5. 检测诊断及排除可变进气系统故障。

1）起动并验证发动机故障现象（验证起动、怠速、高速、加速及减速状态）。小组发动机的故障现象是：

2）读取故障信息，该发动机的故障码是（如有）：

　　　　　　　　　　　　　　　　　　　　　　　　　　　　　　　　　　　　　　；

含义是：

　　　　　　　　　　　　　　　　　　　　　　　　　　　　　　　　　　　　　　；

3）分析可能的原因。

发动机管理系统故障诊断与维修

4）查阅电路图，绘制相关电路简图。

5）诊断并排除发动机故障，并写出故障诊断与排除步骤。
①

②

③

6. 老师点评。

任务 4　发动机加速迟滞且有进气噪声故障的诊断与维修

测试题

1. 填空题

1）发动机增压的方法主要有_____、_____和谐波增压等。

2）_____增压是利用发动机排气时的能量,将空气增压,再经进气管进入气缸,以增加进气量。

3）发动机增压技术中,_____增压技术具有不消耗发动机功率且有加速迟滞的特点。

4）对于增压发动机,在中冷器之后的_____传感器主要用于检测涡轮增压后方的增压程度。

5）目前奥迪机械增压的增压空气采用_____（风冷/水冷）。

2. 单项选择题

1）下面不是排气涡轮增压部件的是（　　）。

A. 中冷器

B. 增压压力调节器 V465

C. 调节风门控制单元 J808

D. 循环空气减压阀 N249

2）减少加速迟滞现象的关键部件是（　　）。

A. 节气门

B. 增压压力限制电磁阀 N75

C. 旁通阀

D. 空气再循环阀 N249

3）在怠速时,增压（　　）。

A. 不起作用

B. 起作用

C. 起很小的作用

D. 不确定

4）下列不是排气涡轮增压器特点的是（　　）。

A. 通过增大发动机进气压力而增大发动机功率

B. 通常靠在排气管旁

C. 利用排气驱动涡轮增压器叶轮

D. 压缩进气的泵轮由发动机传动带带动

5）排气涡轮增压压力限制的关键电气部件是（　　）。

A. 节气门

B. 增压压力限制电磁阀 N75 或增压压力调节器 V465

C. 压力调节器 N276

D. 空气再循环阀 N249

6) 关于机械增压技术，叙述错误的是（　　）。

A. 调节翻板控制单元 J808 与节气门控制单元 J338 协同工作

B. 增压器的最高转速可达 18000r/min

C. 增压空气冷却采用水冷

D. 驱动增压器不需要消耗部分发动机功率

7) 下面不是机械增压部件的是（　　）。

A. 增压空气冷却器

B. 机械增压器

C. 调节风门控制单元 J808

D. 空气再循环阀 N249

8) 相比于废气涡轮增压，下面不是机械增压优势的是（　　）。

A. 无加速"迟滞"现象，反应快

B. 增压压力是连续供给的，且随转速升高而增大，动力增长均匀

C. 驱动增压器不需要消耗部分发动机功率

D. 发动机转矩增大快，提前可达到最大转矩值，因此起步性能好

3. 判断题

1) 循环空气减压阀与排气旁通阀不同，排气旁通阀控制废气进口与出口的旁通，而循环空气减压阀控制涡轮增压器进口、出口的旁通量。（　　）

2) 在排气涡轮增压发动机中，中冷器用于降低进气温度，提高充气效率，减少爆燃倾向。（　　）

3) 排气涡轮增压器输出的空气压力过低可能是排气旁通阀卡在关闭位置上所致。（　　）

4) FSI 与 TFSI 的区别是是否带有涡轮增压器或机械增压器。（　　）

5) 机械增压器公差很小（转子-壳体），因此生产成本高；对纯净空气管道内混入的异物敏感性过高；降噪声的费用高。（　　）

6) 发动机控制单元在电磁离合器切换时通过曲轴位置传感器信号确定压缩机的转速。（　　）

4. 简答题

1) 排气涡轮增压发动机与自然吸气发动机相比，其优、缺点各是什么？涡轮增压发动机更适应什么样的使用条件？

学习工作页

2）简述机械增压的优点和缺点。

实训

1. 认知排气涡轮增压发动机的部件及结构，介绍其工作过程。

1）发动机涡轮增压器的涡轮机进气口与（　　）连接，出气口与（　　）连接，压气机进气口与（　　）连接，出气口与（　　）连接。

A. 三元催化转化器　　　　　　　　B. 空气滤清器
C. 排气歧管　　　　　　　　　　　D. 中冷器

2）该发动机增压压力传感器安装在_____；增压压力调节电磁阀 N75 安装在_____；增压空气循环阀 N249 安装在_____。

2. 按下面所列条件，验证涡轮增压系统的功能。

测量条件	增压器出口压力	进气道压力	大气压力
打开点火开关			
怠速			
2000r/min			
急加速（记录最大值）			
失速试验			
断开增压压力调节电磁阀插头 N75			
断开增压空气循环阀 N249			
断开增压压力传感器 G31			

结论：涡轮增压器在发动机_____时起作用。

3. 查阅资料，机械增压器所使用的同步带是否要更换？如果需要，间隔里程是多少？

4. 查阅资料，调节翻板位置传感器 G584 故障时会有什么故障现象？

5. 查阅资料，进气歧管压力传感器 G71 出现故障时会有什么故障现象？

6. 检测诊断及排除增压系统故障。

1）起动并验证发动机故障现象（验证起动、怠速、高速、加速及减速状态）。小组发动机的故障现象是：

2）读取故障信息，该发动机的故障码是（如有）：
_____；
　　含义是：_____
_____
_____；

3）分析可能的原因。

4）查阅电路图，绘制相关电路简图。

5）诊断并排除发动机故障，并写出故障诊断与排除步骤。
①

②

③

7. 老师点评。

任务 5　发动机怠速运转不平稳且加速不良故障的诊断与维修

测试题

1. 填空题

1) _____是燃油加热后从液体变为气体的性能；_____是燃油在气缸中燃烧时，避免产生爆燃的能力。

2) 选择燃油跟发动机的压缩比有很大关系，压缩比越大，应选用较_____（高/低）牌号的燃油。

3) 空燃比的定义是空气和燃油的质量之比，理论上的空燃比是_____；过量空气系数 $\lambda>1$ 是_____（浓/稀）混合气。

4) 目前市场上的车辆基本上都采用了电控燃油喷射技术，主要有_____、_____和双喷射系统 3 种类型。

5) 发动机 ECU 根据传感器传送的信号，计算出最佳的燃油_____，在合适时间_____。

2. 单项选择题

1) 以下不需要浓混合气的工况是（　　）。
A. 起动工况　　　　　　　　　　B. 暖机工况
C. 全负荷工况　　　　　　　　　D. 减速工况

2) 以下关于混合气的形成与控制的有关描述错误的是（　　）。
A. 喷油时间由基本喷油时间和校正喷油时间综合确定
B. 基本喷油时间由每缸进气量决定
C. 同步喷射比顺序喷射效果好
D. 喷油正时指喷油器在工作时与发动机曲轴转角对应的关系

3) 关于爆燃的叙述，不正确的是（　　）。
A. 为了避免发生爆燃，应增大点火提前角
B. 爆燃使发动机过热、油耗增大、功率下降
C. 汽油辛烷值越高越不容易爆燃
D. 与气体压力和温度过高有关

4) 若汽油发动机混合气过浓，燃烧后，排气管排烟颜色应为（　　）。
A. 黑色　　　　　　　　　　　　B. 蓝色
C. 白色　　　　　　　　　　　　D. 无色

5) 下面关于进气道喷射燃油供给系统的描述错误的是（　　）。
A. 系统包括燃油泵、压力调节器、汽油滤清器、喷油器等
B. 怠速时燃油压力为 35bar
C. 安装在油轨上的压力调节器连接有一根真空管，保证燃油压力与进气歧管中的压差

恒定

　　D. 如果压力调节器安装在燃油泵总成里（装在燃油箱里），则回油管也在燃油箱里

　6）关于进气道喷射燃油供给系统部件的相关描述错误的是（　　）。

　　A. 燃油泵内一般有安全阀和单向阀

　　B. 燃油滤清器总成必须定期更换

　　C. 高电阻喷油器电阻值一般为 12~17Ω

　　D. 燃油泵控制模块 J538 无法调节油泵转速

3. 判断题

　1）供油系统温度过低时，容易发生"气阻"，妨碍汽油正常流动，使得供油不足，发动机转速突然下降。　　　　　　　　　　　　　　　　　　　　　　　　　　（　　）

　2）过稀的混合气将会造成氮氧化合物排放量增大，如果越过燃烧极限，会造成着火困难，产生失火。　　　　　　　　　　　　　　　　　　　　　　　　　　　（　　）

　3）稍浓的混合气可以增加发动机功率，所以加速时会采用浓混合气。　（　　）

　4）发动机怠速时所需混合气较浓，所以此时喷油时间比中等负荷时要长。（　　）

　5）在发动机状态信号中，进气流量或进气管绝对压力和转速信号是两个主要参数，它们决定该工况下的基本燃油供给量和基本的点火提前角。　　　　　　　　（　　）

4. 简答题

　1）简述进气道喷射系统的组成与工作过程。

　2）简述进气道喷射系统的喷油控制。

实训

1. MAF 传感器信号测量与验证

1）使用诊断仪在不同的工况下，测量进气流量数据。

测量条件	MAF 数据
打开点火开关	
怠速	
2000r/min	
急加速（记录最大值）	

2）传感器功能验证

在急速状态下，进行下列数据验证：

1）在急速状态，断开 MAF 传感器插头，观察发动机是否会熄火？ 【是□ 否□】

2）断开 MAF 传感器插头，重新起动是否能够着车？ 【是□ 否□】

3）拆掉传感器，但保证插头还能连接，使传感器没有气流流动，验证是否能够着车？

【是□ 否□】

4）如果能着车，加速是否正常？ 【是□ 否□】

2. 油压测量

1）在 MPI 车型上，连接好燃油压力表，急速时测量燃油管路油压，压力为_____ bar。

2）加速时油压是否发生变化？ 【是□ 否□】

3. 喷油器波形测量

1）使用示波器，测量喷油器信号与曲轴位置的波形，验证喷油急速时的喷油时刻为

【排气冲程□ 进气冲程□】

2）加速时，喷油时刻如何变化？ 【提前□ 不变□ 滞后□】

3）打开空调、前照灯后，喷油时刻如何变化？ 【提前□ 不变□ 滞后□】

4. 喷油脉宽分析

1）使用诊断仪观察喷油脉宽参数，急速喷油脉宽为_____ ms。打开空调后，喷油脉宽如何变化？ 【增加□ 不变□ 减小□】

2）拔掉流量传感器或进气压力传感器，喷油宽度如何变化？

【增加□ 不变□ 减小□】

3）拆掉流量传感器管，使其在起动时，没有流量变化，喷油宽度如何变化？

【增加□ 不变□ 减小□】

4）通过模拟电阻的方式，模拟低温起动时，脉冲宽度如何变化？

【增加□ 不变□ 减小□】

5）读取诊断仪数据流，验证在急加油与急减油时：

① 是否存在急加浓操作？ 【是□ 否□】

② 是否存在减速断油操作？ 【是□ 否□】

6）使发电机不发电，观察喷油脉宽如何变化？ 【增加□ 不变□ 减小□】

5. 检测诊断及排除进气道喷射系统故障。

1）起动并验证发动机故障现象（验证起动、急速、高速、加速及减速状态）。小组发动机的故障现象是：

2）读取故障信息，该发动机的故障码是（如有）：
_____ ；

含义是：_____

_____ ；

3）分析可能的原因。

4）查阅电路图，绘制相关电路简图。

5）诊断并排除发动机故障，并写出故障诊断与排除步骤。
①

②

③

6. 老师点评。

任务6 发动机起动困难故障的诊断与维修

测试题

1. 填空题

1) 缸内直喷发动机燃油蒸发吸收热量，使缸内温度_____（升高/降低），增强了抗爆燃性能，所以可以采用较_____（高/低）的压缩比．

2) 奥迪缸内直喷发动机喷油器的起动工作电压为_____（65V/12V）。

3) FSI 发动机燃烧模式有_____和_____。

4) 直喷式发动机的喷油量主要是通过_____与_____（喷油时间/喷油正时）来控制的。

5) _____指发动机控制单元根据氧传感器的信号即时做出的燃油修正。

2. 单项选择题

1) 关于第三代 EA888 高压燃油供给系统的相关描述错误的是（　　）。

A. 安全阀集成到高压油泵内

B. 使用了四联凸轮推动高压油泵

C. 喷油器的启动工作电压为 12V

D. 在拔下燃油压力调节阀 N276 的插头时，高压泵以最大供油量来供油

2) 关于 FSI 直接喷射燃油供给系统的相关描述错误的是（　　）。

A. 有高压回路和低压回路

B. 燃油压力传感器负责调整高压油泵的油压

C. 电动燃油泵和高压油泵按发动机所需要的精确燃油量来供油

D. 基本组成包括电动燃油泵、燃油滤清器、输油管、燃油总管、高压油泵、喷油器等

3) 下列说法证明混合气存在问题的是（　　）。

A. 百公里油耗正常

B. 短期燃油修正值在 1%附近

C. 氧传感器信号能够进行高、低电压切换

D. 长期燃油修正值在 10%附近

4) 发动机控制单元采用闭环控制的条件是（　　）。

A. 发动机冷车

B. 发动机大负荷、减速或限速

C. 三元催化转化器进入保护模式

D. 发动机的温度高于设定温度，氧传感器达到工作温度

5) 关于发动机按需停缸控制技术的相关描述错误的是（　　）。

A. 未节流的 2 缸发动机要比节流的 4 缸发动机更耗油

B. 金属销回位，在电磁线圈中感知出电压，发动机控制单元接收到该信号，确认动作完成

C. 被关闭气缸的气门必须保持关闭状态

D. 在下坡滑行时,气缸关闭是不起作用的。

3. 判断题

1)奥迪缸内直喷发动机,为了调整油泵的供油量,发动机控制单元发出一个PWM信号给油泵控制单元,油泵控制单元通过一个PWM信号来控制油泵的供电电压。（ ）

2)奥迪缸内直喷汽油发动机汽油高压油路的油压可以达到500bar。（ ）

3)奥迪缸内直喷发动机（FSI）的工作模式包括均质混合气模式、分层充气模式和均质稀混合气模式。（ ）

4)如果燃油高压传感器发生故障,发动机控制单元用一个固定值驱动燃油压力调节阀,高压燃油压力保持与低压相同。（ ）

5)当元件持续老化导致短期燃油修正系数达到一个修正极限时,就不再能够进行燃油修正补偿了,这样系统就会设置一个混合气浓或稀的故障码。（ ）

4. 简答题

简述FSI系统相比于进气道喷射系统的优势。

实训

1. 检测燃油泵控制单元J538的供电情况和发动机控制单元对J538的控制信号。

1）J538的供电为_____,电压为_____。

2）检测J538的控制信号波形,其为_____信号。

2. 在下表所列的各种条件下,通过诊断仪读取高压燃油压力、燃油压力调节阀或计量阀占空比。

测量条件	高压油压	计量阀占空比
打开点火开关		
起动时		
怠速		
2000r/min		
急加速（记录最大值）		
失速试验		

发动机管理系统故障诊断与维修

得出结论：
1）占空比变大，油压怎么变化？ 【增加□ 减小□】
2）转速变高，油压怎么变化？ 【增加□ 减小□】
3）负荷变高，油压怎么变化？ 【增加□ 减小□】

3. 验证燃油压力调节阀或计量阀功能。
1）拔掉调节阀插头，尝试起动发动机，是否能够起动？ 【是□ 否□】
2）怠速时拔掉调节阀插头，是否会熄火？ 【是□ 否□】
3）观察油压数据是否会发生变化？【是□ 否□】，压力为_____
4）是否还能够加速？ 【是□ 否□】

4. 验证高压传感器功能。
1）在怠速时拔掉高压传感器，观察油压变化？ 【增加□ 减小□】
2）是否能够着车？ 【是□ 否□】
3）是否能够加速？ 【是□ 否□】

5. 使用示波器测量喷油器的波形，画出标准波形，并作比较。

6. 检测诊断及排除缸内直喷供油系统故障。
1）起动并验证发动机故障现象（验证起动、怠速、高速、加速及减速状态）。小组发动机的故障现象是：

2）读取故障信息，该发动机的故障码是（如有）：
_____；
含义是：_____
_____
3）分析可能的原因。

学习工作页

4）查阅电路图，绘制相关电路简图。

5）诊断并排除发动机故障，并写出故障诊断与排除步骤。
①

②

③

7. 老师点评。

任务7　发动机运转不平稳且故障指示灯亮起故障的诊断与维修

测试题

1. 填空题

1）点火控制系统通常由发动机 ECU、点火线圈、_____、爆燃传感器、曲轴位置传感器、_____传感器等元件组成。

2）火花塞击穿电压的大小与电极间的_____、气缸内的_____和温度、电极的温度、发动机的工作状况等因素有关。

3）发动机工作时，电子从_____电极向_____电极发射，产生跳火。

4）火花塞的_____称为热值。根据火花塞热值的不同，可分为_____火花塞和_____火花塞。

5）点火线圈由_____、_____和铁心等组成，现在许多车型包括大众奥迪将点火控制器与点火线圈集成在一起。

2. 单项选择题

1）关于点火正时的相关描述错误的是（　　）。
A. 点火正时的调整可以使发动机随时根据工况在上止点后10°产生最大爆发力
B. 主要影响因素是发动机的转速和与负荷
C. 当发生爆燃时，需增大点火提前角
D. 当发动机需要提高与降低转矩时，调整点火正时是响应最快的方法

2）关于点火系统相关传感器的描述错误的是（　　）。
A. 转速越高，曲轴位置传感器信号的输出频率就越低
B. 曲轴位置传感器 G28 信号盘上有 60-2 个信号齿
C. 爆燃传感器用于监测燃烧室内的爆燃情况
D. 奥迪目前的曲轴位置传感器具备发动机旋转方向识别的功能

3）关于点火系统相关部件的描述错误的是（　　）。
A. 点火线圈内有一次线圈与二次线圈
B. 更换火花塞时需要使用相同热值的火花塞
C. 点火线圈上的导线包括电源线、搭铁线和控制信号线
D. 点火控制信号为 12V 电压

4）发动机装有爆燃传感器，可以实现发动机（　　）。
A. 根本不发生爆燃　　　　　　　　B. 容易发生爆燃
C. 工作在爆燃的边缘　　　　　　　D. 工作时没有振动

5）汽车行驶中发动机熄火的原因，甲说可能是点火系统的故障；乙说可能是进气温度传感器的故障。以下选项正确的是（　　）。
A. 甲错乙对　　　　　　　　　　　B. 甲对乙错

C. 甲乙都对   D. 甲乙都错

3. 判断题

1）火花塞电极间隙过小则击穿电压高、不易起动、高速易"缺火"，间隙过大则火花弱、易积炭。（　）

2）一次电路通电时，可在二次线圈上感应出1.5~3万V的高电压。（　）

3）汽油发动机冷型火花塞热值小，适用于低转速发动机。（　）

4）最佳点火提前角随发动机转速和负荷的变化而变化。（　）

5）通常发动机的判缸及控制点火正时要通过曲轴位置传感器和凸轮轴位置传感器的信号来确定。（　）

4. 简答题

1）简述点火过早对发动机的影响。

2）简述点火过晚对发动机的影响。

3）简述点火线圈的电路原理。

实训

1. 拆装实训车辆发动机全部火花塞，按顺序摆放并认真检查记录。

序号	项目	数据/结果
1	火花塞品牌型号	
2	火花塞电极材质	
3	花火塞间隙	

（续）

序号	项目	数据/结果
4	火花塞热值代码	
5	火花塞电极磨损烧蚀情况	
6	火花塞电阻	

2. 在实训车辆发动机上找到和点火控制有关的主要传感器。

序号	传感器	安装位置及作用
1	曲轴位置传感器	
2	凸轮轴位置触感器	
3	爆燃传感器	
4	冷却液温度传感器	
5	空气流量传感器	

3. 使用诊断仪，读取发动机点火相关数据流。

序号	传感器	怠速时	2500r/min
1	发动机转速		
2	1缸点火正时调节		
3	1缸爆燃控制点火延迟角		
4	2缸爆燃控制点火延迟角		
5	燃烧中断数，1缸		
6	燃烧中断数，2缸		
7	燃烧中断数，3缸		
8	燃烧中断数，4缸		

4. 检测1缸点火控制信号和二次点火电压波形，并画在下面表格中。

学习工作页

5. 检测诊断及排除点火系统故障。

1）起动并验证发动机故障现象（验证起动、怠速、高速、加速及减速状态）。小组发动机的故障现象是：

2）读取故障信息，该发动机的故障码是（如有）：
_____；
含义是：_____
_____
_____；

3）分析可能的原因。

4）查阅电路图，绘制相关电路简图。

5）诊断并排除发动机故障，并写出故障诊断与排除步骤。
①

②

③

6. 老师点评。

任务8 汽油发动机尾气排放异常故障的诊断与维修

测试题

1. 填空题

1) 汽油发动机燃烧后产生的主要有害气体是____、____和____。
2) 一氧化碳的生成条件是混合气_____（浓/稀）。
3) _____一般因混合气燃烧不完全、点火不良或泄漏产生。
4) _____的作用是把废气中的 HC、CO 和 NO_x 转变为 H_2O、CO_2 和 N_2。
5) _____将一部分废气引入燃烧室使混合气变稀，降低燃烧温度减少 NO_x 的生成。

2. 单项选择题

1) 发动机排气阻塞的原因可能是（　　）。
   A. 三元催化转化器损坏　　　　　　B. 氧传感器损坏
   C. 排气管泄漏　　　　　　　　　　D. 排气尾管腐蚀
2) 以下关于二次空气喷射系统的叙述不正确的是（　　）。
   A. 发动机控制单元控制二次空气泵产生气压
   B. 缩短氧传感器的加热时间，使发动机控制模块尽快进入空燃比闭环控制过程
   C. 发动机冷机时系统工作
   D. 可以降低 NO_x 的排放量
3) 在（　　）工况下，曲轴箱内的窜气量是最大的。
   A. 熄火状态　　　　　　　　　　　B. 急速状态
   C. 高速大负荷状态　　　　　　　　D. 急加速状态
4) 下面关于 EA888 曲轴箱排气通风系统的描述错误的是（　　）
   A. 增压模式被净化了的窜气由增压器侧吸入到进气管
   B. 在自然吸气模式被净化了的窜气直接经进气歧管被送去燃烧
   C. 压力调节阀与外界空气存在着约 400mbar 的压差
   D. 机油回流通道端部安装了单向阀，避免在负压很大时抽出发动机机油
5) 下列部件不是油箱盖的组成的是（　　）。
   A. 正压阀　　　　　　　　　　　　B. 负压阀
   C. 密封圈　　　　　　　　　　　　D. 翻滚阀
6) 关于增压发动机燃油蒸发控制系统的工作特点描述错误的是（　　）。
   A. 在非增压情况下，在真空的作用下，溢流蒸气通过单向阀进入到进气歧管
   B. 单向阀的作用是防止在增压情况下，空气倒流入活性炭罐
   C. 当在增压模式时，借助文丘里喷嘴产生的真空吸力，完成活性炭罐燃油蒸气的清洗
   D. 碳罐电磁阀在增压时不工作

3. 判断题

1）有的汽油机装了两个氧传感器，装在后面的那个氧传感器用来检测三元催化转化器的有效性。（　）

2）三元催化转化器在空燃比为14.7∶1附近较狭小的范围内转换效率最高。（　）

3）加热元件可使氧传感器尽快达到运行温度。（　）

4）EVAP电磁阀在断电时，管路是导通的。（　）

5）二次空气喷射将一部分排气引入进气系统，与新鲜的燃油混合气混合，使混合气变稀，从而降低燃烧速度，燃烧温度随之下降，减少NO_x的生成。（　）

4. 简答题

1）简述曲轴箱强制通风系统的作用。

2）简述非增压发动机燃油蒸发控制系统的工作原理。

实训

1. 氧传感器检测。

1）填写前氧传感器（宽氧传感器）各针脚功能及电压。

针脚	功能	对地电压
1	氧气泵信号	
2	虚拟搭铁	
3	加热控制	
4	加热电源	
5	补偿信号	
6	参考信号	

提示：正常工作时，6、2针脚之间的参考电压在0.45V，发动机控制单元是测量氧气泵的电流来进行换算的。

2）填写后氧传感器插头的各针脚功能及电压。

针脚	功能	热车急速时的电压
1	加热器电源	
2	加热控制	
3	信号搭铁线	
4	信号线	

2. 检测曲轴箱强制通风系统。

1）车曲轴箱通风阀的位置在_____。

2）根据管路特点，验证在涡轮增压情况下，曲轴箱通风系统工作是否正常？

【是□ 否□】

3）使用真空表，在机油尺孔上测量曲轴箱压力。

测量条件	曲轴箱压力
急速	
2000r/min	
急加速（记录最大值）	

3. 燃油蒸发控制系统检测与诊断。

1）通过诊断仪读取EVAP的数据，分析其控制策略。

测量条件	碳罐电磁阀开度	负荷
急速		
2000r/min		
急加速（记录最大值）		
拔掉测量计		
拔掉氧传感器		

2）用手指感知活性炭罐大气通气孔，加速到转速为2500r/min，手指是否感到真空吸力？

【是□ 否□】

如果没有吸力，说明活性炭罐大气孔堵塞或电磁阀没有工作。

4. 在下列的各种条件下，通过诊断仪，观察EGR的开度，理解其工作策略。

测量条件	EGR的开度
打开点火开关	
急速	

（续）

测量条件	EGR 的开度
2000r/min	
急加速（记录最大值）	

5. 认知二次空气进气系统部件及管路后，完成以下任务。

1）查阅电路图，二次空气泵受哪个继电器控制？该继电器的线圈电源来自哪里？开关电源来自哪里？

2）跨接继电器的针脚 3 和针脚 5，空气泵是否正常运转？

3）二次空气泵电机的标准电阻是多少？实测值是多少？

6. 检测诊断及排除发动机排放控制系统故障。

1）起动并验证发动机故障现象（验证起动、怠速、高速、加速及减速状态）。小组发动机的故障现象是：

发动机管理系统故障诊断与维修

2）读取故障信息，该发动机的故障码是（如有）：
_____；
含义是：_____
_____；

3）分析可能的原因。

4）查阅电路图，绘制相关电路简图。

5）诊断并排除发动机故障，并写出故障诊断与排除步骤。
①

②

③

7．老师点评。

任务 9 柴油发动机起动困难故障的诊断与维修

测试题

1. 填空题

1）柴油的自燃点比汽油____（高/低）；柴油机比汽油机有更____（高/低）的热效率和更低的耗油率。

2）柴油机电控喷射技术的发展主要经历了电控直列喷油泵、电控分配泵、_____和_____燃油系统几个阶段。

3）_____切换非常快，每个喷油过程可实现 5 次喷油，其加载的电压是_____。

4）第三代高压共轨柴油发动机可以实现多次喷油，包括预喷油、_____和_____。

5）高压共轨柴油发动机整个燃油系统分成 3 个压力区：_____、喷油器的回流压力区和_____。

2. 单项选择题

1）下面不是高压共轨燃油喷射系统优点的是（   ）。
A. 对喷油正时的控制精度高，喷油过程灵活
B. 喷油量控制精确
C. 喷油压力高，使得混合气形成状况非常好
D. 无须调节喷油压力

2）关于奥迪 3.0L V6 TDI 高压共轨电控柴油喷射系统的描述错误的是（   ）。
A. 供油时，燃油由电动燃油泵从燃油箱中吸出，通过燃油滤清器经机械式齿轮泵送往高压泵
B. 高压泵会产生出所需要的高压喷油压力，并会将这个高压储存到高压储存器（油轨）中
C. 压力保持阀将喷油阀的回流压力保持在 100bar，要想使压电式喷油阀正常工作，就必须有这个 100bar 的压力
D. 燃油从高压储存器到达喷油阀，喷油阀将燃油喷入燃烧室

3）下面部件不属于奥迪第三代高压共轨柴油喷射系统的是（   ）。
A. 膨胀阀　　　　　　　　　　B. 燃油压力传感器
C. 燃油压力调节阀　　　　　　D. 燃油温度传感器

4）关于奥迪高压共轨柴油机带有预热阀的燃油滤清器叙述错误的是（   ）。
A. 过滤柴油中的杂质
B. 可防止燃油滤清器在外部温度很低时被析出的石蜡所阻塞
C. 如果燃油的温度低于 5℃，从高压泵、高压储存器以及喷油阀回流的暖燃油就被引至燃油滤清器，将这里的燃油加热

D. 如果燃油的温度高于 35℃，回流的暖燃油直接流进油轨

5）关于奥迪高压共轨柴油喷射系统的部件功能描述错误的是（　　）。

A. 高压泵壳体内集成有一个齿轮泵，它将燃油箱内的电动燃油泵输送过来的燃油的压力再次增大输送到高压泵内

B. 高压泵由电机驱动，产生高达 1600bar 的燃油压力

C. 高压储存器的大容积和高压泵进油口的节流阀会消除油压的波动

D. 燃油计量阀调节流向高压泵的燃油量

6）关于奥迪 3.0L V6 TDI 高压共轨柴油喷射系统燃油压力调节阀 N276 的相关描述错误的是（　　）。

A. 用于调节高压区的燃油压力

B. 压力调节阀以机械方式被打开时，高压储存器内能保持约 80bar 的燃油压力

C. 柴油直喷控制单元 J248 会用一个 PWM 信号来激活压力调节阀

D. 根据发动机工况的不同，调节燃油压力稳定在 1000bar

3. 判断题

1）如果燃油压力传感器失效了，发动机会无法起动。　　　　　　　（　　）

2）汽油机的喷油器上没有回油管，而高压共轨柴油机喷油器上有回油管。（　　）

3）柴油车燃油箱里的电动燃油泵由柴油直喷控制单元控制工作并产生一个预压力。

（　　）

4）柴油直喷控制单元 J248 根据燃油温度传感器的信号计算出燃油密度，它用于计算喷油量、调节高压储存器内的燃油压力以及调节去往高压泵的燃油量。（　　）

5）高压共轨柴油机喷油压力大约为 180bar。　　　　　　　　　　（　　）

4. 简答题

简述共轨柴油喷射系统的特点。

实训

1. 认知宝来 1.9TDI 柴油车的电控泵喷嘴柴油发动机。

2. 认知高压共轨柴油发动机，标出下图共轨柴油喷射系统主要组成部件的名称。

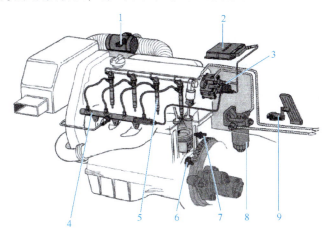

3. 在下表所列的各种条件下，通过诊断仪读取高压燃油压力。

测量条件	高压油压
打开点火开关	
起动时	
急速	
2000r/min	
急加速（记录最大值）	
失速试验	

4. 检测、诊断及排除高压共轨柴油发动机供油系统故障。

1）起动并验证发动机故障现象（验证起动、怠速、高速、加速及减速状态）。小组发动机的故障现象是：

发动机管理系统故障诊断与维修

2）读取故障信息，该发动机的故障码是（如有）：
_____；
含义是：_____
_____
_____；

3）分析可能的原因。

4）查阅电路图，绘制相关电路简图。

5）诊断并排除发动机故障，并写出故障诊断与排除步骤。
①

②

③

5. 老师点评。

任务 10　发动机偶尔出现多缸失火故障的诊断与维修

测试题

1. 填空题

1）汽油发动机的尾气在排放到大气之前需要经过_____把有害气体经过化学反应变成无害气体。

2）发动机一般有____氧传感器，分别安装在_____的前面和后面。

3）发动机失火指气缸的混合气_____，失火监测主要是利用_____传感器的信号变化来监测的。

4）燃油控制系统用于调节混合气混合比，使其保持在_____的理论空燃比范围内，这样能够减少碳氢、一氧化碳、氮氧化合物的排放量。

5）_____是保证排气净化系统有效和完好地运行的一种实时随车监测系统。

2. 单项选择题

1）工人甲说火花塞间隙太大会造成缺火；工人乙说火花塞间隙太小会使点火电压上升。谁正确？（　　）

A. 甲正确　　　　　　　　　　B. 乙正确
C. 两人均正确　　　　　　　　D. 两人均不正确

2）关于 OBD-Ⅱ的叙述，错误的是（　　）。

A. 不仅监测部件的好坏，也对元件工作的合理性进行判断
B. 没有统一要求接口的位置与形状
C. 要求汽车厂的故障码标准化，便于诊断设备通信
D. 可提供传感器检测数值、控制状态等信息

3）OBD 系统监测不包含（　　）。

A. 轮速监测　　　　　　　　　B. 燃油喷射监测
C. 三元催化转化器监测　　　　D. 废气再循环（EGR）系统流量监测

4）下面不属于氧传感器监测的内容是（　　）。

A. 氧传感器加热器监测　　　　B. 200 圈失火监测
C. 后氧传感器监测　　　　　　D. 开关式或宽频前氧传感器监测

5）OBD 系统组成不包含（　　）。

A. 发动机控制单元　　　　　　B. 真空助力泵
C. 排放警示灯　　　　　　　　D. 氧传感器

6）下面不是 OBD-Ⅱ特点的是（　　）。

A. 诊断连接器由 16 个针脚组成
B. 故障码是一个包括文字和数字的 5 位数

C. 不仅能对车辆排放问题向驾驶人发出警告,而且还能对违规者进行惩罚
D. P0 是动力系代码

7) 在讨论 OBD-Ⅱ时,技师 A 说排放指示灯亮,说明尾气已超标,但可能不会对行驶产生大的影响。技师 B 说排放指示灯亮,意味车辆已经不能行驶,应该马上停车,拖到特约维修站。谁说得对?(   )

  A. 两者都正确   B. 技师 B 正确
  C. 技师 A 正确   D. 两者都错误

8) 一辆 A6 故障灯亮,故障码为喷油器电路开路故障码,不可能的原因是(   )。
  A. 喷油器内部线圈断路   B. 喷油器电源线断路
  C. 喷油器信号控制线断路   D. 喷油器内部短路

3. 判断题

1) 这种失火按 1000 圈计数,然后监测器将实际失火率与 OBD 阈值比较,这类失火主要影响排放性能,如果排放超标,排放指示灯就会立即闪烁。(   )

2) 氧传感器监测是一种随车诊断策略,用来监测氧传感器有无故障或有无可能影响排放性能的老化问题。(   )

3) 排气再循环(EGR)系统监测器是一种用来测试 EGR 系统的完好性和流量特性的随车策略。(   )

4) 功能性监测指控制器根据控制器端电压信号、电流信号的变化,对电路的连接情况做出判断,产生相关的故障码。(   )

5) 以前不同汽车厂家 OBD 诊断接口的标准都不一样,所以形状也不一样,如今有统一的标准,都是 16 针的接口。(   )

6) 合理性监测指根据数据的变化情况,判断信号是否合理。合理性监测分为单一部件合理性监测与关联部件合理性监测。(   )

4. 简答题

1) 造成发动机运行中失火的原因有哪些?

2) 简述 OBD 系统的工作原理。

实训

1. 查找实训车（奥迪、比亚迪等车型）上的 OBD 诊断接口，并描述不同车型 OBD 诊断接口有何区别。

2. 在实车上认知 OBD 系统的相关系统组成。

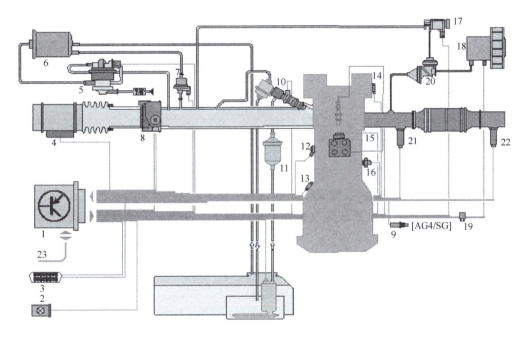

3. 针对大众奥迪实训车辆，查询 ELsa，并使用万用表测量各针脚，完成下面表格的填写。

发动机管理系统故障诊断与维修

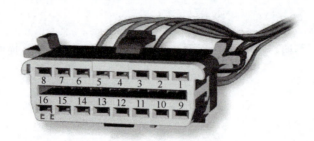

针脚	功能	对地电压
1		
3		
4		
5		
6		
11		
14		
15		
16		

4. 综合检测与诊断发动机系统故障。

1）起动并验证发动机故障现象（验证起动、怠速、高速、加速及减速状态）。小组发动机的故障现象是：

2）读取故障信息，该发动机的故障码是（如有）：
_____；
含义是：_____
_____；

3）分析可能的原因。

4）查阅电路图，绘制相关电路简图。

5）诊断并排除发动机故障，并写出故障诊断与排除步骤。
①

②

③

5. 老师点评。